公文写作

笔杆子是怎么炼成的

郑文德 晏凌羊 ◎著

北京大学出版社

内容提要

本书着重介绍撰写公文容易忽视和混淆的问题、撰写领导讲话稿的写作思维和技巧、党务文稿的写法、公文办理的实操策略、整理和撰写会议纪要的方法（含党委会办会注意事项及技巧）、撰写信息稿件的方略、公文写作的实战心法和实用金句等，这些内容都是机关文秘人员工作中最关心、最实用的内容。

全书从公文写作的常识入手，逐步深入实战，并配合案例重点介绍了领导讲话稿的写法，不但可以让读者系统地学习到公文写作的相关知识，还可以帮助读者提升写作情商、思维能力、写作水平，助力读者稳扎稳打、层层晋升。

本书由两位在机关工作多年、公文写作实战经验丰富的"状元"撰写，内容通俗易懂、文风直白活泼、案例丰富且接地气。不同于市面上同类书"理论性过强，很难运用到实际工作中"的特点，本书具有极强的落地性和实用性，特别适合有志于从事公文写作工作的入门读者和进阶读者阅读。同时，本书适合作为相关培训机构的教材使用。

图书在版编目(CIP)数据

公文写作笔杆子是怎么炼成的 / 郑文德，晏凌羊著.
北京：北京大学出版社，2024.8. -- ISBN 978-7-301-35388-2

Ⅰ.H152.3

中国国家版本馆CIP数据核字第2024EG0418号

书　　　名	公文写作笔杆子是怎么炼成的 GONGWEN XIEZUO BIGANZI SHI ZENME LIANCHENG DE	
著作责任者	郑文德　晏凌羊　著	
责任编辑	滕柏文	
标准书号	ISBN 978-7-301-35388-2	
出版发行	北京大学出版社	
地　　　址	北京市海淀区成府路205号　100871	
网　　　址	http://www.pup.cn　　新浪微博：@北京大学出版社	
电子邮箱	编辑部 pup7@pup.cn　　总编室 zpup@pup.cn	
电　　　话	邮购部 010-62752015　发行部 010-62750672　编辑部 010-62570390	
印　刷　者	天津中印联印务有限公司	
经　销　者	新华书店	
	787毫米×1092毫米　16开本　17.75印张　350千字 2024年8月第1版　2024年8月第1次印刷	
印　　　数	1-5000册	
定　　　价	79.00元	

未经许可，不得以任何方式复制或抄袭本书之部分或全部内容。
版权所有，侵权必究
举报电话：010-62752024　　电子邮箱：fd@pup.cn
图书如有印装质量问题，请与出版部联系，电话：010-62756370

前言

时不时地,我们会听到身边人抱怨:"唉,在体制内工作,经常熬夜写公文,可太苦了!"每次听到这样的抱怨,我都会会心一笑,心想:写公文的苦,我可太懂了,但是,干什么不苦啊?苦才是人生常态啊。

几乎所有擅长写作的人,除了写作能力突出,还有两个部位比较突出:颈椎和腰椎。这种"突出",我也有啊。

写公文是个苦活,"家里有矿的"不愿意干,"没两把刷子的"干不了,家里没"矿",但有那么点能力且勤奋的人,才会往这条路上走。

在体制内工作过的人都知道,很多单位缺乏会写公文的、能写公文的、愿意写公文的人。单位开展的所有工作都要用公文的形式体现,如果单位没有一个得力的"笔杆子",甚至无法高效地开展工作。因此,"笔杆子"往往是一个单位、部门的招牌和门面,是不可或缺的角色。要知道,写公文的好苗子,是很容易被"看见"、被"重用"的。

一般情况下,擅长写"大公文""领导讲话稿"的人,在体制内的任何一个单位、部门都很受重视。为什么呢?领导每天要布置很多工作、出席很多会议和活动,这些场合都需要用到公文,如果每一篇公文都是领导撰写,那领导基本上就没时间做管理工作和决策工作了。"笔杆子"的存在,可以有效地降低领导的写作工作量。如果"笔杆子"能把公文写在点子上、写进领导心里,就很容易被领导注意到。有的领导很重视公文写作工作,会把写得好的"笔杆子"带在身边,"笔杆子"自然有更多的机会向领导展示自己的工作能力,并从领导那里得到更高层、更全面的信息,学到更高阶的工作思维和工作方法,从而在职场进阶的路上快人一步。

在过去十几年的职业生涯里,我见过太多人因为是单位的"笔杆子"而被"看见"、被"重用",也见过太多人因为不会写公文而错失晋升机会。

举个例子。我的一位同事,起初被分配到一线工作。他能写、爱写,不停地用业余时间写稿子投给我当时负责的内刊。投稿多了,上稿率自然高。他的领导看过他写的公文后,认为他写的公文不仅观点新颖、立意深刻,还有条理、有逻辑,既有理性分析,又有客观数据,更难得的是,还有前瞻性,故在缺一个写公文的"笔杆子"时,把他从一线调到了后台管理部门。现在,这位同事已经成长为中层管理人员了。

我撰写过一本《公文写作技巧与案例》,由北京大学出版社出版,是工具书式写法。虽然有读者反馈说:"很多公文写作工具书我根本看不下去,相对比,你写的这本可读性强、很实用!"书的销量和市场反响也不错,但我总觉得写得不够尽兴,也没有在那本书里拿出"毕生所学"。这种留有遗憾的感觉,让我萌生了"再写一本"的想法。

《公文写作技巧与案例》主要是教大家写党政公文、行政事务文书和宣传文书,比较适合"公文写作小白"看,本书相当于其"进阶版",适合"已经摸到了公文写作的门路,想在这条路上更进一步"的读者看。

本书着重介绍撰写公文容易忽视和混淆的问题、撰写领导讲话稿的写作思维和技巧、党务文稿的写法、公文办理的实操策略、整理和撰写会议纪要的方法(含最常召开的、最重要的党委会的办会注意事项及技巧)、撰写信息稿件的方略,以及公文写作的实战心法和实用金句,这些内容都是机关文秘人员工作中最关心、最实用的内容。其中,关于如何撰写领导讲话稿,本书着墨最多,因为写好这类稿件,对提升文秘人员的情商、思维能力、写作水平来说至关重要,甚至文秘人员可以因此得到更多的晋升机会。如果看完本书,大家能活学活用,或许真的会拥有更好的职业前景。

写这本书之前,我做过一些调研,发现市面上公文写作的工具书、金句宝典有很多,指导办公室人员妥善处理与上级、平级、下级之间的关系的书有很多,指导文秘人员高效办会、办事、办文的书也有很多,但这些书绝大多数理论性过强,其中内容很难运用到实际工作中。有些作者并不是"笔杆子"出身,甚至没有在机关单位工作的经验,公文写作实战经历有限,写出来的文章只有"指导性"(甚至有纸上谈兵之嫌),"落地性"不强。

前言

一次偶然的机会，我与本书的第一作者、公文写作领域的"资深笔杆子"郑文德聊到了本书，他拿出他多年来总结、记载的公文写作经验、心得与我分享。看完他拿出来的8万余字的"家底"，我眼前一亮：这不正是本书所需要的"干货"吗？

郑文德毕业之后就在体制内工作，主要从事公文写作工作，曾在省政府办公厅工作多年，拥有丰富的公文写作实战经验。多年来，由他主笔起草和审核、修改的各类公文多达上千万字，有的得到过省级领导的好评。在我辞职之前，他既是我的领导，又是我的"公文写作军师"。

这位"资深笔杆子"拿出来的"干货"非常精彩，可谓是从头到尾地教授实用技巧，观点务实，靶向性和落地性都很强，一定会对文秘人员撰写公文和个人成长有很大的帮助和启迪。

由于郑文德工作比较忙，本书的整理、加工、润色工作主要由我完成。我打算把它打造成一本接地气的公文写作精进指南，希望有悟性、有行动力的读者读完本书后，只要"听话照做"，就可以把公文写得像模像样。如果大家能用从本书中学到的方法把写公文的效率提升一倍，省下更多的时间去休息、陪伴家人、锻炼身体、提升自我，岂不妙哉？

大家都知道，出版行业是典型的薄利行业，作者写一本书，拿到的稿费收益与写书过程中的付出相比，基本上呈成本收益倒挂状态，但写书能够使人的逻辑思维能力、归纳总结能力、说服力和表达力得到历练，传播知识的过程本身能够给人带来巨大的成就感，这是我们坚持写书的动力。我们希望借由本书，将我们在近20年的工作过程中掌握的公文写作经验、技巧传授给大家，让大家少走一点弯路。

我们不想把本书写得严肃、枯燥、刻板，不希望读者买了之后就将其束之高阁。为了让本书的实用性、可读性、趣味性强一些，让大家愿意看、看得下去、看完后能活学活用，我调动和发掘了自己多年来的思想、知识、生活积淀、语言积累。尽管我已经在动笔之前做了充分的实践准备和资料准备，但真正动笔时，还是有点力不从心，本书如有不足之处，欢迎大家批评指正。

最后，说点祝福的话吧。

愿你妙笔生花，谱下锦绣文章；愿你前程似锦，最终玉汝于成。

晏凌羊

目录

第1章 如何写好公文 1
    1.1 写公文最重要的是什么 2
    1.2 拟写公文之前，给你提 5 条建议 12
    1.3 公文的常识和易忽视、易混淆的问题 18

第2章 深刻理解领导讲话稿／领导讲话 30
    2.1 领导讲话稿的价值 31
    2.2 领导讲话稿是公文吗 32
    2.3 领导讲话稿／领导讲话的特点 34
    2.4 领导讲话稿／领导讲话的功能 35
    2.5 领导讲话稿的写作文化是如何形成的 36
    2.6 领导讲话稿的分类 38
    2.7 领导讲话稿起草工作的本质特征 39
    2.8 如何把握领导讲话稿的写作思维 40
    2.9 领导讲话稿的写作标准 58

第3章 领导讲话稿的写作思维 81
    3.1 领导讲话稿写作的思维类别 82
    3.2 领导讲话稿写作的八大思维模式 95

第4章　如何写好党务文稿 146

4.1　什么是党务文稿 147
4.2　党务文稿有什么特点 148
4.3　如何写好党务文稿 149

第5章　公文办理的"实操宝典" 161

5.1　办文的标准及要求 162
5.2　公文文稿审核的"3个把关" 172
5.3　公文文稿沟通的"3个协调" 174
5.4　公文文稿的具体核改 176

第6章　如何整理和撰写会议纪要 187

6.1　如何整理会议纪要 188
6.2　了解党委会，才能写好党委会会议纪要 195
6.3　做好会务工作是加分项 200

第7章　如何写好信息稿件 204

7.1　全面了解信息稿件 205
7.2　写好信息稿件的锦囊妙计和案例分析 208
7.3　注意"低级红"和"高级黑"问题 244

第8章　公文写作的实战心法和实用金句 245

8.1　公文写作的实战心法 246
8.2　公文写作的实用金句 248

后记 275

第 1 章
如何写好公文

1.1	写公文最重要的是什么	/ 2
1.2	拟写公文之前,给你提 5 条建议	/ 12
1.3	公文的常识和易忽视、易混淆的问题	/ 18

公文，广义的概念是"公务文书"，包含法定公文和事务性文书。为了维持单位日常工作的推进、辅助领导做好监督管理工作，文秘人员需要在掌握专业、实用的文书写作知识的基础上，进行通用公文和各种实用文体的写作。这种写作，我们通常称之为"公务文书写作"。

实际工作中，法定公文使用的范围比较窄，我们常说的"红头文件"一般指法定公文。法定公文必须遵照《党政机关公文格式》（GB/T 9704—2012）这一国家标准行文，一般有版头部分，版头部分的要素——发文机关标志必须采用红色字体。

除此之外，文秘人员还需要撰写领导讲话稿、计划、总结、调查报告、考察报告、述职报告等公文，甚至包括邀请函、借条、请假条、请柬等公文。这些公文不一定以"红头文件"的形式发布，撰写起来可以比撰写法定公文随意一些，但仍然需要遵循一定的写作规范。这些公文的应用范围非常广泛，在工作中发挥着重要的作用，尤其是一些"大公文"，有时甚至能影响文秘人员的职业前途。

关于法定公文的写作技巧，本书第二作者晏凌羊写过一本名为《公文写作技巧与案例》的书，书中详细介绍了15种法定公文的写作"套路"，从"术"的层面入手为大家介绍了公文写作的技巧和方法。本章，主要从"道"的层面入手，为大家科普常识、扫清认知障碍、厘清思路、开拓思维。

1.1 写公文最重要的是什么

很多人看到"写公文最重要的是什么"这个问题，第一反应可能是"当然是写作能力"，在我看来，这不是一个精准的答案。我认为，写公文最重要的是情商。

公文写得好的人，一定是情商高手。他们明白写公文的意图是什么、发公文的影响是什么，懂得公文的受众想看什么、喜欢看什么，知道在什么样的场合应该用什么样的口吻写公文，了解应该如何不着痕迹地展示自己的才华。

1.1.1 提高"情商"很重要

体制内，我们常常听人评价某人为"有眼色"，这里的"眼色"，说的就是情商，即察言观色、洞悉人心和世情的能力。

领导对你说"这个事情再议"，潜台词可能是"这个事情到此为止吧"，而"你先去忙吧",潜台词可能是"我现在有事,需要你回避"……听懂潜台词,需要有察言观色的能力。

至于"洞悉人心和世情",是更复杂、幽深的问题。有道是"世事洞明皆学问,人情练达即文章",这一部分,可能讲上几天几夜都讲不完。

我们以阮籍和嵇康为例。两人都是"竹林七贤"中的人物,但魏国灭亡的时候,嵇康早早归西,而阮籍相对长命。

看看嵇康和阮籍写文章的区别,我们不难发现,嵇康写的文章特别直白、辛辣,从来不会拐弯抹角,他这样做,很容易得罪人,给自己招来灾祸;而阮籍呢,他也有个性,但他写文章时很会含沙射影,把针尖藏在棉花里,而且,他很会用"喝酒"给自己做伪装,哪怕被识破了,也会找个借口,比如,"对不起啊,我喝多了"。论才气,两人不分伯仲,但论情商,明显是阮籍高一点。

正所谓"公说公有理,婆说婆有理",每个人的"理"都不一样,每个阶段的"理"也是不一样的。民国时期的"理"和改革开放后的"理"不一样,中世纪欧洲的"理"和现在的"理"也不一样。我们了解了解蒙受过冤屈的能人志士的"情商",不难发现,有些人会为自己认定的"理"献祭,有些人则会选择明哲保身,等待自己认定的"理"通行天下。

很多人认为,情商与智商是两回事,但我认为,情商是智商的延伸与呈现。具体来说,我认为智商与情商的关系类似于发动机与车身的关系,即智商是发动机,情商是车身,发动机的动力足,车身才能跑起来。如果说智商是计算机的处理器,情商就是计算机的显示器,高智商的人大概率有高情商。

有的人让人觉得"智商高,情商低",有3种可能:第一,对方懒得对你"高情商",或是对方认定的"高情商"的标准与你认定的不同;第二,错误地把记忆力、考试能力等能力等同于智商(智商包括这些,但不限于这些);第三,高智商/情商的人也是人,也会犯错。总体而言,高智商的人的情商是远在平均情商水平以上的。

相反,智商一直很低的人,情商一般偏低。他们的思维偏直线(不发散)、平面(不立体)、单一(不多维),认知层次大多停留在与智商匹配的水平线上,很多时候连别人说的话都听不懂,更不要说去理解、去共情、去换位思考了。

这样的人,情商不会高到哪儿去,公文写作水平也不会高到哪儿去。

金庸小说的资深研究者六神磊磊曾经借《神雕侠侣》一书里梁长老在丐帮推举新帮主大会上的讲话,说明了情商对于写领导讲话稿的重要性。

洪七公把丐帮帮主之位传给了黄蓉，黄蓉结婚生子后忙不过来，把帮主之位传给了鲁有脚，随后，鲁有脚被人杀害，群龙无首，丐帮必须召开大会紧急推举新帮主，黄蓉的女婿耶律齐被推举。

原著是怎么写的呢？黄蓉跃上台去，先是代表丐帮欢迎和感谢各路英雄豪杰的到来，再是对鲁帮主的工作进行了肯定、对他的故去表达了痛心，声称要为他报仇，但眼下蒙古大军侵犯襄阳，丐帮要"先国家，后帮派"，私仇要暂且放一放，最后，提出丐帮不能群龙无首，须及早推举一位新帮主。

黄蓉发言结束后，梁长老登场。

作为主持人，梁长老的主要任务是代表丐帮高层发表一番公开讲话，宣布新帮主的推举方法、推举流程。

梁长老的讲话，分为3个部分。

第一部分，为了服众，梁长老先低调且不着痕迹地显露了一身武功，再介绍为什么是自己来发言、为什么要开这个会。

他赞赏了黄蓉一番，大概意思是说她很客气，让丐帮4个长老和8个八袋弟子商量决定这件事情。寥寥数语，讲清楚了由他来主持会议的正统性，即领导授权、民主决策。

第二部分，他开始给黄蓉"抬轿子"，说大家商量一番后，发现"洪老帮主、黄前帮主那样百年难见的人物和鲁故帮主那样德能服众的人品，都是寻不出的了"，只有黄前帮主最适合统领丐帮十数万弟子，如果她不答应，他们就去苦求。

这一番话，把黄蓉高高捧起。但梁长老知道黄蓉杂事缠身，不想做这个丐帮帮主，所以，接下来他说，黄前帮主辅佐郭大侠筹思保境退敌的大计，丐帮向来"先国家，后帮派"，若是丐帮总是因为帮里的小事去麻烦她，就是丐帮不懂事了。这一番话，既听得台下众人纷纷赞赏"丐帮行事处处先公后私"，又非常轻巧地为黄蓉解了围、卸了担子。

第三部分，梁长老忆古思今，讲述了黄蓉当初凭借比武当上帮主的故事，点明了丐帮有通过比武推举帮主的先例。他回忆的是当年，但主要目的是用黄蓉的威信和成功为推举帮主的方案进行背书。

思想动员到这地步，梁长老开始讲规则：各位英雄到台上一显身手，谁强谁弱，大伙儿有目共睹。同时，他讲明白了禁忌：比武务请点到为止，倘若有人命损伤，就是跟丐帮结下梁子。

这一番讲话，横竖不超过千字，但方方面面都照顾到了。对上，他让老领导黄蓉很满意；对下，他向丐帮群丐讲清楚了会议背景、相关情况和考量，且突出了丐帮的仁义，让丐帮弟子充满集体荣誉感；对外，他展示了丐帮处处以国家大事为重、做事公平公道的形象；对内，即对有志竞聘的人员，他讲清楚了竞聘规则，以及违规可能遭受的处罚。

六神磊磊是这样评价梁长老的这番讲话的："对于老领导黄蓉，他抬了轿子、给了面子、卸了担子，让黄蓉充分满意。对于手下群丐，他既讲了政策，又讲了决策的背景和考量，句句说在人的心坎上，而且语言浅白俚俗、举重若轻，不时用'臭叫花子'自我调侃几句，从来不乱引用古诗文。对于旁观的外邦友人，梁长老立论高、站位高，处处以国家兴亡大事为重，体现了第一大帮的格局和风范。"

一场比武下来，耶律齐拿了第一名，但杨过从天而降，给郭襄送生日大礼，一下子抢了耶律齐的风头。梁长老觉察到郭芙的脸色不太好看，立刻出言把会议主题硬生生地拉了回来，照顾到了前任领导、即将上任的领导以及领导夫人的心情。

梁长老的讲话切合实际、贴近受众、思路清晰、言之有物，没有繁文缛节的说教，没有晦涩难懂的语言，达到了非常好的效果。梁长老非常明白自己该扮演怎样的角色，发表的讲话层层递进、滴水不漏，处理事情颇有情商，这就是一个"高级秘书"的自我修养。

承担公文写作任务的人，需要拥有的就是梁长老这种情商。比如，领导让你写一篇赴任履职讲话稿，你接到任务时就应该考虑：参会领导和参会人员有哪些？腾出位置来的离任领导是因为什么原因离任的、履职情况如何？赴任履职的领导是从哪儿来的、做过什么工作、对新岗位有什么想法、喜好怎样的文风？还有其他需要考虑的问题吗？

调查、了解清楚以上情况后，你开始拟写这篇领导讲话稿，至少要写出以下几层意思：感谢组织的信任，很荣幸来到新岗位工作，希望得到大家的支持和帮助；（如果上一任领导干得很好）充分肯定上一任领导的工作态度和业绩，表示自己会向上一任领导学习，跑好接力赛；完善表态发言，强调自己会谦虚谨慎、艰苦奋斗，在这个岗位上带领大家创造新的辉煌。

1.1.2　领会公文的本质

撰写公文的时候，尽量多写与实际工作和群众利益密切相关的实话，不写空话、套话、虚话。比如，一般情况下，新任领导的讲话稿不宜太长，不宜做承诺性、自我陶醉式的讲话，而是应该简短、礼貌、谦逊，最好给出能解决工作中存在的问题的"干货"。

这既是"套路"，又是"情商"的体现。"套路"易掌握，"情商"则需要不断领悟、长期淬炼、持续培养。

实际工作中，很多人确实不会写公文。这里说的"不会写"，不是"写不出来"，而是"写得不得体"。这些人考虑问题往往不周全，总是做一些类似"领导夹菜你转桌，领导喝水你刹车，领导面前你充哥"的事情，连公文都写得比较"缺心眼"。

比如，陕西某县委书记署名的一篇文章在《延安日报》上发表了，发表后没多久，就被指与新华社发表过的一篇时评雷同，1500余字的文章，雷同部分为800余字。由此可以判断，这篇文章是一篇抄袭之作。当地政府回应，这篇文章是"被署名"文章，也就是说，文章是由文秘人员撰写的，这样的文秘人员就有点"缺心眼"。

又如，写一份催款函，有的人直接在正文中写"你们委托我司开展的印刷工作已完成，共产生费用8800元。该款项由我司垫付，请尽快支付"，语气极为生硬，像是跟人结了仇似的，而且，行文时没有考虑到收函的一方需要花时间、精力去查询这笔费用对应的是哪一单业务，很容易使其对催款主体产生不满。

如果写该催款函的人情商高一点，应该在行文之前就意识到，我们写催款函的目的不仅是催款，还应该有以下几个方面的考量：第一，通过发送正式的催款函与对方加强联系，引起对方对付款工作的重视，督促对方以最快的速度将款项支付到位；第二，在催款过程中核对一下账目，方便对方及时提出疑问或意见；第三，避免将来起诉时，被对方以超过诉讼时效为由抗辩。

了解这些之后再来写这份催款函，应该如何行文呢？应该换称呼为"贵单位"，写清楚是具体哪一份或哪几份文件的"印刷工作"，写清楚明细和总金额（比如，单价多少、份数多少、邮寄费用以及税费多少等），讲清楚自己的难处，请求对方尽快支付，并给出相应的、详细的收款账户、联系信息。

如果不写清楚这些信息，对方收函后还得联系催款主体确认一遍，不仅会导致工作量增加、对催款主体产生不好的印象，还有可能耽误催款主体的回款时间。

再讲一个真实案例。

好多年前，在体制内工作的两个人要结婚，需要先经各自所在的组织同意，再拿着组织开的介绍信去领证。我的一位老领导那时候在人事科当办事员，他接到这对（准）夫妻的结婚申请时，人事科科长刚巧下乡去了，半个月内赶不回来。

男方的爸爸时日无多，想看着儿子娶媳妇，所以这对（准）夫妻着急结婚。那会儿，手机尚未普及，无法及时请示科长，这对（准）夫妻的政审公文没什么问题，找人事科签名只是走个过场。

怎么办？我的这位老领导陷入两难。在申请表上写"同意"？他没这个资格。拖着不写？人事科失职——群众办这么点小事，你不能拖着人家半个月啊。他纠结再三，最后写了"恭喜"两个字，这对（准）夫妻拿着申请表兴高采烈地领证去了。

这件事情，说到底是有管理问题——科长在出差之前没有做好授权，但办事员先写"恭喜"两个字再签上自己的名字，有越权、有违规吗？没有。

有一些刚刚参加工作的"职场小白"，学了"请示"的写法，就想当然地觉得，只要是自己解决不了的问题，都可以写一份请示向上级请求支援。殊不知，作为正式的"红头文件"，请示是不可以贸然拟写的。

体制内大多数请示（签报）是请示人先口头跟领导沟通好，领导同意了再起拟的，这样能让领导就某个问题和情况做个大概的预判。领导尚未知晓相关情况就直接写个请示递上去的，一定是"职场愣头青"，搞不好最后的结局是"领导尴尬，你更尴尬"。

有的时候，会出现一些意外情况。比如，领导口头同意了某个事项，但下属呈报正式的请示的时候，领导有顾虑了，怎么办？请示已经呈交，领导必须批阅，此时，很多领导会写这样几个字："已阅，请酌情处理。"

下属看到这样的批示，往往会想："领导这是什么意思？到底是同意还是不同意？酌情处理，我怎么酌情处理啊？这件事，我到底是做还是不做？"我的理解是，做也行，不做也可以。做的话，出了事情自己兜底。综合考量，以不做为宜。

在跟上级沟通请示工作的时候，大家要学会给上级一个有倾向性的选择项。比如，你提出甲、乙、丙3种应对策略和方案，甲方案有创意但略激进，乙方案中规中矩，丙方案稳健、偏保守，你建议上级选择甲方案，应该给出足够的理由。若得到了上级的首肯，起拟请示时，你要用大量的笔墨去阐述甲方案的益处以及具体操作方法。

以上讲的只是几个简单的事例，其处理方法不一定适合每个人遇到的具体情况。写公文时，要学会具体情况具体分析，对于别人提出的方法和建议，要先思考是否适合自己，再酌情考虑是否采纳。适合自己的便保留，不适合自己的便舍弃，切勿生搬硬套，以免浪费宝贵的时间，甚至弄巧成拙。

1.1.3　不要迷信AI写作

我在外讲公文写作课时，曾有学员说："现在AI写文案的水平不错，把AI运用到公文写作领域，说不定我们就'下岗'了。"这话有一定的道理，但我觉得在公文写作领域，AI永远没有取代公文写作高手的一天。

写本书的时候，AI写作爆火于网络，我进行了反复测试，发现AI的文书写作水平能够超过60%以上的人——现实生活中，连最基本的法定公文都写不好的人实在太多了。AI在公文写作领域把这部分人淘汰，是极有可能的。

比如，我将指令输入AI：请帮忙写一篇中国进出口商品交易会上的领导致辞。

AI很快给出了以下答案。

尊敬的各位嘉宾、各位来宾、各位参展商：

大家好！今天，我们在这里隆重举行中国进出口商品交易会开幕式，共同见证中国对外开放的历史性时刻。首先，我代表中国政府，向各位嘉宾、来宾和广大参展商表示热烈的欢迎和诚挚的感谢！

当前，全球经济发展面临着许多挑战和不确定，但是中国始终坚持对外开放的基本国策，积极推进贸易自由化和投资便利化，为全球经济增长注入强劲动力。中国进出口商品交易会作为中国对外开放的重要窗口和平台，已经成为全球贸易的重要组成部分和风向标。

2018年是中国改革开放40周年，40年来，中国经济发生了翻天覆地的变化，从一个贫穷落后的国家，到如今的世界第二大经济体，这一切离不开对外开放的决策和实践。未来，中国将继续坚持对外开放的基本国策，推进贸易自由化和投资便利化，为全球经济增长注入新的动力。

在此，我要向所有参展商表示感谢和敬意，你们是中国对外开放的重要推动力量，也是中国经济发展的重要组成部分。希望大家能够充分利用这个平台，深化合作，拓展市场，共同推动全球贸易的繁荣和发展。

最后，祝愿本届中国进出口商品交易会圆满成功，祝愿各位嘉宾、来宾和参展商身体健康、工作顺利、生活愉快！谢谢大家！

输出以上文章，AI用了不到一分钟。虽然整篇文章写得干巴巴的，毫无"干货"，说的都是"正确的废话"，缺乏个性和创造性，但行文流畅，一个错别字都没有，比很多"公文小白"写的文章强多了。

想借助AI完成写作，大家要学会提问，即发指令。如果提问水平一般，AI输出的文章质量会很一般。有时，大家提问了，AI也不一定会完全按照大家的需求输出文章，比如，我输入这样一个指令：请写一篇关于广州加强新型基础设施建设、推进智慧灯杆试点工作的总结性公文，要求引经据典、符合公文写作特点。AI也在一分钟内给出了答案，如下。

广州市是我国南方的一座大都市，其经济水平、文化水平和社会发展水平处于全国领先水平。信息化建设一直是市委、市政府高度重视的工作之一，为了加快信息设施布局、建设，稳步推进智慧灯杆试点工作，市委、市政府于去年启动了一项重要实践。现在，我们已经取得了一定的成果，但仍然需要不断努力，更好地满足人民群众的需求。

一、总体情况

一年来，广州市先后在天河区、越秀区、白云区、从化区等地开展了智慧灯杆试点工作。试点覆盖了住宅小区、商业区、旅游景点、交通枢纽等多个场所，建设了一批具有创新性和实用性的智慧灯杆。这些智慧灯杆所具备的智能化功能，大大提高了城市管理的效率和可持续发展水平。

二、成功经验

广州市在智慧灯杆试点工作中，获得了如下几点成功经验。

（一）注重理论研究，不断探索新模式、新路径。在确定试点前，广泛征求专家意见，进行了大量的前期调研和方案研究，充分考虑了现代城市发展过程中存在的问题和困难。

（二）在实践中不断创新，推动工作不断向前。注重理论和实践结合，不断进行试验和改进。同时，通过充分发挥市场机制的作用，引导社会资本加入智慧灯杆建设，进一步推动试点工作的深入开展。

（三）加强交流协作，形成合力。好的合作机制是推动项目落地的关键，在整个项目过程中，积极加强广大市民、企业、政府部门之间的合作，形成良好的合作氛围。

三、下一步工作要求

广州市智慧灯杆试点工作取得了一定成果，但仍面临不少挑战和问题。今后，我们将在以下几个方面继续深入推进工作。

（一）加强人才队伍建设和理论研究，制订全面、专业的发展规划和执行方案，并深入挖掘智慧灯杆项目可持续发展的潜力。

（二）进一步扩大试点范围，增加试点内容，推广试点所涉及的技术和模式。同时，加强对试点建设过程中面临的问题的研究和解决。

（三）深入推进"城市大脑"建设，构建一体化信息平台，提高城市管理的效率和智能化水平。在这一过程中，注重资源整合，形成合力，让市民在城市建设中更有参与感。

让我们齐心协力、努力工作，为推动广州市智慧城市建设做出更大贡献。

这篇总结性公文，基本要素是齐全的，行文也比较有逻辑，是规范的、规矩的、规整的，但还是存在与上篇领导致辞同样的问题：没"人味"、平庸、刻板、模式化、不生动、无任何实质性内容。指令中提及的"引经据典"，AI完全没有做到。

我们把这种公文称作"八股公文"。试想，如果我们把主题内容换成"地下水污染防治试点工作""普惠金融试点工作""高新技术产业标准化试点工作""地域特色博物馆试点培育工作""普通高校综合评价招生改革试点工作"等，"成功经验"和"下一步工作要求"部分的内容，是不是可以无障碍抄用一遍？

这种公文，通篇陈词滥调，都是大话、空话、套话，看得人昏昏欲睡。如果将其作为公文成品交上去，肯定是会被批评的。

众所周知，好文章是"含雄奇于淡远，赋绮丽于朴拙"的。唐朝诗人刘禹锡的《乌衣巷》这样写："朱雀桥边野草花，乌衣巷口夕阳斜。旧时王谢堂前燕，飞入寻常百姓家。"寥寥28个字，各种意境、哲理都在其中，后两句简直是神来之笔，白居易非常赞赏，说他"掉头苦吟，叹赏良久"。同样，好的公文一般也有故事感，读来有画面感，有真情实感，有寓意和道理，心怀苍生，简洁有力，风格独特，娓娓道来，浑然一体。

2023年，山东淄博烧烤"火出圈"后，淄博市曾发布两封信，一封《致全市人民的一封信》，还有一封《致广大游客朋友的一封信》，大家若有兴趣，可以在网上查阅。两封信均被网友夸赞有文采、有情怀、接地气，且既有细节，又有格局，既有诗与远方，又有烟火人间，淄博市的公文水平"杀疯了"，现在总算知道山东省的高考、公务员考试有多难了……

我研究完两封信，发现真的是这样。两封信虽然都不长，但写得诚挚、中肯、逻辑清楚、条理清晰、金句频出，先是"交代背景、总结回顾"，再是"表达感谢、分析问题、提出建议"，最后是"展望"，基本讲清楚了"是什么""为什么""怎么办"等问题。

这样的公文，是AI绝对写不出来的。

讲到这里，也许大家会发问："AI写不出优秀的、有'人味'的公文，那咱们是不是应该弃用它呢？"

我觉得大可不必。AI可以成为我们工作的辅助工具，帮助我们提高写公文的效率，就像计算机也是我们工作的辅助工具一样，能帮助我们更快地产出工作成果。AI在智能纠错、短语补全、句子补全、短语润色、概念解释、例句和案例推荐、范文搜索、翻译等功能方面，拥有人脑无法比拟的优势，因此，我们还是要学习使用。

以智慧灯杆试点工作总结公文为例，我们可以保留其结构、体例，甚至大标题，将自己了解到的实际情况填充进去，加以润色，优化出一篇合格的公文。比如，在介绍智慧灯杆试点工作的成效时，我们可以补充介绍"××路马拉松山湖绿道共配备了300根智慧灯杆，搭载了智慧照明、视频监控、信息发布、公共广播、无线Wi-Fi、环境监测等功能模块，可提供智能照明、安防监控、天气预报、免费Wi-Fi上网等服务，既能为马拉松赛事保驾护航，也能为市民朋友提供舒适、便捷的运动体验"等内容。

综上所述，面对AI写作的兴起，我的建议是"可以求助，不可依赖"。努力学会提问，让AI为自己所用，同时明确写公文像打铁，还得"自身硬"。

这也是我们写作本书的一部分初衷。

没有人生来会写公文，哪怕是顶级公文写作高手，也是在不断学习、淬炼的过程中摸索着技巧、增长着技能。提高公文写作水平没有捷径可走，但有规律可循、有技巧可学、有经验可用，我们所做的，就是把工作多年积攒下来的经验、心得、技巧整理成一个又一个"锦囊"，毫无保留地分享给大家。

1.1.4 "磨练"和"开悟"是两回事

"磨练"是指大家在一件事情上受尽折磨但百折不挠，随着时间的推移，某方面的技能变强，毕竟熟能生巧。比如，我刚刚大学毕业时，完全未掌握公文写作的技巧，考公务员时未拿到高分，但经过长期磨练，公文写作水平有所提高，现在都能传道授业了。

"开悟"则是指大家经历过很多困难后，开始琢磨怎么破圈、破局限，并且真的琢磨出来了。这属于"静能生慧"，一旦一个人"开了悟"，就能实现几何级成长。

不断磨练自己，能在某个领域成为佼佼者，但想要实现阶层的跃迁、思想的跃迁等各方面的跃迁，靠的是"开悟"，而不是"磨练"。

这个"悟"怎么开？跟每个人的悟性（智商及情商）有关。

磨练是"自启"，开悟是"自启"+"天启"，因此，开悟的人始终是少数。

公文写作，需要"悟"（情商层面）。本节对情商在公文写作方面的重要性进行了介绍，到了实操层面，大家怎么发挥悟性把公文写作工作做好，就只能靠自己了。

1.2 拟写公文之前，给你提 5 条建议

什么样的公文算是好公文？我认为，"领导满意"是好公文的硬标准之一。虽说"文无第一"，但你的领导就相当于为你写的公文评分的考官，衡量公文好坏的权利在他们手里。

领导对交到他手里的公文不满意，其实是很正常的现象，很多"资深笔杆子"都会遇到。如果大家不想辞职，那么，不管领导是何种态度，大家都需要摆正心态，不必太紧张、自责，也不必表现得很委屈，或是用大量时间、精力去争辩，应该先静下心来，认真思考领导为何对公文不满意，再集中精力加以修改，改到领导满意为止。

写公文与文学创作不同，文学创作很考验天赋，而公文写作，无非是掌握技巧、突出重点、提炼观点、锤炼文字。经过长期训练，大多数人是可以"达标"的。

在拟写公文之前，我给大家提 5 点建议，如下。

1.2.1 可以借鉴，但"以我为主"

有一个概念，叫作"逐字稿"。所谓"逐字稿"，就是逐字逐句地写稿，不贪图快、全。说得文艺一点，就是"我手写我心"，即我写的东西都是经过我认真思考的东西，都是我心中所想的东西。写"逐字稿"，重要的是不求"一口吃成一个大胖子"，这些"思想成果"就像水滴一样，一个字一个字地记下来，也能汇聚成小溪、

江河、大海。

写作、创作，都遵循"取乎其上，得乎其中；取乎其中，得乎其下；取乎其下，则无所得矣"这一基本规律，因此，任何时候都不要抄袭，不要简单地剪切/复制+粘贴。好的文章，一定是有自己的想法、自己的观点、自己的表述的文章。到处抄袭别人的作品，很容易，效率也很高，但写作者很难有什么进步。

当然，这并不是反对借鉴和学习。好的范文、上级的报告，都是很好的学习对象，甚至有些文章的写作结构可以完全借鉴。毕竟，写公文对大家来说只是一项工作任务，很多公文的撰写非常紧急，大家不是要拿写好的公文去参评各项文学大奖，不需要每一句话都原创。因此，适当的借鉴、参考是完全没问题的，甚至是我鼓励的。

但是，切记不能照搬照抄、生搬硬套，而是要"以我为主"、合理取舍。大家可以把别人写的东西当作素材，在此基础上用自己的语言加以表述，转化为自己的东西，也就是通常所说的"化用"，融会贯通。

说得直白点，这就是"六经注我"，而非"我注六经"。"我注六经"说的是等头发都白了，等把所有的书都读完了，才可以去给经典作注解；而"六经注我"是更高境界的学习方式——学习的目的是以经典所传达的精神来诠释自己的生命，"我"是"学习主体"，而不是"学习经典的工具"。

1.2.2　注重逻辑，观点与内容对应

注重逻辑，即要围绕一个主题或观点，按照一定的顺序和线索，思索、搭建合适的框架结构，将各种想法和念头整合并表达出来。

说一篇文章的逻辑清晰，至少有两层意思，一层意思是顺序无误，即文章内容按照轻重、缓急、先后、大小等基本顺序合理排列；另一层意思是观点和内容做到了对应、统一，文对题，没有"挂羊头卖狗肉"的情况。

毛泽东曾经在《工作方法六十条》里强调："把材料和观点割断，讲材料的时候没有观点，讲观点的时候没有材料，材料和观点互不联系，这是很坏的方法。只提出一大堆材料，不提出自己的观点，不说明赞成什么反对什么，这种方法更坏。"

比如，一个人起草某集团党委班子对照检查材料时，拟大标题为"履职尽责、担当作为，不折不扣把党中央决策部署落实到位"，下面分列两个小标题来阐述这个问题，分别为"坚守服务县域经济，促进城乡区域协调发展"和"优化考核及激励

约束机制，解决系统内机构经营管理、收入分配差距等方面的问题"，是很容易被领导批评的，因为"驴唇不对马嘴"——第一个小标题还跟"党中央决策部署"有点关系，第二个小标题则完全在说内部管理问题，跟"落实党中央决策部署"几乎没有关系。

如果让大家来修改这篇材料，怎么修改？可以修改为"一是服务乡村振兴；二是服务共同富裕；三是主动融入'一核一带一区'区域发展新格局"——乡村振兴、共同富裕、区域协调发展均是党中央的重大决策部署，围绕这3点行文，比较容易过关。

再来看一个例子。

某文秘人员接到领导安排的任务：撰写一篇用于卫星直播"户户通"扩大试点会议的领导讲话稿，第一部分内容必须是"户户通"工作的意义。该文秘人员写出如下要点。

①开展"户户通"工作是落实国家及省委、省政府战略部署的具体行动。
②开展"户户通"工作是扎根县域、服务群众的初心使命。
③开展"户户通"工作是推动集团转型、实现更好生存和发展的必由之路。
④开展"户户通"工作是实现"小而美"目标的第一步。

这样的要点，领导看了很可能会不满意——都是在讲思想认识，而且太过假、大、空，不接地气。如何提升、优化呢？可以进行如下调整。

①做好"户户通"工作，是过去走"弯路"换来的教训。
②做好"户户通"工作，是对同行成功经验的大胆借鉴。
③做好"户户通"工作，是应对当前严峻形势的积极举措。
④做好"户户通"工作，是认清集团自身的"先天不足"的可靠选择。
⑤做好"户户通"工作，是落实全面推进乡村振兴战略的重要安排。

大家看，这么一改，各部分内容都不会太假、大、空，而是"言之有物"。全文逻辑从古到今、从外到内、从点到面，层层递进，非常清晰。要点清楚、结构清晰后填充内容，公文很容易写得出彩。

1.2.3　务必精简，把字词删到不能再删

负责公文写作的人，千万不要把公文写得太过啰唆，不然，自己写着费劲，别人读着也费劲。现在，到处都在强调"精简文山会海"，因此，"精简"应当成为公文写作的关注点之一。

《党政机关公文处理工作条例》第十三条明确"行文应当确有必要，讲求实效，注重针对性和可操作性"；第十九条强调"……内容简洁……文字精练……"。

毛泽东也认为，文章应该"写得短些，写得精粹些"，并表示"最不应该、最要反对的是言之无物的文章""应当禁绝一切空话"。他在《反对党八股》一文中列举的"党八股罪状"的第一条就是"空话连篇，言之无物"，并批评"有些同志喜欢写长文章，但是没有什么内容，真是'懒婆娘的裹脚布，又长又臭'"。他断定写这样文章的人，"只有一种解释，就是下决心不要群众看"。他甚至提出："主要的和首先的任务，是把那些又长又臭的懒婆娘的裹脚布，赶快扔到垃圾桶里去。"

鲁迅也有类似表达，他在《答北斗杂志社问》中指出："写完后至少看两遍，竭力将可有可无的字、句、段删去，毫不可惜。宁可将可作小说的材料缩成 Sketch（速写），决不将 Sketch 材料拉成小说。"

接下来看两个例子。

他飞速跑了过去，坐了下来，打开了电脑，开始打字。
他飞跑过去，坐下打开电脑，开始打字。

请认真检查你的稿子，遵循一个原则：把所有文字删到不能再删为止。
请检查稿子，原则是：删到不能再删。

两组句子，明显是字少的那一组表达效果更好。

1.2.4　乐于学习，主动找厉害的人帮忙改稿

没有人天生就会写公文，每个人都是学出来、练出来的，因此，我们必须乐于向别人学习。

虽然说"文无第一，武无第二"，但是写得好不好是有标准的。在体制内写公

文，最直观的标准是领导认不认可、通不通过，其次是受众愿不愿意听和看、有没有共鸣、能不能共情。如何向别人学习？方法之一是找厉害的人帮忙改稿。学习最重要的是学思路、学方法、学别人是怎样思考的，比如看别人是怎样改稿的、怎样作出取舍的，这样学习才是最快、最有效的。

我刚参加工作的时候也不太会写公文，怎么办？去找领导已经审核定稿的公文来看，因为凡是定稿的公文，都在向你说明"应该这样写"。多看这些已经定稿的公文，总能总结出写作技巧和方法。

与此同时，我们必须知道"不应该怎么写"，这样才能避免走弯路、撞枪口。怎么才能知道"不应该怎么写"呢？可以多看领导修改的手稿。修改痕迹看多了，自然知道应该怎么"避坑"。

如果实在找不到厉害的"引路人"，那就只能"自己动手，丰衣足食"了。接下来，我与大家分享一下自己的改稿习惯。

第一步，按立意、逻辑、结构、段落、语句修辞的顺序，一层一层往下看。

先看立意是否准确、逻辑是否无误，再看结构、段落安排是否合理，最后看语句修辞是否恰到好处。千万不要一上来就盯着字、词看是否对仗，如果立意不正、文不对题、逻辑不通，行文再有文采又有什么用呢？

第二步，提炼观点和小标题。

如果将公文写成无小标题的长文，就不容易看出层次，添加小标题后，层次感就出来了，因此，要尽量避免一大段话里面没有小标题的情况出现。公文本来就偏枯燥，如果毫无层次感，就更让人读不下去了。

第三步，调整篇幅比例，使之匀称。

各段落的篇幅应该差不多，不能有的段落写上好几页、数千字，有的段落只写几行字、几百字，而且，各标题要大体工整。

第四步，能用短句，就不要用长句。

如果无法用一句话把意思表达完整，可以用两句话、三句话，一句话最好不要超过35个字。

第五步，优化标点符号。

想要段落层次分明，需要合理使用标点符号，谨防"一逗到底"。而且，把标点符号使用正确，本身也是写作功力的体现。

第六步，核实引用的数据、材料等。

写公文时，经常涉及对名言警句、典故、概念、数据等内容的引用，这些内容要逐个核实、逐句推敲，特别是引用中央领导的讲话时，要严谨、严谨，再严谨，不能断章取义、道听途说。

第七步，尝试换用更好的表述方法。

同样的一句话，用不同的方法表述，给人的感觉是不一样的。比如，在讲述客观障碍时，不说"有困难"，而说"有挑战"；在事情做得不顺利时，不说"屡战屡败"，而说"屡败屡战"，是不是感觉完全不同？多使用正面字眼，笔下内容就是积极的、正向的。

第八步，交替修改，不怕多改。

写公文，有可能陷入"当局者迷，旁观者清"的状态——自己察觉不到错误，但别人随便看看就能看出问题。因此，建议大家尝试互相修改公文。

要知道，好的公文是在不断修改、不断否定、不断完善中逐步优化的，不要过于追求一次定稿，好公文都是改出来的。写完公文后，大家可以通过默读或朗读、打印纸质稿阅读等方法校对，降低出错率。

1.2.5 在工作中磨练，抓住每一次机会"磨刀"

心学大师王阳明在《传习录》中指出："人须在事上磨，方立得住。"俗语有云，"刀要在石上磨，人要在事上练"。公文写作也一样，需要在事上磨练，天天写、经常写。

奥林匹克运动会跳水冠军全红婵的一个训练视频曾风靡互联网，视频中，全红婵轻轻松松地完成了一系列高难度动作，包括双脚原地起跳蹦上1米高台。在教练看来，除了确有天赋，全红婵也是同一批运动员里最能吃苦的。教练曾这样说全红婵："她每天在陆地上做两三百次动作，水上（练习）也要跳120次左右。"针对容易出现失误的短板动作，全红婵每天都要在训练中加练。她曾笑言："回去天天跳，把我累坏了。"天道酬勤，在全红婵的心里、眼里，直面世界、直面自己的最好方法就是：事上练，量要够。

若我们真的能够静下心来，每日反省，或许会发现，比我们有天赋的人，很可能比我们更刻苦、更努力。一分耕耘，一分收获，我们每天的工作真的尽心尽力了吗？我们有没有在空闲时间坚持学习、思考，而非玩手机？我们是真的不会写公文，还是不愿意去尝试和磨练？答案在每个人的心中。

总之，公文写作表面上看是智力活，实际上是体力活，归根结底是苦力活。吃得苦中苦，方为人上人。

1.3　公文的常识和易忽视、易混淆的问题

想要写好公文，重要的不是多看理论文章，而是大量地阅读优秀公文范例、加强对易错和易混淆部分的知识的学习，并笔耕不辍地进行公文写作训练。公文写作，没有"速成宝典"。本节，不给大家介绍枯燥、晦涩的理论知识，而是重点讲解公文的常识和易忽视、易混淆的问题，了解这些知识，可以帮助我们准确、快速地明确自己在公文写作方面的薄弱环节，从而更有针对性地提升公文写作水平。

1.3.1　企业有没有使用公文的需求

在我们的印象中，党政机关是公文的使用主体，《党政机关公文处理工作条例》中明确说明，公文是党政机关实施领导、履行职能、处理公务的具有特定效力和规范体式的文书。那么，问题来了，企业，尤其是独立法人，也有使用公文的需求吗？

答案是肯定的。《党政机关公文处理工作条例》第四十条规定：其他机关和单位的公文处理工作，可以参照本条例执行。

简单来说，凡是有公务处理需要的地方，就有使用公文的需求。实际工作中，党政机关、人民团体、企业、事业单位等，都会使用公文，并且严格遵循《党政机关公文处理工作条例》行文。不过，部分小型私营企业在公文格式、结构、内容的审核、把关方面不太规范、严谨，极易误导年轻人。如果你目前在小型私营企业工作，将来有机会去"公"字头、"国"字头的单位工作，那么，公文写作技能是你"逃不掉"的必学技能。

1.3.2　公文有没有统一、规范的标准

公文当然有统一、规范的标准，不能随意撰写。公文遵循的行文规范、标准，可简称为"一个规范，三个标准"。

"一个规范"指的是《党政机关公文处理工作条例》（中办发〔2012〕14号）；"三

个标准"的出处是《党政机关公文处理工作条例》第十条、第十一条的规定,具体为"公文的版式按照《党政机关公文格式》国家标准执行。公文使用的汉字、数字、外文字符、计量单位和标点符号等,按照有关国家标准和规定执行。民族自治地方的公文,可以并用汉字和当地通用的少数民族文字"。

这 3 个标准对应的文件分别是什么呢?

① 《党政机关公文格式》(GB/T 9704–2012)。

② 《标点符号用法》(GB/T 15834–2011)。

③ 《出版物上数字用法》(GB/T 15835–2011)。

将上述文件名输入搜索网站,即可查询到相应的标准和用法。很多人不愿意花这个时间,总以为自己已经"会了",结果在动笔写公文时,常犯一些低级错误。

比如,发文机关标志,即红头部分,一般由发文机关名称加"文件"二字组成(也可以不加"文件"二字),发文机关名称后不能加文种,若将红头部分写成"任免通知""情况通报""值班通报"等,就是错误的写法。

又如,标有引号的并列成分或内容之间、标有书名号的并列成分或内容之间,通常不使用顿号。只有在有其他成分或内容插在并列的引号之间或并列的书名号之间时,才使用顿号。以下两个句子,是标点符号使用正确的实例。

理想信念是"压舱石""定盘星""风向标"。

坚定理想信念,我们要筑好"压舱石"、把稳"定盘星"、定好"风向标"。

再如,表示数值范围时,一般使用"~",只有在前后两个数值的计量单位相同,省略其一不产生歧义的情况下,前一个数值的计量单位才可以省略,如果省略计量单位会产生歧义,则不应省略——"9 亿~16 亿"不可写为"9~16 亿","15%~30%"不可写为"15~30%"。同样是使用在数值之间,标示电话号码、门牌号码时,一般使用"-"——"4-9-12 房间";标示时间、地域的起止时,一般使用"—"——"1037 年 1 月 8 日—1101 年 8 月 24 日""广州—纽约"。

这些规范和标准都是学问,有的人在单位写了十几年公文,组织内容可以称得上是得心应手,但就是常忽略这些细枝末节的问题,导致公文的过关率不高。其实,用一小段时间,把这些规范和标准打印出来,写具体公文的时候随时翻看、查找、校对、查漏补缺,就可以规避绝大多数低级错误。

1.3.3 公文格式有多少种

实际工作中,公文格式一般有 4 种。

第一种公文格式是最常见的法定公文的格式。

一般来说,法定公文必须遵循《党政机关公文格式》(GB/T 9704-2012)行文。我们通常说的"红头文件",遵循的就是这种格式。

"红头文件"并非专业用语,是大家对"各级党政机关、人民团体、企业、事业单位等下发的带有大红字标题和红色印章的文件"的俗称。这类文件一般由份数序号、秘密等级和保密期限、紧急程度、发文机关标识、发文字号、签发人、标题、主送机关、正文、附件、成文日期、印章、附注、主送、抄送、印发单位、印发日期、份数等组成。

目前,"红头文件"用纸原则上是 A4 纸,几乎不会用 A3、B5 等纸型。但如果这类文件有附表,且附表内容难以用 A4 纸完整地打印出来,可以用 A3 纸打印附表(与正文一起装订后,需要对 A3 纸多出来的部分进行折叠)。

第二种公文格式是信函格式。

这种格式,一般适用于便函、函件等公文,有时也用于选用通知、批复、函等公文。山东省淄博市政府曾发布的《致全市人民的一封信》和《致广大游客朋友的一封信》,就是信函格式的公文。

信函格式的公文,一般居中写公文标题,设置字号字体为 2 号小标宋简体;下空一行,左起顶格写主送机关或人员,加冒号;下一行,首行缩进 2 字符,开始写正文;正文结束,另起一行,加"此致"或"特此函告"等字眼,如果已经有其他请求语、祝福语,这部分可以省略;另起一行,在右下角写明落款和日期,有必要的话,附上联系人及联系方式(用括号的形式将其括在其中);只写一页纸的话,不用加页码,有两页纸及以上,需要加页码,但首页不标页码,从第二页起顺标为"—2—""—3—""—4—"等。

第三种公文格式是命令格式。

命令格式适用于公布法规、规章、嘉奖等,普通文秘人员一般不需要写,也接触不到这种公文。大家若感兴趣,可以上网搜索"主席令""主席特赦令"等内容,了解这种公文格式。

第四种公文格式是纪要格式。

会议记录和会议纪要是不同的,会议记录不是法定公文,但会议纪要是,它适用于记载会议主要情况和议定事项。会议纪要和会议记录的区别详见第 6 章。

会议纪要的标题一般有两种格式，一种是会议名称＋"纪要"，比如《××集团有限责任公司会议纪要》《××学院专题会议纪要》；另一种是会议主要内容＋"纪要"，比如《××环卫工作专项会议纪要》《关于落实省委领导批示保护省级文物七级浮屠塔问题的会议纪要》。

会议纪要的文号写在标题的正下方，由年份、序号组成，用阿拉伯数字标出年份，并用"〔〕"括入。一般的办公会议纪要不对文号做严格要求，写明会议期数即可，比如"第××期""第××次"，写在标题的正下方。会议纪要的正文一般由会议概况＋会议精神＋议定事项组成，有"会议认为""会议强调""会议决定"等内容。会议纪要的落款处要有记录人、主持人、参会人的签名。会议纪要的制文日期可以写在标题的下方，也可以写在正文的右下方，如果正文中已经载明日期，可以不在以上两处特别写出。一般，每个单位都有固定的会议纪要格式，大家找单位内的"资深笔杆子"要格式后"照葫芦画瓢"就可以了。

1.3.4 公文有多少文种

根据最新《党政机关公文处理工作条例》的规定，法定公文有如下 15 种：决议、决定、命令（令）、公报、公告、通告、意见、通知、通报、报告、请示、批复、议案、函和纪要。

（1）决议：适用于会议讨论通过的重大决策事项。比如，新虹公司发布的《关于通过新虹公司财务管理办法的决议》。

（2）决定：适用于对重要事项作出决策和部署、奖惩有关单位和人员、变更或者撤销下级机关不适当的决定事项。比如，中国共产党第十八届中央委员会第三次全体会议上通过的《中共中央关于全面深化改革若干重大问题的决定》。

（3）命令（令）：适用于公布行政法规和规章、宣布施行重大强制性措施、批准授予和晋升衔级、嘉奖有关单位和人员。比如，中共中央发布的《中共中央关于解放海南岛的命令》。

（4）公报：适用于公布重要决定或者重大事项。比如，国务院办公厅发布的《国务院公报》。

（5）公告：适用于向国内外宣布重要事项或者法定事项。比如，某省发布的《关于面向社会公开征集20××年省重点民生实事建议的公告》。

（6）通告：适用于在一定范围内公布应当遵守或者周知的事项。比如，2020年国务院印发的《关于进一步做好当前新冠肺炎疫情防控工作的通告》。

（7）意见：适用于对重要问题提出见解和处理办法。比如，国务院办公厅颁发的《国务院办公厅关于规范校外培训机构发展的意见》。

（8）通知：适用于发布、传达要求下级机关执行和有关单位周知或者执行的事项，批转、转发公文。

（9）通报：适用于表彰先进、批评错误、传达重要精神和告知重要情况。比如，贵州省发布的《关于6起违反中央八项规定精神典型问题的通报》。

（10）报告：适用于向上级机关汇报工作、反映情况，回复上级机关的询问。比如，1995年4月国务院学位委员会第十三次会议通过的《关于设置法律专业硕士学位的报告》。

（11）请示：适用于向上级机关请求指示、批准。比如，请示类公文《关于申请防护栏建设资金补助的请示》。

（12）批复：适用于答复下级机关请示事项。比如，2018年国务院发布的文件《国务院关于同意设立"中国农民丰收节"的批复》。

（13）议案：适用于各级人民政府按照法律程序向同级人民代表大会或者人民代表大会常务委员会提请审议事项。比如，全国人民代表大会常务委员会通过的《关于成立宁夏回族自治区的议案》。

（14）函：适用于不相隶属机关之间商洽工作、询问和答复问题、请求批准和答复审批事项。比如，湖州市人民政府向浙江省人力资源和社会保障厅发出的《湖州市人民政府关于商请支持设立浙江湖州人力资源服务产业园的函》。

（15）纪要：适用于记载会议主要情况和议定事项。

实际工作中，除了上述15种法定公文，大家还会接触到很多非法定公文，如总结、讲话、要点、方案、计划、安排、纲要、规划、建议、答复等。

如果不是要发布"红头文件"，公文标题中可以有"总结""讲话""方案"等字样。但需要注意的是，这些公文没有独立行文的资格，即不能以"红头文件"的形式下发。注意，上报或下发非法定公文时，应该从法定公文文种中找一个载体，载运着它行文。

做一个比喻，15种法定公文就是"人民币"一样的"硬通货"，大家平时可以用金、银、等价积分，甚至加密货币等进行物资交换，但是要在银行、证券交易所等场合交易，必须使用"人民币"。

举一个例子，我们精修 10 天、增删 5 次，写完一篇领导讲话稿，领导可以直接拿着这篇讲话稿在会议上讲话，但如果我们想把这篇讲话稿的内容以"红头文件"的形式下发，必须选用"通知"这种正式的法定公文载运着行文。

虽然"红头文件"的要求严格，但是 15 种法定公文和非法定公文在日常使用场景中并没有清晰界限，从广义上说，它们都是"公文"。

1.3.5　决议和纪要有什么区别

决议和纪要都适用于反映会议议定的事项，但二者是存在本质区别的。决议重在反映重大决策事项，具有很强的权威性和法定效力，一般用于重大会议，比如十九届六中全会决议、社员大会决议、理事会决议等。纪要重在反映会议主要情况和相关议定事项，一般用于常规会议，比如党委会纪要、主任办公会纪要等。决议和纪要的区别见表 1–1。

表1–1　决议和纪要的区别

类别	会议层级	重要性和决策方式	内容
决议	一般由大会审议表决，会议层次较高，比如股东会、董事会等。这类会议，参与决策的人往往较多	在 15 类法定公文中排第 1 位，重要性较高，《党政机关公文处理工作条例》中的表述是"重大决策事项"	一般决策方式是"集体决策"，需要举手表决；讨论的一般是全局性、原则性的重要问题、重大事件或活动，具有战略性、宏观性、指导性
纪要	一般用于反映专题会议议定的事项，会议层次较低，比如总经理办公会、专题会等。这类会议，参与决策的人往往较少	在 15 类法定公文中排第 15 位，重要性较低，《党政机关公文处理工作条例》中的表述是"会议主要情况和议定事项"	一般决策方式是"一把手负责制"，不需要举手表决，虽然可以讨论，但讨论只是为"一把手"提供决策基础。多数涉及某一领域、某一方面的重要事项和重大活动的决策、安排，具有较强的针对性、具体性、处置性

注意，表 1–1 中列示的区别只是一般情况下的区别，并不是绝对的。

1.3.6　非党政机关可以发公告吗

公告，适用于向国内外宣布重要事项或者法定事项。法定公文中的"公告"的发文机关级别较高，多为省部级以上党政机关，一般的企业、事业单位不能制发公告。

"重要事项"，包括国家权力机关的重要决策、需要国内外公众周知的事项、对国内外有重大影响的活动等。在我国，一般是立法机关、司法机关、监察机关、外交机关等发布公告。

但是，在实际工作中，针对法律规定的事项，企业、事业单位也可以发布公告，比如债权债务公告、招标公告、分红公告等。所不同的是，这类公告一般不会以"红头文件"的形式制发。

企业、事业单位的公告可以在企业、事业单位的官方网站、自媒体、公告牌等渠道发布和张贴。严谨一点的企业、事业单位要发布公告，一般先由董事会召开会议，对要发布的公告进行讨论，通过后由董事会签发，再交给法定代表人，由法定代表人进行审核，通过后完成签发和发布。比如，《××集团股份有限公司关于召开2022年度业绩暨现金分红说明会的公告》《中国××银行股份有限公司关于服务实体经济、提高我行经营质效的公告》。

1.3.7 公告和通告有什么区别

公告和通告都属于告知性公文，均可以通过在新闻媒体上发布或在社会上张贴等方式公开内容。二者都是需要"广而告之"的公文，通告的告知范围相对较窄。公告和通告的区别见表1–2。

表1–2 公告和通告的区别

类别	内容重要程度	发布者	发布范围	发布方式
公告	国家特定机关发布重要事项和法定事项时使用的，涉及国家大事、省市级的行政大事，或必须履行法律规定向外界公告的内容，内容较重要	党政机关，或者法律规定的主体	郑重宣布重要事项或法定事项，面向国内外、社会各界，知道的人越多越好	一般不用"红头文件"的形式下发，多数在新闻媒体上刊登
通告	涉及一定范围内需要大家遵守、周知的内容，内容重要程度相比公告要小	行政机关、社会团体、各级企业、事业单位	要求某一特定人群遵守或周知，面向社会的某一领域或者某个行业，用于局部范围。比如，《关于禁止燃放烟花爆竹的通告》	形式多样，可以在新闻媒体上刊登，可以用"红头文件"的形式下发，也可以公开张贴

1.3.8 意见是不是下行文

法定公文中的"意见"和我们日常生活中说的"意见"不一样，是党政机关颁布方针政策的一种形式，适用于对重要问题提出见解和处理办法。这里的"重要问题"，指的是当前工作中全局性、方针政策性的重大问题或主要问题，特别是新问题。

意见是比较灵活的公文，可以是下行文，叫指导性意见；可以是平行文，叫参考性意见；可以是上行文，叫建议性意见。

上级机关心怀全局，对下级机关遇到的重要问题提出见解和处理办法，为下级机关更好地理解、贯彻、落实、执行而下发的意见，就是下行文。

根据不同的情况，作为下行文下发的意见可以分为规划意见、实施意见、具体工作意见等。

《"十二五"农业发展意见》《××生态新区发展规划意见》等都是规划意见，是针对某一时期的某一方面工作提出的大体构想。

实施意见一般是为贯彻落实某重要决定或中心工作所制订的实施方案。比如，《国务院办公厅关于加强入河入海排污口监督管理工作的实施意见》。

具体工作意见是上级机关对下级机关做好某项工作提出的具体的实操性意见。这类意见涉及的内容比较具体，有时会提供一些可操作的办法、措施等。比如，《关于进一步加强疫苗流通和预防接种管理工作的实施意见》《副科级干部任前考察意见》。

在实际工作中，有时，下级机关会针对某些重要问题发表自己的见解或提出处理问题的办法，供上级机关决策参考，这就是上行文。比如，《关于动员社会力量参与除"四害"工作的意见》《关于基层银行业金融机构支持和服务乡村振兴工作的意见》《关于开展全市食品安全风险监测与评估工作的意见》。

有时，平级机关或不存在隶属关系的机关也会针对一些重要问题，为对方提出参考性意见，供对方参考。这种形式的意见，就是平行文。比如，《关于加强餐饮业从业人员健康证查验工作的意见》《关于进一步做好地铁安检工作的意见》。

1.3.9 为什么报告中不可以夹带请示事项

请示和报告是不同的文种，不可以混用。报告是陈述性公文，属于事中或事后行文，不要求上级予以答复；请示则是请求性公文，只能事前行文，要求上级予以答复。

从办文程序来看，报告属于阅知性公文，传阅即可；请示属于批办性公文，需要提出拟办意见，报领导批示或转有关部门办理，直至得到答复。请示和报告的区别见表1-3。

表1-3 请示和报告的区别

区别	请示	报告
性质	属请求性公文、批办性公文、呈请性公文，一般是针对实际工作中遇到的问题，请求上级帮助或批准	属陈述性公文、阅知性公文、呈报性公文，常用于反映本部门职权范围内可以解决的问题
内容繁复程度	一般一文一事，可包含需要报告的内容	综合性报告，内容可涉及多方面，但不得包含需要请示的事项
行文时间	必须事前行文，上级批复后方可行事，不可先斩后奏	根据情况需要，事前、事中、事后均可行文
文件处理	属"批件"。对下级的请示，上级无论同意与否，都要及时批复	属"阅件"。报告一般不需要批复

请示只能"一事一请示"，即一个请示只能解决一个问题。将多件事情写在一份请示里面，是写请示的大忌。如果同一请示内事项过多，有的事项上级能批准，有的事项上级不同意，不仅上级不好批复，执行者也容易无所适从。

请示的主送机关一般只有一个。大家不能同时向两个机关或人员提出请求，如果A同意了，B不同意，事情会很难办。

另外，如果要写请示，比如向上级申请办公楼加固大修的经费，切记不要写成报告，并在报告里夹带请示事项，因为报告属于阅知性公文，而请示属于批办性公文。以报告的形式递交，上级可以批复，也可以不批复，很容易耽误事情。

本质上，写公文最考验的不是写作能力，而是情商。一个好的请示，往往有不容拒绝的说服力，会写清楚事由、申请理由、解决办法、倾向性意见，甚至会先跟上级沟通再正式行文。

1.3.10 通报是好事还是坏事

通报是很多人爱看的一种公文，因为看到通报，就能获知谁被表扬了、谁被批评了、身边出什么事了。

通报适用于表彰先进、批评错误、传达重要精神和告知重要情况。

通报可分为3种，用于表彰先进的，叫表彰性通报；用于批评错误的，叫批评性通报；用于传达重要精神和告知重要情况的，叫情况性通报。通报，不局限于好事或坏事。

写表彰性通报和批评性通报，需要走好"四步棋"：第一步讲述**"发生了什么事"**，主要用记叙手法，将事情介绍清楚，要求要素完整；第二步阐述**"我们怎么看"**，主要使用议论手法，围绕前述的基本事实论理、给评价、表态；第三步说明**"我们怎么办"**，主要使用说明手法，说明表彰或批评的具体方法；第四步点明**"大家应该怎么办"**，对被表彰或被批评之外的单位和人员提出要求和意见。

写情况性通报，需要把相关的重要情况写清楚。比如，《××市城市管理和行政综合执法局关于××小区一房屋私拆承重墙情况的通报》。

1.3.11　函是格式还是文种

函作为文种时，适用于不相隶属机关之间商洽工作、询问和答复问题、请求批准和答复审批事项，属于平行文。一般来说，同一系统的机关，如果存在领导与被领导关系，或是业务指导关系，不能用函的形式行文。除此之外，平行机关之间行文，一般会用函。

函作为文种时，属于"红头文件"，俗称"公函"；函作为格式时，指的则是信函格式，与文件格式、命令格式、纪要格式并列，俗称"便函"。信函格式比较灵活，常说的邀请函、催稿函、委托函、协调函等，都是信函。

1.3.12　内部部室能否对外行文

针对这一点，我们可以分解为几个小问题来回答。

部门内设机构有行文的资格吗？当然有。公文是我们沟通、协调、上传下达工作的重要工具，若内设机构没有行文资格，很多工作是无法开展的。

但是，不是所有内设机构都有行文资格。《党政机关公文处理工作条例》（中办发〔2012〕14号）第十七条规定"部门内设机构除办公厅（室）外不得对外正式行文"，也就是说，各级党委、政府部门的办公厅（室）可以对外正式行文，除此之外，部门的内设机构都不可以对外正式行文。公家单位也参照这一规则行文。

比如，一家国企的办公室可以向下属机构发送一般性通知，布置一般性工作事项或有关开展专项检查、上报资料等的事务性工作事项；可以印发各类会议通知、内部管理办法/规定，印发领导在专业会议上的讲话，转发上级以及其他不相隶属单位的文件；可以在特殊情况下，印发或批转确需印发或批转下级单位的文件等，但是，这家国企的人力资源部不可以对外、对下发"红头文件"。

又如，市文化局产业科属于市文化局的内设机构，不能直接向下辖的其他单位发通知，否则，就违反了行文规则。因为它没有发文的资格，不可以对外、对下发"红头文件"。

如果内设机构需要对外正式行文，一般有两个方法，一是以该单位的名义或该单位办公室的名义对外正式行文；二是以便函的形式行文，注意，这类函件仅用于沟通信息，不能列为15种法定公文的任意一种来办理。

一般来说，如果内设机构之间确实需要用书面文件沟通工作，可以使用单位的信笺版头，即"便函纸"，而非正式文件的版头，行文标题可以写明"工作函"。行文时，需要注明联系部门、联系人、联系电话等信息，可加盖部门公章。

1.3.13　是抄送还是抄报

公文中，常见"抄送"和"抄报"，很多人搞不清楚其区别。抄送和抄报的区别见表1-4。

表1-4　抄送和抄报的区别

类别	送达机关	目的
抄送	多送达平级单位、下级单位	在自己单位或部门发文件时，让文件内容涉及的平级、下级部门或单位知悉文件的内容，便于信息共通，利于以前工作的进展协调、结果沟通和今后工作的步调一致等
抄报	多送达上级单位或无隶属关系的级别较高的单位	把文件报送主管部门的同时，向其他相关上级部门报知此事，以便于后续工作推进

2012年，《党政机关公文处理工作条例》颁布实施，"抄报"这一说法被取消。因此，"抄报"已经是过时的说法，根据新的公文处理工作条例，一律使用"抄送"。

需要注意的是，除非是领导直接交办的事项，公文不直接抄送给领导个人。此外，向上级递交的请示性公文，不抄送给直属下级机关。

1.3.14　《党政机关公文处理工作条例》对公文的写作要求是什么

写公文难不难？难也不难，不难也难。"难也不难"，说的是入门很容易，每个人都会写、都可以写;"不难也难",说的是精通很不容易,写得一手好公文的人不多。

入门很容易,因为几乎每个人都有写作基础,这个写作基础就是大家写高考作文、毕业论文时打下的。大家可以看看《党政机关公文处理工作条例》对公文写作的要求,第十九条第三款规定"内容简洁,主题突出,观点鲜明,结构严谨,表述准确,文字精练",再看看高考作文的要求,主要是"观点正确、主题清晰、结构完整、文笔流畅,文体除诗歌外不限",二者实际上是一回事。

①**观点鲜明/正确**。政治正确、三观要正、依法合规、符合政策规定。

②**主题突出/清晰**。这个写作是应用写作、命题写作,必须搞清楚写作的目的和主题。

③**结构严谨/完整**。合理进行起承转合,即分清轻重缓急、层次分明、合理排序。

④**表述准确、文笔流畅**。这个是对基本功的要求。

其实,公文写作的基本要求与高考作文的基本要求差不多。如果大家能在高考作文中拿高分,应该不会觉得公文写作特别难。如果大家把写高考作文的劲头用在公文写作上,写一般的公文应该不在话下。

《党政机关公文处理工作条例》第十九条还对公文写作提出了其他要求,有"完整准确体现发文机关意图,并同现行有关公文相衔接",有"深入调查研究,充分进行论证,广泛听取意见",还有"一切从实际出发,分析问题实事求是,所提政策措施和办法切实可行"等。

总结一下,就是要搞清楚现状,做好衔接,深入调研并充分论证,所提措施和办法要有可行性,这与写毕业论文的要求是类似的——写毕业论文要写开题报告,要写文献综述和研究现状,要有创新性研究成果和措施、办法。

因此,如果大家能写好毕业论文,写综合性公文也不会是难事。

与学生时代不同的是,工作中,我们要把自己的写作能力与工作实践结合起来。这要求我们抓住一切机会获取信息、做事干活,在工作中多接触人、多了解情况、多思考问题。公文写作的感觉、感受、经验、能力只能在实践中积累,逐步提升。

第 2 章

深刻理解领导讲话稿 / 领导讲话

2.1	领导讲话稿的价值	/ 31
2.2	领导讲话稿是公文吗	/ 32
2.3	领导讲话稿 / 领导讲话的特点	/ 34
2.4	领导讲话稿 / 领导讲话的功能	/ 35
2.5	领导讲话稿的写作文化是如何形成的	/ 36
2.6	领导讲话稿的分类	/ 38
2.7	领导讲话稿起草工作的本质特征	/ 39
2.8	如何把握领导讲话稿的写作思维	/ 40
2.9	领导讲话稿的写作标准	/ 58

第 2 章 深刻理解领导讲话稿／领导讲话

对文秘人员来说，想要在体制内单位有好的发展，一般只有一条路：努力提高个人能力，获得贵人赏识。个人能力能够脱颖而出时，就有可能获得贵人的提携，而帮领导写讲话稿，或许是大家快速获得贵人提携的通道之一。

领导讲话稿的价值

网上有一段与领导讲话有关的视频曾经爆火，视频反映的是一个医疗系统的领导通过开会的形式给罢工的护士们做思想工作，护士们坐定后，这位领导开始啰唆地进行自我介绍、情绪安抚，说了几分钟都没切入正题，结果被台下的护士出声打断："别说那么多废话。"

有的领导在会议上发表讲话之前，并不重视讲话稿的准备工作，导致讲话效果一塌糊涂。

有的领导很爱说废话，一个能言简意赅地讲清楚的问题，他们能说上十几分钟，啰唆不说，某些字词还无意识地重复，比如，"这个问题我是这样看的，啊，这样看的……我们要统一思想，啊，统一思想……这个月的利润是500万元，啊，500万元……关注民生问题是我们的社会责任，啊，我们的社会责任……"，这些领导，一上台就像是终于逮着机会刷存在感了一样，一讲话就没完没了，讲的还是车轱辘话、大家都懂的大道理，整个讲话过程毫无营养，也给不出有效信息。他讲得唾沫横飞、很起劲，但下面听着的人如坐针毡。别说给掌声了，听众甚至想给嘘声。这样一来，会议议程会很长，而大家往往是没那么多时间能花在会议上的，会议耽误的时间，需要靠加班补回来。被会议影响的，都是大家休息、陪家人的时间。

还有的领导喜欢照本宣科，文秘人员怎么写讲话稿，他就怎么念。这种领导的讲话内容通常很枯燥，但至少不会耽误大家的时间，因为讲话稿就那么长，念一念也就念完了。这样一来，领导的讲话水平，取决于领导指导文秘人员写讲话稿的水平。

总体来说，世界上拥有即兴演讲能力的人是很少的，这需要强大的心理素质、丰富的知识积累、快速的思维反应、滴水不漏的说话水平等。这种能力不是能够短期获得的，可能需要10年以上的积累和锻炼，短期努力只能拥有一般的水平。不信请大家细想，若你突然被点名发表对某事物的看法、被拉上台发表获奖感言、被指定分享感受或收获，或是被安排在紧急情况下救场主持，你能撑得住场面吗？

绝大多数当众讲话的人，都是需要提前准备讲话稿的，这不丢人。在体制内单位，领导出席某个会议或活动需要讲话时，准备讲话稿这项工作大多是由文秘人员完成的。

领导经常需要出席会议和活动，在这样的场合发表讲话的需求很多。如果每一篇讲话稿都由领导撰写，那他们根本忙不过来，这就需要一些文字功底比较好的人为领导酝酿一些初步思路，甚至帮领导把讲话稿写好。

我的一位朋友，特别擅长写体制内各类公文，后来被领导注意到，命他写领导讲话稿，他抓住机会，写出了很多篇精彩的领导讲话稿。他写的领导讲话稿观点新颖、立意深刻，有条理、有逻辑，既有理性分析，又有客观数据，关键是还有前瞻性，很受领导赏识。随着领导高升，他的仕途顺畅无比。

体制内单位现在很"卷"，写领导讲话稿虽然辛苦，但不失为一条"蹊径"。本章主要结合我多年的工作经验，引用思维学和写作学相关理论，以理论和实践两个维度为着眼点，从什么是领导讲话稿、如何把握领导讲话稿的写作思维、怎样提高写领导讲话稿的思维能力3个问题出发，对领导讲话稿的特定内涵、写作思维的基本特点和写作思维的具体模式进行分析，手把手给大家传授写领导讲话稿的要诀，助大家快速上手。

2.2 领导讲话稿是公文吗

领导讲话稿主要指党政机关、企业、事业单位的领导在会议、活动等各种场合发表讲话时所使用的参考文稿。领导讲话稿是党政机关、企业、事业单位的常用文稿之一，起草领导讲话稿已成为文秘人员的重要工作内容。

毋庸置疑，领导讲话稿是公务活动常用文稿之一。因此，不少人认为领导讲话稿是公文，至少是"非法定规范性公文"。那么，问题来了，领导讲话稿是公文吗？

根据《党政机关公文处理工作条例》（中办发〔2012〕14号），公文是党政机关实施领导、履行职能、处理公务的具有特定效力和规范体式的文书，是传达贯彻党和国家的方针政策，公布法规和规章，指导、布置和商洽工作，请示和答复问题，报告、通报和交流情况等的重要工具，具体包括决议、决定、命令（令）、公报、公告、通告、意见、通知、通报、报告、请示、批复、议案、函和纪要等15种，其中，没有领导讲话稿。

严格意义上讲，领导讲话稿是领导管理活动所使用的参考文稿，是公务活动的常用文稿，是实施公务管理的重要工具，近似公文，但不是法定公文，也不是真正意义上的公文。那么，领导讲话稿是什么呢？我的解读如下。

2.2.1 从内容上看，领导讲话稿区别于领导讲话

领导讲话稿和领导讲话有着明确的区别。

领导讲话稿是为领导参加公务活动所准备的参考文稿，并不当然具有法定效力，提前准备的领导讲话稿，领导讲话时可能用，也可能不用；可能全部采用，也可能部分采用；可能在稍作修改后采用，也可能在采用的基础上有所发挥。

领导讲话则是领导在实施公务管理时所发表的讲话、所作出的指示意见，本身就属于领导公务活动，基于领导职权，具有法定效力。

2.2.2 从形式上看，领导讲话稿不属于法定公文

根据 2012 年中共中央办公厅、国务院办公厅联合印发的《党政机关公文处理工作条例》(中办发〔2012〕14 号)，公文具体包括决议、决定、命令（令）、公报、公告、通告、意见、通知、通报、报告、请示、批复、议案、函和纪要等 15 种，领导讲话稿不在其中，没有明确的法定效力和规范体式。

2.2.3 从运作上看，领导讲话稿可以转化为法定公文

领导讲话稿可以先转化为领导讲话，再转化为法定规范性公文。领导讲话稿一经领导采用并当众宣讲，即成为领导讲话。**各单位一般可以用"通知"这种法定公文文种，印发领导讲话供下级单位执行。**

领导讲话作为领导公务管理行为，一般有两种效力，如下。

一是"软"的影响力。尽管不印发或者只作为会议文件印发，但其对相应的工作具有一定的指导性甚至强制性作用。领导讲话主要依赖领导个人的职权、威望和魅力推行，这在当前体制中尤其重要。

二是"硬"的约束力。将领导讲话转化为法定公文，以通知等法定公文形式印发，即拥有法定约束力。

比如，省委办公厅以"办通〔2012〕第××期"的形式印发××同志在××会议上的讲话，省政府办公厅以"内部情况通报〔2012〕第××期"和"办明电

〔2012〕××号"的形式印发××省长在××会议上讲话的通知等。

又如，某些特别重要的场合的领导讲话，在会后被以会议决议的形式肯定其法定效力。举两个例子，《中共××省委第××届委员会第××次全体会议的决议》明确指出"全会听取了××同志代表省委常委会所作的工作报告和总结讲话、××同志关于经济工作的讲话……"，《××省第××届人民代表大会第××次会议关于××省人民政府工作报告的决议》明确指出"决定批准××报告"。

领导讲话稿／领导讲话的特点

一般而言，领导讲话具有主体权威性、启发思想性、指导实用性，如图2-1所示。撰写领导讲话稿时，需要特别关注这些特点。

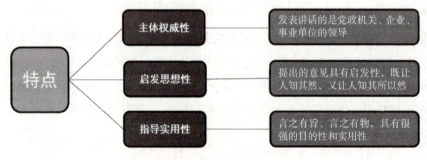

图2-1　领导讲话的特点

2.3.1　主体权威性

领导讲话稿的使用主体是党政机关、企业、事业单位的领导，领导讲话是领导干部宣传政见、部署工作的有效形式。由于领导具有法定职权，领导讲话不同于一般的发言和演讲，是对其负责和分管的工作提出指导性意见，是实施领导管理职权的直接体现。因此，领导讲话具有天然的权威性、职权性和指导性。领导的职务越高，其讲话的权威性越强。

2.3.2　启发思想性

这是由领导的地位决定的。领导处在某个系统的中心和最高点，站位高、着眼远、立意深、谋划全，其讲话是站在全局的高度为凝聚人心、调配资源和指示工作发表的意见。这些意见，既要让人有所启发、有所共鸣，又要让人有所信服、有所进益；既要让人知其然，又要让人知其所以然；既要让人明确目标任务、掌握工作方法，又要让人乐于接受并主动奋力作为。

2.3.3 指导实用性

领导讲话稿是领导在会议、活动等场合使用的参考文稿，这些会议、活动本身具有很强的目的性和针对性，从而决定了领导讲话的应用性和实用性。领导的具体讲话，虽然会因场合和时机不同而有所侧重，但无论是宣传真理、传递信息，还是剖析形势、分析问题；无论是激励人心、鼓舞士气，还是解释疑问、提示方法；无论是确定目标、申明要求，还是总结经验、部署工作，均是履行领导管理职责的体现，必须言之有旨、言之有物，具有很强的目的性和实用性。

2.4 领导讲话稿/领导讲话的功能

所谓"功能"，指事物所能发挥的有利作用和所具有的实用价值。领导讲话的内涵和性质，决定了它具有传达、部署和动员三大功能。撰写领导讲话稿时，需要特别关注这些功能。

2.4.1 传达功能

领导讲话的根本目的在于传达贯彻有关的政策方针、战略意图和上级部署。调查研究、制定政策、领导讲话是领导的3项基本公务活动。

一般来说，领导通过调查研究制定有关政策文件，并通过召开会议、发表讲话推动落实有关政策文件，或者领导通过调查研究形成一系列想法和思考，通过发表讲话启发和推动制定有关政策文件。发文也有传达功能，但传达效果往往不如领导讲话好。

事实上，无论是党政机关的领导讲话，还是企业、事业单位的领导讲话，领导讲话的首要功能就是传达有关政策方针、战略意图和上级部署。

2.4.2 部署功能

领导讲话的实质是履行管理职责、实施公务活动。

领导讲话，无论是通报情况、分析形势、确定目标、指示任务，还是解析疑点、提示方法、提供保障，抑或是提出具体的工作思路、步骤、措施等，均是围绕工作部署发出的指示，是为了更好地实施领导管理并推动工作有序开展。

除了那些喜欢走形式主义的领导，领导讲话往往带有很强的目的性和针对性，绝非泛泛而谈，而是针对实际情况提出问题、分析问题和解决问题。一场讲话后，工作一般能布置得差不多。

2.4.3 动员功能

领导讲话是团结、动员干部（甚至包括群众）去落实决策的重要方式，不仅是部署工作任务，还是思想动员。

所有事情都是人做的，而人是受思想驱动的。思想不到位，工作就做不好。领导作为单位负责人，出面就某个事项发表讲话，大多数时候能起到进一步提高认识、统一思想、激发大家干事创业的激情、凝聚起攻坚克难的力量等作用。

高明的领导讲话，能够进行全方位的宣传动员，把思想动员融入工作部署，引之以法、晓之以理、动之以情、激之以志、导之以利，充分调动全体干部职工的主动性和积极性，想方设法提高团队的执行力，凝聚一切力量投入决策落实。

2.5 领导讲话稿的写作文化是如何形成的

领导讲话稿是公务活动的常用文稿，是为适应公共管理和领导工作的需要产生的。领导讲话稿写作文化的形成需要具备4个条件，如下。

2.5.1 管理层逐渐成形

马克思指出，一切规模较大的社会劳动或共同劳动，都在不同程度上需要有人指挥，通过协调不同个体的劳动，有效执行大规模生产的整体运动。这种不同于独立组织的整体运动，会产生指挥管理的一般职能和机构。随着生产力的提高和经济的发展，国家和统治阶级逐步成型，生产发展和社会秩序的维护需要更为复杂的管理，代为履行公共管理职能的专门阶层得以形成，即管理层得以形成。

2.5.2 社会分工越来越精细

领导工作太忙、精力有限，没有办法亲自过问文稿起草等具体事务，需要专门机构和人员辅助。无论是秦汉时期的三公九卿，还是隋唐时期的三省六部，两宋时期的枢密院，明清时期的内阁、军机处等，这些辅助管理机构的设置，均是顺应发展潮流之举。

2.5.3 专门秘书群体的形成

秘书群体辅助领导谋划管理工作，包括提供意见、草拟相关公文，甚至起草领导讲话稿等，发挥着以文辅政、决策咨询、辅助管理的作用。先秦时期的门客、舍人，魏晋时期的秘书令、尚书令、尚书郎，明清时期的内阁大学士、"绍兴师爷"等，都是专门秘书群体逐渐走向职业化的迹象。

2.5.4 宽容开明的文化和民主政治的确立

领导讲话稿写作文化的形成，既需要宽容开明的文化氛围，又需要民主平等的政治环境。只有人民是平等的、理性的，才有可能以"领导讲话"的形式，而不是"直接命令"的形式推动工作开展。

在愚昧无知的神权文化和独裁专制的皇权统治中，根本不需要"苦口婆心"式宣传、动员、说理、劝服的领导讲话文化，只需要一张诏令，民众就必须无条件服从。因此，在我国漫长的历史进程中，尽管先秦时期《尚书》里的《甘誓》《尧典》等篇章已有"领导讲话稿"的雏形，但历经千余年的发展，领导讲话稿"自上而下"的写作文化依然没有起色，反倒是章、奏、表、疏、议、策等"自下而上"的公文文化发展较快。

到了近代，尤其是新文化运动提出"德先生"和"赛先生"口号、倡导白话文运动以来，国人思想大为解放，争取民主政治的愿望日益强烈，政治家演说文化逐渐形成。新民主主义革命以来，以毛泽东为代表的中国共产党领导人对"领导讲话"的运用日臻完善，随着1949年新中国的建立，"领导讲话"广泛运用于公务管理活动，领导讲话稿的写作文化由此繁荣发展。

2.6 领导讲话稿的分类

领导讲话稿是公务活动的常用文稿,是为适应公共管理和领导工作的需要产生的。按照不同的标准和依据,可以将领导讲话稿划分为不同的类型,结合应用需要,行业内有3种分类方法,见表2-1。

表2-1 领导讲话稿的分类

分类方法	分类结果
按工作性质和讲话主体划分	党务工作讲话稿、人大工作讲话稿、政务工作讲话稿、政协工作讲话稿、军队工作讲话稿、司法工作讲话稿、群众团体工作讲话稿、企业工作讲话稿等
按重要程度和内容分量划分	大稿、中稿、小稿
按具体形式划分	即兴式讲话稿、要点式讲话稿、完整式讲话稿等

2.6.1 按工作性质和讲话主体划分

按工作性质和讲话主体划分,可以将领导讲话稿划分为党务工作讲话稿、人大工作讲话稿、政务工作讲话稿、政协工作讲话稿、军队工作讲话稿、司法工作讲话稿、群众团体工作讲话稿、企业工作讲话稿等。

不同性质的讲话稿有不同的特点,比如,党务工作讲话稿侧重概括,体现政治性、普遍性、前瞻性、决策性;政务工作讲话稿侧重务实,体现实用性、专业性、时效性、执行性;企业工作讲话稿侧重管理,带有部署性、行业性、激励性、效用性。

2.6.2 按重要程度和内容分量划分

按重要程度和内容分量划分,可以将领导讲话稿划分为大稿、中稿和小稿。

大稿包括法定性会议工作报告(如党代会报告、政府工作报告)、重要工作会议讲话稿等。这些大稿准备时间长、参与人数多、送审程序严格,一般字数为上万字,需要宣讲几个小时。

中稿指业务工作会议讲话稿,包括部署动员性讲话稿、总结点评性讲话稿、表彰纪念性讲话稿等。中稿的政策性和业务性较强，准备时必须深入把握相关政策和实际工作情况，一般字数为五六千字，一两个小时可以宣讲完。

小稿包括主持词、祝酒词、贺词、感谢信、复信等程序性、礼仪性讲话稿。小稿篇幅简短，主要是程序性内容，一般字数为一两千字，几分钟就可以宣讲完。

2.6.3 按具体形式划分

按具体形式划分，可以将领导讲话稿划分为即兴式讲话稿、要点式讲话稿、完整式讲话稿等。

即兴式讲话是讲话人事先没有准备讲话，听到别人讲话后有所感触，为阐述自己的观点而发表的讲话。文秘人员准备即兴式讲话稿，需要为领导准备相关参阅材料和有可能被提出的问题，预先或临场列出回答要点供领导参考，比如为领导准备针对记者提问的回答等。

要点式讲话稿是针对某些重要问题事先列出讲话要点，以供领导临场发挥的讲话提纲。

完整式讲话稿是讲话人事先做了充分准备、已经写出完整内容的讲话稿。这种领导讲话稿已经经过反复修改，基本形成定稿，领导照着文稿宣读即可。

需要注意的是，无论是即兴式讲话稿，还是要点式讲话稿，有关工作人员都应当关注领导讲话并及时记录整理，将其转化为完整的领导讲话稿。

2.7 领导讲话稿起草工作的本质特征

如前文所述，领导讲话表面上看是言语行为，和简单的谈话聊天没有太大区别，实质上却是领导实施管理的三大基本活动之一，是真正意义上的公务管理行为。以言谋事、以言议事、以言行事、以言成事，领导讲话本身就是事务行为，具有实质内容和法定效力。

虽然讲话一般是由领导讲的（个别场合或者例外情况可由领导委托他人代为讲话），但领导讲话稿往往是由文秘人员起草的。领导往往会投入更多的精力和时间思考大事、谋划大局，对于讲话稿的起草，只是向文秘人员简要交代文稿的指导思想、写作意图、总体思路、主要观点等，由文秘人员代为完成具体写作。因此，文秘人员起草领导讲话稿,是深化领导意图、贯彻政策文件、推动工作落实的公共事务活动,是协助领导实施行政管理、发挥以文辅政作用的辅助管理行为。

从写作学角度看,起草领导讲话稿就是写文章,属于应用写作范畴。写作是表达思想情感的形式,重在表达情感的是文学创作,重在表达思想的则是应用写作。起草领导讲话稿不仅是文字表达,还是思想表达,换句话说,领导讲话稿的起草过程是一个提出问题、分析问题和解决问题的完整思考过程。因此,要写好领导讲话稿,必须提升写作思维能力,掌握写作思维规律和写作方法。

如何把握领导讲话稿的写作思维

领导讲话是履行管理职责、实施公务活动的行为,起草领导讲话稿是辅助领导实施公务管理、发挥以文辅政作用的职务活动,起草领导讲话稿的过程是分析问题、表达思想的思维过程。

意识是思维的起点、行动的先导。思维过程比撰写过程重要,因为它决定了一篇领导讲话稿的"气"。

研究领导讲话稿的写作思维,其实就是在研究领导讲话稿起草者**要以什么样的角色、按照什么样的标准、运用什么样的方法**思考工作和起草文稿。

领导讲话稿的起草是代人立言式的应用写作。要写好领导讲话稿,起草者要把握好4个角色意识:**一是写作者的角色意识;二是业务者的角色意识;三是领导者的角色意识;四是接受者的角色意识。**

把这4个意识把握好了,领导讲话稿的写作就成功了一半。

2.8.1 把握写作者的角色意识,让领导讲话稿"立得起来"

领导讲话稿的起草是写作活动,第一个角色意识就是写作者的角色意识,研究如何起草好一篇领导讲话稿。

起草者要有写作者的平和心态,不要因为以卑微职位代领导立言而妄自菲薄、不敢下笔,也不要因为辅助实施领导管理、受到领导重视而激动万分、兴奋异常。

我参加工作后,第一次写领导讲话稿时用力过猛,辛苦写了几天,领导看都没看,因为领导想要的只是一篇一两千字的讲话稿,我闷头狂写,想要好好表现,写了七八千字交稿，显然不符合领导的要求。

除此之外，起草者要有写作者的知识素养，即要有相应的写作理论修养、知识基础和语言技能，且要遵循写作活动的基本规律。文章没有固定的形式，但文字工作自有其规律，如果不尊重这个规律，提笔乱写，写出来的稿子必定不合格。顺应写作规律去写，大概率可以写得很流畅。

实际工作中，不同领导安排写讲话稿的任务的时候，习惯是不同的。有的领导大概知道自己想讲什么，有的领导自己都没有明确的思路。遇到有思想、有主见的领导，起草者可以多请示他想讲什么，待他给出明确的思路再动手撰写，这样可以少做无用功。遇到暂时没有思路的领导，起草者需要先写一个初稿，再让领导点评、修改。有的领导没空写或是不会写，但是大多会改，一边改一边说，思路就出来了。

总体来说，给领导写讲话稿的工作，文秘人员一定要重视起来，因为领导讲话水平如何，会影响领导的表现和仕途，进而影响相关人员的仕途。提笔之前，一定要把讲话目的、讲话要求、讲话口吻等弄清楚。

给领导写讲话稿最重要的是什么？有的人会回答"才华"，但我认为，这个问题的答案是之前说过的"情商"。这个"情商"，说的其实就是"写作者的角色意识"。在写领导讲话稿的过程中，需要调动懂场合、懂察言观色、懂人性、懂形势的"高情商"。

下面讲一个反面案例。

某领导要参加一个佛教活动，代表政府鼓励民间正规佛教活动的健康发展，需要文秘人员写一篇讲话稿。一个基层办事员负责此事，开头写了"同志们好"，文末写了"最后，祝同志们身体健康、万事如意"。办公室主任审阅后，大笔一挥，把"同志们"删除了，改为"各位法师，各位护法居士"，且将文末的祝福语改为"佛光普照，六时吉祥，祝您福慧双增、身体安康"。

基层办事员不解，说自己是参加过正式的公文培训的人，写领导讲话稿就是要写"同志们"。办公室主任问他："你让领导对着一堆穿着袈裟的和尚，称呼他们为同志们？"

大家看，写领导讲话稿时，最重要的就是有写作者的角色意识，有为人处世的"情商"。

××党委书记的任职讲话（节选）

尊敬的各位领导，各位同事：

上午好！刚才总经理××同志代表班子作的工作报告非常详细，纪委书记××同志也进行了补充，因此，业务方面的内容，我就不多说了。今天我主要就近期思考的几个战略问题和大家一起分享、探讨。

一、关于战略定位及未来发展方向问题

作为"一把手"，我在战略问题上思考得更多，责无旁贷。原党委书记××同志和我多次交流，以前定下来的东西，有一些现在看起来不太合时宜，鼓励我该改就改，不要有所顾虑。说实在话，我来××集团后，感到"压力山大"，责任重于泰山。我的一言一行都会被大家关注，所以如果我思考不周、乱说话，就会误导大家的工作。同时，我来没多久，集团里的情况还不是很熟悉，直到上个星期才走完所有子公司，调查研究还不够充分，如果没有经过深入思考就指手画脚、大吹大擂，对集团是极度不负责任、不适当的，也不是我个人的作风。我个人习惯谋定而后动，一动到底。

说到战略，如果不是大家认同，至少如果不是高管、中层干部认同并愿意为之努力的，就不是好的战略。我认真研读了集团之前的战略发展规划，觉得整个战略发展规划写得不错，对××市和集团的情况分析得很到位，符合我们的实际。但是，我在这里想问大家，包括在座的中层干部和员工，这几年，有没有谁认真研究了规划？有没有谁在工作中参照了这份规划？在具体经营管理中，有没有按照这个规划制订经营计划？我在这里敢肯定地说："没有。"为什么呢？因为我们没有指定专责部门负责规划的落地实施。没有落实、没有督办、没有制订相应计划、没有根据市场变化及时修改调整，特别是没有考核的配套，可以说，这个规划已经沦为一张废纸。

二、关于正确处理政府关系问题

……

三、关于干部管理问题

十几年来，原董事长××同志带领大家一起打拼。我认真拜读了之前的很多公

文，觉得很了不起。这十几年来，我们靠什么把××集团打造成为今天小有成就的国有企业？我认为靠的是不甘人后的精神，低调务实、敢于争先的基因，以及勇于开拓、甘于奉献的企业精神积淀。在我们的"万里长征"走完第一步以后，在今后漫长的转型升级、全力打造一流企业的道路上，我们需要将这些精神传承下去。

我来了以后，走遍了所有的部门和子公司，和干部交流，这是作为党委书记考察干部、熟悉干部的过程。我觉得我们绝大多数干部是好的、勤奋的、敬业的、有激情的，但同时听到一些评价：部分干部已经没有了这些精神，接下来，我们将会对干部情况进行深入总结。因为确实对干部还不熟悉，所以我现在不敢对干部情况妄下定论。上一年的干部考核结果已经公布，有几位同志是基本称职，有几位同志是末位被降职，我本人对此表示非常惋惜。从对干部负责任的角度出发，大家能当上中层干部不容易，所以在考核结果上党委会讨论之前，我认认真真地研读了去年的考核方案，对初步结果进行了复核。这个方案已经实施两年，凝聚着我们党委在干部考核方面的大量心血，虽然有一些不太合理的地方，但这个世界上没有一个完全公平的考核方案，这个方案只能做到公开、相对公平公正，这就是我们的"游戏规则"。按照规则得出的结果，我们应该接受、必须接受。我们不可能做到对每个人都绝对公平公正，毕竟去年也有几位同志因此被降职。在党委会上，我们进行了反复讨论，最终决定尊重"游戏规则"。

在此基础上，我们将会进一步修改完善今年的考核方案，特别是在评分机制上，明确分数构成比例、由谁评分等，争取把方案做得更完善。有一点很明确，就是今年的考核结果不会有大的变动，还是有人基本称职、有人末位被降职。因此，希望这次基本称职、末位被降职的同志调整心态，今后积极工作、加倍努力，争取更好的表现。基本称职的同志要小心避免再次"基本称职"，被降职的同志要付出更大的努力，我敢保证，党委会会一直关注你们，只要你们是优秀的，就一定能回到，甚至超越原来的职位。

有的同志反映，这次"受伤"的都是管内控的同志，可能是管人管严了会吃亏。我们分析了一下，这里有很多巧合因素，不能说管内控的同志就吃亏。我在这里承诺，评分机制会更完善。但是，管内控的同志，严格管理是你的职责，如果因怕吃亏、怕得罪人而放松管理，那我劝你趁早辞去职务，或者申请到专业条线做专家。因为怕得罪人，你就没有条件、没有资格当行政领导干部。

作为党委书记，我希望集团内外部一团和气，有一片和谐、祥和的景象，等我走的时候大家都说："他是个好人。"我希望这样，但是现实是不可能的。正所谓"千军易得，一将难求"，你有能力带兵打仗，党委才会给你兵。干部能上不能下，只会增加我们的惰性，对企业发展极为不利，会拖垮企业。毕竟企业的生存之道是"物竞天择，适者生存"，容不得片刻松懈。

我内心很感谢前任领导××董事长，以及××董事长带领的党委，他们定下了考核的规矩、严格的规定，以后我们会继续执行。对于磨洋工的员工、不履职的干部，一亩三分田的本位主义，人为制造的办公室政治，事不关己高高挂起的作风，拖拉不负责任的态度，长期萎靡不振的工作业绩……我们要旗帜鲜明地坚决抵制和摒弃。能者上，平者让，庸者下，有能者居之。多劳多得的格局，我们要努力推动和促进，使其蔚然成风。奋斗、健康、阳光、向上、互助、稳健、共享等，要作为我们的企业文化和价值理念，被越来越多的干部、员工遵守和践行。我们要争取今年，或明年上半年，请专家给我们总结、提升企业文化建设，提升全集团的凝聚力。

四、关于廉洁从业和案件防控工作问题

……

五、关于需要大家共同思考和重视的3个问题

……

以上3个问题是有针对性的，是不少基层同志提出来的，是迫切需要面对的，希望各级干部能够重视和思考，我们近期会找机会进行讨论。

我们是狂飙突进地发展业务、野蛮生长地开疆辟土，还是有效识别风险、避开雷区后聪明经营？我们是教条式、形而上学地进行风险控制，还是抓住风险本质、有针对性地提出解决方案？我们是"斩脚趾，避沙虫"地不做不错、少做少错，还是与时俱进地管理风险、控制风险？我相信大家心中都有答案。

前、中、后台的岗位分工、角度立场各有不同，但大家的目标是一致的，那就是安全稳健地实现业务发展。在这个大目标下，大家要互相理解，多换位思考。前台部门不能为了提高效率而忽视风险，中、后台部门也不能为了表面合规而把流程叠加得无比烦琐。我特别强调一下，没有风险控制做保障的业务，有再多的理由都绝对不允许做，但中、后台部门不能为了表面合规，在鸡毛蒜皮的问题上吹毛求疵，在重要的、核心的问题上舍本逐末。

同志们，在当今形势下，我们只有在理念、思维、行为、方法、措施上全面适应新常态，顺应新时代，不落伍、不掉队，团结一致，形成强大合力，才能铸牢我们的百年基业，我们打造一流企业的目标才能实现。在这里，恳请大家一起努力。谢谢大家。

解析：案例是新官上任的任职讲话。既然是任职讲话，说明前任领导离任时间不长，新领导需要在大会上面对原来团队中的成员，甚至可能原来与其平级的同事现在成为其下属。在这种情况下发言，一定不能忘记首先回顾之前团队取得的成绩，这样可以快速取得团队成员的信任；然后，可以分享自己过去的成长历程、做过怎样的付出，在团队成员面前突出一下自己的形象，跟下属拉近距离并让下属了解自己干事创业的诚意、想法、能力、魄力等；最后，可以介绍一下未来的规划和目标，表达一下自己的决心，必要的话可以烧"三把火"，立下权威。

我曾就职的单位，某任领导发表就职讲话时明确了纪律："大家不要因为我是××学校毕业的、从××地方来的，就想用校友关系、老乡关系跟我套近乎，我明确告知大家，这一套在我这里不好使。"相信大家听完这句话，即可对这位领导的秉性了解一二。

领导的就职讲话，最忌讳过度自夸、夸夸其谈（缺乏实践经验）、过度使用别人听不懂的行话和专业术语。这些低级错误，这篇领导讲话稿都没有犯，它提出来的几个问题都是比较尖锐的、大家比较关心的问题，说的都是贴近实际和人心的大实话，而不是官话、套话、空话、场面话，总体给人感觉很真诚，部分段落很有文采，算得上是一篇比较优秀的领导就职讲话稿。

从这个案例中可以看出，写领导讲话稿最重要的是懂人情世故，是懂人性、懂人心、懂人情。作为帮领导写讲话稿的文秘人员，一定要学会洞察领导的心思，明白领导想表达什么，知道什么时候、什么场合该说什么话，妥善处理人际关系。

写领导讲话稿时，相对于情商，专业和经验反倒不是最重要的，因为专业和经验可以后天习得，可以在工作中积累、提高。

2.8.2　把握业务者的角色意识，让领导讲话稿"落得下去"

领导讲话的目的在于实施公务管理、研究部署工作。起草者必须站在业务者的角度，熟悉相关政策、把握存在的问题、协助研究部署工作。

如果不写具体的业务，领导讲话稿就缺乏"门面"，很有可能写好了其中内容也落实不下去。如果说"写作者的角色意识"是领导讲话稿的"气"，那么，"业务者的角色意识"就是领导讲话稿的"骨骼"。

起草者要结合自身职责要求,平时主动加强学习,掌握工作动态,养成研究工作问题和做好业务管理的良好习惯,熟悉并深入地掌握有关业务工作。掌握的素材够多,用的时候才得心应手。

起草领导讲话稿前,文秘人员要主动加强与有关业务部门和专家能手的沟通,共同研究领导讲话稿的思路、提法和观点,虚心听取、合理吸纳有关业务部门和专家能手的意见,确保业务情况摸得清、问题找得准、措施提得实。特别是年度大会上的领导讲话稿,写作难度比较大,起草者一定要跟各部门多沟通、多协调。

写领导讲话稿,除了必须有规定、精神,还要有本单位鲜活的事例,语言要接地气,因为人们都喜欢听与自己有关的事情。这些都要靠起草者去发挥、把握。

案例 2-2

市委常委、常务副市长××在"以党建为引领,助推乡村振兴——献礼新中国成立70周年"战略启动会上的讲话(节选)

尊敬的各位来宾、各位朋友:

大家上午好!很高兴参加本次"以党建为引领,助推乡村振兴——献礼新中国成立70周年"战略启动会。今年,新中国迎来成立70周年,这是一个让人倍感自豪、催人奋进的年份。70年来,在中国共产党的坚强领导下,亿万人民书写了国家和民族发展的壮丽史诗,中国特色社会主义进入了新时代。今天,我们举办这次战略启动会,是以实际行动献礼新中国成立70周年。我代表××市政府对各位专家、各银行业金融机构一直以来对××市经济发展的贡献表示衷心的感谢,对此次战略启动会的顺利举办表示热烈的祝贺!

作为农业大市,农业在我市经济中占有举足轻重的地位。党的十八大以来,在省委、省政府的坚强领导下,市委、市政府坚决把解决好"三农"问题、实施乡村振兴战略作为重中之重,持续加大强农、惠农、富农力度,推动我市"三农"发展取得新突破、展现新面貌。近几年,金融机构在乡村振兴中的作用越发明显,各金融机构在支持乡村振兴中积极探索,并初步形成了以银行业金融机构为主,保险公司、农资公司、农业担保机构、企业共同参与的乡村振兴金融支持格局,金融服务乡村振兴的理念进一步深化，金融产品和服务创新进一步加强，农业发展取得良好效果。

下面，我分享3点体会。

一、提高认识，牢牢把握实施乡村振兴战略的重大机遇

（一）实施乡村振兴战略是贯彻落实习近平总书记"三农"思想的政治要求。

……

（二）实施乡村振兴战略是推动全市经济高质量发展的空间所在。

……

（三）实施乡村振兴战略是金融服务实体经济的重要内容。

……

二、增强信心，我市金融服务乡村振兴大有可为

实体经济是金融的根基。党的十八大以来，我市着力提高农业农村发展质量，农业产业良好发展，为金融服务乡村振兴战略提供了良好基础。农村已经成为金融机构未来大改革、大发展的崭新空间及大显身手、大有作为的广阔空间。

（一）农业经济发展成绩斐然，产业结构调整不断深入。

目前，我市初步形成优质稻、优质蔬菜、特色水果、优质畜禽、特色水产、竹子等6大主导产业，茶叶、油茶、中药材、花卉、蚕桑、黄烟等6大特色产业，建成整体协调互补的"6+6"农业发展格局。与此同时，我市农村居民收入持续增长，2018年，全市农村居民人均可支配收入达到××元，全市农村居民可支配收入增速连续5年高于全市城镇居民可支配收入增速，城乡收入差距缩小。

（二）科技创新能力不断增强，产业体系日益完善。

近年来，我市主动适应经济发展新常态，在提升企业创新能力、完善科技创新载体、培育高新技术企业等方面取得明显成效。2018年，高新技术企业从2015年的××家发展为××家，4年翻两番；专利申请××件，增长××%，增速全省第一；研发费用支出占地区生产总值的比重在我省各地市中排名第一。

（三）财政金融政策聚合发力，农村金融服务体系不断完善。

乡村振兴不能仅喊口号。××市委、市政府在实际工作中积极运用财政、金融政策，加大真金白银投入，切实提高保障支持力度。

一方面，健全投入保障制度。市政府积极创新"三农"投融资机制，促进形成财政优先保障、金融重点倾斜、社会积极参与的多元投入格局；切实整合涉农资金，统筹用于有效推动乡村振兴的关键项目;充分发挥公共财政资金的基础支撑作用和"四两拨千斤"的杠杆效应,撬动更多社会资金投向农业农村。

另一方面,强化金融服务"三农"能力。市政府积极引导金融机构大力发展农村和农户小额信用贷款,深入推进"两权"抵押贷款试点、普惠金融"村村通"建设,推进综合征信系统、信用村、金融服务站、便民取款点等平台建设及移动支付推广应用"十百千示范工程"建设;落实县域金融机构涉农贷款增量奖励政策,完善涉农贴息贷款政策,降低农户和新型农业经营主体的融资成本;加快推进市级农业信贷担保机构向县(市、区)延伸,积极推广"政银保"合作农业贷款模式,基本实现全市农业生产主产区"政银保"优惠政策全覆盖,初步形成"政府搭台、多方参与、市场取向、广泛覆盖"的农村金融工作机制。

三、坚守本源,着力提升金融服务乡村振兴战略的能力

金融是实体经济的血脉,为实体经济服务是金融立业之本。近年来,我市金融业在发展过程中遇到一些问题,比如资源配置不当、资金"脱实向虚"、潜在风险隐患增多等。与之对应,实体经济在发展中遭遇了企业融资难、融资成本高等问题,农村金融服务也面临不平衡、不充分等问题。本固才能枝荣,根深才能叶茂,下面,我对各银行业金融机构贯彻落实乡村振兴战略提几点希望。

(一)把党建优势筑成强行之基。

……

(二)以稳健经营落实新发展理念。

……

(三)以创新手段提升农村金融供给能力。

……

同志们,实施乡村振兴战略是一项长期的历史性任务,市委、市政府有信心、有决心、有能力把它做好。希望各银行业金融机构按照供给侧结构性改革的要求,以服务乡村振兴战略为总抓手,不断提升金融服务水平与核心竞争力,为推动我市农业农村发展,为早日实现乡村振兴作出更大贡献!谢谢大家!

解析:案例是市委常委、常务副市长出席当地银行业金融机构支持乡村振兴战略相关活动时使用的讲话稿,主题是"金融支持乡村振兴"。作者首先由面到点、层层深入地阐述了实施乡村振兴战略对国家、对该市、对金融机构的重要性,然后重点强调金融服务乡村振兴战略的"可为之处",从经济发展、科技创新、金融政策、服务体系等方面入手介绍了该市在乡村振兴方面的具体工作措施,最后对与会单位提出了新的方向和要求。案例讲话稿逻辑清晰、业务内容丰富,充分体现了市委、市政府的站位、决心,既务虚,又务实;既有思路研讨,又有具体谋划,是一篇非常得体的领导讲话稿。

2.8.3 把握领导者的角色意识,让领导讲话稿"看得过眼"

领导讲话稿体现的是领导的个人思想水平、做事风格,一定要写到"入领导眼"的程度,这要求文秘人员在起草过程中妥善把握"领导者的角色意识"。

文秘人员写领导讲话稿,主要是为了服务领导、辅助管理,这就需要文秘人员在写作之前达到两种境界,一是"有我"的境界;二是"无我"的境界。

所谓"有我",就是要牢记自我身份、职务,严格按照领导意图、要求行事,不能越权定调、错位指挥,同时要让自己投入工作,带着感情和激情写稿,不然很容易把领导讲话稿写得干巴巴、千人一面,每次写领导讲话稿,都务必创造一点新意与亮点。

所谓"无我",就是出主意时要忘记自我身份、地位界限,站在领导的高度和角度思考问题、谋划事情,不能因妄自菲薄而缺位、失位。

起草领导讲话稿是"代人立言",是模仿领导的身份和口气进行写作,因此必须要有"无我"的境界和领导者的角色意识,跳出自我身份的限制和业务工作的界限,站在领导的高度思考分析问题、谋划工作部署。具体写作时要始终想着领导该怎样、想怎样、会怎样,要站在领导的高度、角度去写,而不是自己想当然。

那么,写领导讲话稿时,应该如何把握"领导者的角色意识"呢?

一是要忘记自我职务、身份。领导讲话稿体现的是领导的意图和意见,而不是起草者自己的思想和观点,起草者不能有自以为是的意识和先入为主的偏见。

二是要牢记领导讲话意图。领导讲话稿体现的是领导的意图和意见,起草领导讲话稿时,**起草者要把自己当成领导的"传声筒",而不是把领导当成自己的"传声筒"**。

田家英在毛泽东身边做了多年的秘书,非常了解毛泽东的写作思想和意图。他整理的毛泽东的讲话稿,不仅忠实地表达了毛泽东的思想内容,而且成功地体现了毛泽东在文字上特有的风格和气质。

田家英是被胡乔木推荐给毛泽东的。田家英深知胡乔木之所以能成为毛泽东的

"笔杆子",是因为他最能领会毛泽东的意图,于是,田家英主动系统熟悉、学习毛泽东的著作,潜心研究毛泽东的思想。

经过长时间呕心沥血的研究,对毛泽东的著作、思想,田家英几乎达到了烂熟于心的境界。对相关内容,田家英均能进行深刻的剖析和理解,不管拿出哪一个论点,他都能信手拈来地找出对应的材料和例证。

为了当好毛泽东的秘书,田家英始终在抓紧点滴时间博览群书。他收藏的各种书籍近万册,他的工资除衣、食外,大部分用来购买书籍和明清翰墨,甚至外出调查时,只要有空闲,他就读书或买书。他一直在刻苦学习,试图追上毛泽东的脚步。

毛泽东喜欢创作诗词,写完之后若觉得不满意,就会随手把这些纸张揉成一团,扔进废纸篓。田家英只要看到这些"废纸",就会默默地把它们捡起来、收藏起来。这个习惯延续了很长时间,积累的"废纸"很多很多。

1963年,田家英帮毛泽东整理诗词时,拿出之前被毛泽东扔掉的《七律·人民解放军占领南京》,毛泽东再看时觉得写得挺好,便让田家英整理出来,今天,我们才有幸读到"钟山风雨起苍黄,百万雄师过大江。虎踞龙盘今胜昔,天翻地覆慨而慷。宜将剩勇追穷寇,不可沽名学霸王。天若有情天亦老,人间正道是沧桑"这几句经典诗词。

毛泽东在党的会议上所作的报告和发言,一般不让别人代笔写稿,但党的八大召开的时候是个例外。八大是中国共产党在全国范围内执政后召开的第一次全国代表大会,具有里程碑意义,但那时候,毛泽东的工作千头万绪、特别繁杂,毛泽东便委托陈伯达起草开幕词。陈伯达为此费了不少脑筋,洋洋洒洒地写了一大篇,毛泽东一看便摇头,认为写得太长、说得太远了。当时,离开幕之日只有几天时间了,田家英被拉出来救急。田家英聚精会神地写了两天,初稿一拿出来就得到了毛泽东的赞许,那句"虚心使人进步,骄傲使人落后",毛泽东大为欣赏。

一篇不到3000字的开幕词,在八大现场博得了经久不息的掌声和阵阵喝彩,堪称党内经典之作。我们今天看到这篇开幕词,可能觉得"不新鲜",因为毛泽东说过的这些话被后人引用了无数遍、演绎了无数个版本,大家看多了,会有点"审美疲劳"。1956年,这篇开幕词头一次面世,里面的很多内容是具有独创性的,比如,"要把一个落后的农业的中国改变成为一个先进的工业化的中国"的提法是石破天惊式的,"虚心使人进步,骄傲使人落后"更是成为流传了几十年的金句。它能得到那么多掌声,是实至名归的。

在写八大开幕词之前,毛泽东特别叮嘱:"要精,要生动,要多种多样,要短,要有内容,要有表扬、有批评、有成绩,也要有缺点,要有解决问题的办法,不要千篇一律。一片颂扬,登到报上净是好事,那就不好看。"目前来看,田家英所写的开幕词完全达到了以上要求,田家英几乎得到了毛泽东文风的"真传"。

孔子教育学生时曾说:"取乎其上,得乎其中;取乎其中,得乎其下;取乎其下,则无所得矣。"这话的意思是一个人制定了高标准,最后有可能只达到中等水平;制定了中等标准,最后有可能只达到低等水平;如果一开始就制定的是低标准,恐怕会一无所得。文秘人员写领导讲话稿时,如果能以毛泽东提的标准要求自己,或许也能写出一篇篇锦绣文章。

田家英当秘书当到这种"忘我"程度,足以让很多文秘人员汗颜。作为帮领导写讲话稿的文秘人员,就算无法达到田家英的境界,至少应当多了解领导的思想、文风,写出来的领导讲话稿让领导"看得过眼"。

值得一提的是,领导讲话稿不能写得太理论化、学术化,也不能太有业务色彩,而是应该直截了当、明白晓畅地说出领导高屋建瓴的想法。同时,文秘人员要注意领导的职责和权限,切忌出现"主管 A 业务的 A 领导在讲话中大谈特谈应该由 B 领导主管的 B 业务"的情况。

文秘人员写领导讲话稿,大多会经历痛苦的改稿过程。很多对自己有高要求的文秘人员会把自己写出来的公文当成自己的孩子,别人大刀阔斧地修改,他感觉像是自家孩子被别人打了。负责任的态度是没问题的,但用在这里是要不得的,领导讲话稿是为领导服务的,所以,领导想怎么改,就应该怎么改。切记:无关之人给出的修改意见,可以不接受,但"话事人"给出的修改意见,必须接受。

××在××市打击治理电信网络新型违法犯罪联席会议上的讲话

同志们:

刚才,××局长宣读了专项行动方案,因地制宜、措施得当;××市长对我市今年以来打击治理电信网络新型违法犯罪重点工作进展情况作了具体通报,介绍了目前我市在打击电诈工作中取得的成绩和存在的不足;部分单位进行了发言,谈了各自存在的问题并作了表态。各单位要深刻认识当前形势，认真学习借鉴先进经验，查找各自存在的不足，对下一步工作进行再安排，再部署，再强化。针对今天的会议主题，我提几点要求。

一、提高政治站位，认清当前形势

近年来，以电信网络诈骗为代表的新型违法犯罪活动来势凶猛，愈演愈烈，严重危害人民群众财产安全，严重扰乱正常生产生活秩序，已成为影响人民群众安全感和社会和谐稳定的突出问题，对国家治理体系和治理能力现代化提出了严峻挑战。电信诈骗犯罪无孔不入、无所不及，一些老百姓的养老钱、看病钱、上学钱被骗，导致许多家庭人财两空、企业倒闭破产，人民群众和社会各界深恶痛绝、反映强烈。

目前，我市的打击治理电信诈骗工作已经到了十分严峻的地步。近阶段，电信网络诈骗犯罪发案量在高位运行，发案总量大、手法变化快、危害严重的总体特征没有得到根本扭转。今年，发案和损失同比都在大幅上升，全市群众损失将近8000万元，听到相关数字，不知大家作何感想，我内心是十分震惊和痛惜的。这说明有些单位、行业、领域存在严重的失管漏管，存量未解决，新增又高发。各单位要立足平安××市建设大局，进一步提高政治站位，切实增强打击治理电信网络诈骗犯罪的紧迫感和责任感，坚持问题导向，切实在打击治理、安全监管、宣传防范上拿出更过硬、更有针对性的措施，彻底堵塞行业管理漏洞，进一步提升打击防范治理的能力和水平。

二、聚焦重点工作，力求见到实效

（一）坚持以打开路。

以打开路是应对当前严峻形势的需要，也是提高群众安全感和满意度的需要。公安机关要发挥主力军的作用，保持主动进攻的态势。

一是在案件上要精心组织，攻坚克难，力争再破获一批典型的电诈案件，扩大社会影响，提升我市打击治理电信诈骗的决心和信心。

二是在打击两卡犯罪专项行动期间，见一打一，达到处理条件的，顶格处理，达不到处理条件的，辖区派出所要对重点人员进行布控，特别是本市市籍人员去外地开卡卖卡的，要逐人见面训诫、签订告知书。

三是对偷渡境外人员，要深挖幕后组织者，重拳打击，公检法要形成合力，检法要提高批捕、起诉率，在法律适用上，重判偷渡组织者。打就要打到痛处、打到关节，不能打得不痛不痒，又抓又放。例如，公安机关近期打掉了一伙外地籍在我市××村进行"扫村"的带队、收卡团伙，一举抓获17名涉卡犯罪嫌疑人，打出了声威和气势，有力地震慑了犯罪分子。

（二）坚持以防为先。

电诈只打不防，只会越来越忙。案件高发、两卡问题突出、偷渡缅北人员不断增加，就是防范方面出了问题，主要问题是宣传不到位、防范无对策。

一要加强宣传的持续性。开展电诈案件的宣传工作，不同于开展其他宣传工作，电诈案件的宣传工作讲究实效性，万万不能应付了事，更不能简简单单地挂挂条幅、发发宣传单就算完事。宣传要深入人心，才能真正达到预防效果，只有想尽办法让群众明白什么是诈骗、诈骗的手段是什么、预防的措施是什么，群众在接到陌生的电话和莫名的信息时，心里才能竖起一道防范的屏障。宣传工作要常抓不懈，要有持续性，不能案件多了就"紧一阵"，案件少了就"松一阵"，要树立同诈骗分子打持久战的信心和决心。

二是加强国家反诈中心APP下载工作。下载注册国家反诈中心APP是省里、市里要求的一项重点任务，也是降低发案最省时、最有效、最便捷的方式，乡镇办要逐户逐人推动下载，成员单位要依托行业治理、领域管辖进行全面推广。专项行动的目标任务非常清晰，年底前，全市下载率要达到65%，哪个乡镇办、成员单位工作不力，拖全市后腿，将直接影响其在平安建设考核中的成绩。

三是严防两卡犯罪。今年，受汛情影响，我市经济发展降速，很多家庭入不敷出，正常开支难以维护。面对利益诱惑，一些群众卖卡、租卡，觉得拿钱方便快捷，却因一时糊涂，造成青春年华被毁，子女前途受到影响。因此，各金融机构、通信运营商的主要负责人要成立工作专班，人民银行、大数据管理局要认真研究近期出现的问题，进行深刻剖析，全面分析存在的安全风险，加强业务培训，严查内部漏洞，有效管控风险，进一步提升防范治理的能力和水平，使两卡涉案犯罪在源头处得到有效遏制。

（三）坚持以治为本。

两卡犯罪问题要治，滞留缅北问题更要治。滞留缅北问题严峻，就是部分单位在面对此项工作时推诿扯皮导致的，仅靠辖区派出所几个民警去劝投劝返，力度和效果都大打折扣。不加大滞留缅北人员的劝返和管控力度，带来的就是全国的电诈案件高发，打不尽、消不灭。对于长期不听劝阻、拒绝回国的人员，乡镇办要与派出所配合，多措并举，对其家人进行施压，切实做好滞留缅北人员的劝返劝投工作。

三、强化责任落实，形成工作合力

推进反诈工作上新台阶，需要我们正在实施的措施都是对照目标环环相扣的，我们要加大统筹协调力度,营造"部门联动、齐抓共管"的打击治理工作格局。

(一)提高政治站位。

各单位、各部门主要领导要切实把思想和行动统一到习近平总书记重要指示批示精神上来,进一步提高政治站位,从推进国家治理体系和治理能力现代化的高度,从加强和改进社会诚信体系建设的高度,从不断增强人民群众获得感、幸福感、安全感的高度,充分认识开展打击治理电信网络新型违法犯罪行动的重要意义,切实增强打击治理电信诈骗宣传防范工作的使命感、责任感、紧迫感。

(二)加强协调联动。

电信网络诈骗全国高发,已经不是一项单独的犯罪问题。电诈犯罪是突出的社会问题、民生问题,全市各级各部门要增强大局意识,牢固树立"一盘棋"思想,协调推动、协同攻坚,形成强大的反诈工作合力。市联席办要定期召开会议,及时通报情况、沟通信息、推动工作;要以促进合力为导向,加强调查研究,深入分析研判我市各部门在打、防、治电信网络诈骗犯罪以及全国"断卡"行动工作中存在的问题,提出有针对性的工作意见、建议。

(三)强化责任落实。

各部门、各乡镇主要负责同志是本行业、本地域防范打击治理工作第一责任人,联席会议成员单位主要负责同志是本系统防范打击治理工作第一责任人,分管负责同志是打击治理电诈工作的直接责任人,要做到重点工作亲自部署、重大问题亲自过问、重要环节亲自协调、重要案件亲自督办,通过细化措施,分解责任,把反诈工作责任落实到人、到岗、到位。

同志们,打击治理防范电信网络违法犯罪是市委、市政府的一项重大任务,是深入推进平安××市建设的一项重要工程。我们要以此次会议为契机,进一步全面梳理本行业、本系统、本领域存在的安全风险和管理漏洞,坚持以问题差距和目标任务为导向,做好顶层设计,精准施策,久久为功,从严从细从实抓落实,以认真的工作态度、必胜的工作决心、有效的工作措施,为维护××市社会和谐稳定、保障人民生命财产安全作出更大贡献!

解析:案例讲话稿写得入情、入理,尤其是在讲到"全市群众损失将近8000万元"时,领导一改"公事公办"的态度,直截了当地表达了"震惊和痛惜"的心情,很容易拉近与群众的心理距离。案例讲话稿体现了市领导的站位高度和思想高度,交代工作和布置工作时掷地有声，写得非常不错。

2.8.4　把握接受者的角色意识，让领导讲话稿"拿得出手"

射箭要看靶子，弹琴要看听众。

领导讲话是讲给在场听众听的，听众能否接受直接决定了领导讲话的效果。胡乔木在 1958 年 3 月 4 日的写文件方法座谈会上指出，好的文件（包括领导讲话稿）要合乎 3 个要求：要吸引人看、要使人看得懂、要能说服人打动人。归结到领导讲话稿上，就是负责起草领导讲话稿的文秘人员必须有接受者的角色意识，搞清楚是什么人在听讲话，以及听众在想什么、想听些什么，这样才能做到有的放矢、一针见血。

比如，面向上级的汇报发言，上级领导想了解的是下级的有关情况、存在的问题、未来的打算，以及有哪些需要他们支持、协助解决的工作，发言稿应该围绕这几个方面写，少谈形势、少讲道理，多讲情况和问题。

又如，面向下级的动员部署讲话，应该在提出工作要求和措施的同时，多讲一些形势和意义，使人不但知其然，而且知其所以然。

面向的是国内人民还是外国人，是党员还是群众，是领导干部还是普通职工，是机关人员还是企业人员，是异地务工人员还是青少年学生……不同的听众有不同的想法、需求和兴趣，起草领导讲话稿时要充分考虑这些因素。

举个例子，一家集团公司准备上线一个系统，领导需要出面在大会上给全体干部职工做思想动员，写这篇领导讲话稿，需要把为什么要上线这个系统、干部职工需要打消哪些顾虑、系统上线之后的效益预期等问题都说清楚，让讲话真正起到统一思想、打消顾虑、振奋人心、凝聚力量的效果。如果文秘人员写领导讲话稿时只顾自说自话，写的都是听众不爱听或者听不懂的话，领导讲话的效果将大打折扣。

××在××集团公司大集中系统项目启动仪式上的讲话（节选）

各位领导、同志们：

今天，××集团公司大集中系统项目正式启动了，这标志着公司的现代化管理工作成功地翻开了崭新的一页。下面，我代表科技部，就大集中系统建设的情况向大家进行总结汇报。

由于历史原因，××集团公司存在地区发展明显失衡、历史包袱沉重、创新能力不足、人员素质较差、经营理念陈旧、内控不健全等问题，与此同时，管理创新与体制创新不同步、管理水平提高与效益增长不同步、科技进步与实力增强不同步等问题也成为制约我们发展的难题。面对这些难题，集团党委认为，以信息化建设推动集团建设现代企业的步伐，是我们甩掉落后的帽子、全面提升市场竞争力的破题之术，是促进我们进一步发展、步入"现代强企"之列的必由之路。为此，集团公司确定了一整套IT发展战略：在充分借鉴国内外同行先进的经营管理理念和最佳实践经验的基础上，高起点地进行信息化系统建设，既要支持各子公司现有的基础业务和特色业务，又要在管理理念和业务功能上逐步完善，努力具备较强的产品创新和安全防范能力，逐步做到与国际接轨，具备与外资企业在国际市场上进行正面竞争的能力。

众所周知，集团公司现有的信息管理系统是不同时期不同的技术理念和技术潮流的产物，建立在不同的数据平台和硬件平台上，是一个个离散的、不统一的、不规范的"信息孤岛"，严重影响集团信息化建设水平的提高和业务的开展，极大地削弱了集团的市场竞争力。要解决这类"信息孤岛"问题，是集中还是集成，业界争论已久。就集团信息化现状而言，集中，就是换掉现有系统，重新上一个全新的集中架构；集成，就是整合现有系统，把各处分散的系统通过各种技术连在一起。系统集成就好比用各种不同质地的材料，如涤纶、麻、羊毛、棉织物，去拼织一件西装，结果可想而知！首先，各地使用的系统在不断升级，相应的接口也要不断改变。其次，不同系统输出的数据不一致，同一个数据运算在不同系统中可能会出现不同的结果，弄不清楚哪个系统的结果是正确的。最后，维护成本非常高，每个系统和每个程序都需要一帮人去维护，维护硬件、机房等设备的成本也非常高。由此，大家悟出了一个道理：要想走出困境，只能靠变革，这变革不是对原有系统的"小修小补"，而是大刀阔斧地改头换面。整个集团要联合成为一个有机的整体，合力应对复杂多变的市场环境和日趋激烈的市场竞争，集中是必不可少的。这就好比人只有一个大脑，如果患了脑裂畸形，身体其他器官机能再好也无济于事。因此，要摆脱、克服上述弊端，完全的"大集中"之路是一条必走之路。

"大集中"这一名词在IT界可以说是"小有名气"，但说起"大集中"的内涵、定位、意义、技术路线、风险防范等深层次问题，就不一定"家喻户晓"、人人明白了。很多人对"大集中"存在不理解或理解上的误区,为此,我从以下几个方面入手对大集中工程进行简单剖析。

误区之一,这个系统要"花大钱"。(略)

误区之二,这个系统上线后,各单位缺少自主权,会影响积极性的发挥,甚至会影响精细化管理。(略)

误区之三,因为各单位的业务差异大、工作流程不一致,所以不能共用一套软件,不能搞"大集中"。(略)

误区之四,上线这个系统,风险会更大。(略)

数据大集中并不必然根除上述问题,但可以将上述问题的出现风险降到一个较低水平。为此,我们做了堪称"万全"的准备工作。大集中系统建设相当复杂,涵盖生产、营销、行政管理等全方位的内容,下面,我针对大集中系统投运后能产生的综合效益进行分析。

第一,上线大集中系统,可以实现集团各种资源的有效整合,有助于全集团从粗放经营向集约经营转变。(略)

第二,上线大集中系统,可以规范全集团各项工作,有效地提高工作效率并降低经营风险。(略)

第三,上线大集中系统,可以真正实现无纸化办公,节省大量生产成本。(略)

第四,上线大集中系统,可以有效实现集团稳健经营,助力对深度效益的挖掘,促进业务处理的标准化和规范化,缩短集团产品和服务的创新周期。(略)

第五,上线大集中系统,有利于实现集团电子化建设的规模效益,真正实践以客户为中心的经营管理理念。(略)

第六,上线大集中系统,可以培养数名计算机管理和应用的行家里手,培养大批基层的计算机应用人员,为未来集团引进和保持优秀的技术资源准备"火种"。(略)

大集中系统的上线与推广,既是一场信息技术革命,又是一场思想、观念和管理上的变革,还是集团公司进一步解放思想、落实科学发展观的具体行动。这项工程是一项复杂的系统性工程,涉及面广,工作量和工程难度巨大,可以说是一场史无前例的科技硬仗。为此,我们进行了如下分工。

……

集团公司制订详细的工程建设计划及项目管理制度,是为了确保所有工作责任落实到人、所有工作有条不紊地开展。

无数实例告诉我们，先进的科学技术将在行业的激烈竞争中扮演至关重要的角色。今天，建设大集中系统已成为行业共识和发展方向，我无法用更多华丽的语言来描绘大集中系统的美好前景，但我深信，它可以为集团公司各项业务的快速发展奠定坚实的科技基础。我们期待着大集中系统尽显科技的魅力，助我们迈入一个崭新的、值得期待的时代。

解析：写动员讲话稿，可以使用"提出问题，分析问题，解决问题"这一思路。首先，对当前面临的形势（包括挑战和机遇）进行分析，引出会议主题。其次，从不同层次入手阐述做某项工作的原因、想要达成的既定目标，并介绍目前的有利条件和不利条件、大家的顾虑、做这项工作的意义等，用讲道理、摆事实等办法说服听众。再次，进行工作部署，可以笼统地交代指导性事项，也可以详细、清楚、具体地交代操作性事项。最后，提出要求、希望或者给予祝愿，用具有鼓动性、煽动力的语言激发听众的积极性，提高听众的工作热情。

案例动员讲话稿写得比较出色的是层次非常清楚、逻辑结构严谨、条理性强。开篇就让听众产生紧迫感和危机感，有共鸣，发自内心地认同和支持新系统的建设。行文上，尽力站在听众的角度阐述、介绍新系统的应用效果，并用打比方的方式解释了新系统，把专业、晦涩的行话、术语"翻译"成了外行人也能听懂的语言。而且，整篇动员讲话稿入情入理，不空发议论，以理服人，具有比较强的号召力、感染力、鼓动力、说服力，能够给听众信心与力量。

2.9 领导讲话稿的写作标准

听领导讲话，是参会人员获取会议信息最直接的方式，然而，在很多会议、活动中，有些领导的讲话特别冗长、无聊、枯燥，甚至会让整个会场、活动现场的气氛略显尴尬。

为什么有的领导讲话能做到精彩、耐听，让人越听越想听，听完还意犹未尽呢？

这一切，依赖于领导讲话稿的水平。

领导讲话稿写得好不好，当然要看写作者是否掌握基本的写作技巧、尊重写作规律，但从根本上看，起决定作用的是写作者具有怎样的知识水平、思想境界、实践经验和敬业精神。

简而言之，写作者的素养决定着领导讲话稿的质量。

曾经，某省政府研究室对其中层以上干部的写作能力提出了 4 个要求，如下。

一是文字表达能力达到同级大学中文系讲师以上的水平。

二是政治理论修养达到同级党校讲师以上的水平。

三是相关政策水平达到上级服务对象所要求的水平。

四是业务管理情况和掌握程度达到同级业务部门的水平。

仔细看这 4 个要求，大家会发现"功夫在诗外"。文字表达能力只是"表"，更多的时候，是写作者的政治理论修养、研习政策的水平、对业务管理情况的掌握程度决定着领导讲话稿的高度、广度、深度、准度。

后 3 个要求，对应写作者在起草领导讲话稿的过程中体现出来的智力特征和思维水准，即写作者的写作思维。写作者的写作思维，直接影响领导讲话稿的思想水平。

一篇高质量的领导讲话稿，一般有 4 个思维品质：其一是高明性，即高度；其二是广阔性，即广度；其三是深刻性，即深度；其四是准确性，即准度，如图 2-2 所示。

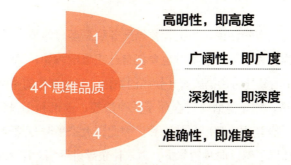

图2-2　高质量的领导讲话稿的4个思维品质

2.9.1　写作思维的高明性——高度

相信很多文秘人员在刚开始撰写领导讲话稿时，得到过这样的评价："这篇稿子高度不够！立意和站位还要更高！"具体怎么写才能有领导想要的高度呢？其实，想把领导讲话稿写出"高度"，只需要注意以下几个诀窍就可以了。

1. 格调要高

《文心雕龙》开篇指出:"文之为德也大矣,与天地并生者何哉?"刘勰表达的意思是:"为什么说'文'的道德意义巨大,可以与天地并生而不朽呢?"

刘勰所说的"文"是一种涵括天、地、人三者的现象与存在,同样的,大家在写文之前,也一定要有极高的立意。如果写出来的"文"不能载"道",而是写得很浅薄,自然没有格调可言。

起草领导讲话稿,不仅要冥思苦想、寻章摘句,还要勤思笃行、涵养格调。如何提升领导讲话稿的格调和高度?可以从以下几个方面入手。

在思想上拔高。考虑问题要着眼长远,要考虑全面;分析问题要切中要害,要避免平铺直叙、泛泛而谈。

在理论上拔高。要站在哲学高度对理论进行概括、归纳和总结,要注重理论与实践的结合,让领导讲话稿既有"道"的层面的前瞻性、指导性,又有"术"的层面的可行性、可操作性。

在内容上拔高。要立足大局。所谓"大局",就是全局、大势,带有根本性,代表着发展趋势。写领导讲话稿时,要尽量从大局出发,把事关大局的改革、发展阐述清楚。

在位置上拔高。有句话说,当记者要想国务院总理想的事,这样写出来的新闻稿才有高度。同样,写领导讲话稿时也要把自己想象成领导,琢磨领导到底在想什么事,这样写出来的领导讲话稿才有比较高的站位,符合领导的站位和格局。

在政策上拔高。领导讲话要符合国家法律法规、政策和上级精神,在思想上、步调上与中央和上级党委、政府保持一致。因此,大家平时写领导讲话稿前,可以多对当前的政策加以了解,向政策靠拢,力求让领导讲话稿对宏观情况起指导作用,切实反映群众的根本利益和呼声。

在写作上拔高。如果大家的写作技法高超,完全可以在谋篇布局、语言润色等方面发力,让所写的领导讲话稿的水平超出一般的领导讲话稿。

具体怎么做呢?以下5个技巧值得尝试使用。

其一,引述国家领导人的相关论断,或者上级会议精神、文件精神和工作部署。我们的国家领导人发表的系列重要讲话涉及政治、经济、文化、社会、生态、军事等领域,会提出许多新思想、新观点、新论断、新要求,水平极高。

如果想要了解中国治国理政的思路、想要让自己写的领导讲话稿有高度，最便捷的途径莫过于洞悉最高领导人的历次讲话，以及历次会议精神、工作部署。将这些政策性、指导性的段落、字句引述到领导讲话稿中，稿子很容易"上高度"。

案例 2-5

习近平总书记提出要全面推进严格规范公正文明执法，要加快建设质量强国、网络强国，这些也是对我们市场监管工作提出的要求。作为新时代的市场监管人，我们一定要努力解决好人民群众急难愁盼的问题。在新征程上，我们一定会保持"越是艰险越向前"的英雄气概和"敢教日月换新天"的昂扬斗志，立足职能职责，用高效能市场监管助力全市经济高质量发展，以市场监管一域之光为全市各项事业发展添彩。

其二，对标重要战略思想，俗称"给讲话稿'戴帽子'"。公文一般会有"帽段"，重要战略思想就可以成为"帽"。有时，领导给一个乡村旅游项目剪彩，都会提到乡村振兴战略，就是因为这样"戴帽"比较容易"上高度"。

案例 2-6

谁不想青山常在，谁不想绿水长流？但伴随着城镇化的加速，乡村不再只有蓝天白云绿草，随之而来的是雾霾、土壤重金属污染、水质下降、草场退化等，更有甚者，城市垃圾转向乡村，农村资源被过度开发，出现"空心村"危机……凡此种种，终让我们的乡情变愁思。如何让乡村重新焕发生机？十八大以来，党中央高远的历史眼光和文化胸怀给了我们明确指示，重构城乡关系、人与自然的关系，成为时代的呼唤。为建设绿色环保的乡村美景，更多的专业人才涌向乡村，扎下根，生出枝丫，开出新时代的美丽花朵——乡村振兴。

为了贯彻落实乡村振兴战略，县委、县政府高瞻远瞩，与××研究院等单位达成合作，引入文化旅游元素，创新文旅融合模式，打造了一个集休闲度假、研学旅游、田园颐养、投资创业于一体的"乡村振兴研学基地"——××文学村。××文学村将作为××县全域旅游产业链上的重要一环，弥补我县旅游在"商、养、学、闲、情、奇"新旅游六要素中的发展短板，丰富旅游业态，为我县旅游经济的繁荣和发展、为我县实施乡村振兴战略注入强大的活力。

其三，介绍大局大势。比如，金融企业负责人发表讲话时，可以不局限于讲本企业的情况，而是先介绍一下国际、国内经济金融形势，再讲讲行业内的情况，最后分析自身的问题。这是因为企业也好，个人也罢，都是生活在大环境、大趋势中的，难以独善其身。在分析自身问题之前对大环境、大趋势进行介绍，领导讲话稿比较容易"上高度"。

案例 2-7

实体经济决定金融发展水平，金融发展服务实体经济，金融与实体经济之间存在着紧密的联系和互动关系。今年以来，国内国外经济形势尚未发生根本性好转。从国际上看，贸易保护主义深度扩散，我国与美国、欧盟等经济体的贸易摩擦不断发生，美国、日本等发达国家经济复苏缓慢等因素导致我国外需不足，国外"唱空""唱衰"中国的论调持续不绝；从国内看，我国经济增长下行的压力加大，金融发展和实体经济之间出现严重不匹配情况，资金滞留在金融领域，"空转打滑"现象比较严重，这是近期各界人士关注的热点。对此，我们一定要科学研究，正确判断，厘清思路……

其四，深度挖掘历史。聪明人都善于从历史智慧中汲取养分，将其应用于处理当今社会面临的问题，为大家指引前行的方向。如果大家善于深度挖掘历史，写的领导讲话稿有"历史的眼光"，非常容易"上高度"。

案例 2-8

从全球经济发展的轨迹看，任何一个经济体的发展都会经历从"结构性增速"到"结构性减速"的过程，这是一个客观规律。1978年，我国开始实行改革开放，经济体制的变革激发了劳动力、资本、土地等生产要素的内在活力，解放了生产力，经济获得了快速的发展，国内生产总值的年均增长率经常为两位数，成绩喜人。但是，在快速发展的过程中，劳动力等生产要素的成本不断上升，经济体制改革所产生的改革红利逐步消减，以高投入为动力的粗放经济增长模式已经难以为继，特别是产能过剩这一深层次问题，始终未得到妥善解决，经济增长的内生动力不足，我国经济发展已经进入"结构性减速"阶段。这个阶段的主要任务是发掘引领经济发展的新动力,促进发展方式的转变。经过多年的探索,党的十八大明确提出了新的经济增长路径,即"坚持走中国特色新型工业化、信息化、城镇化、农业现代化道路",改革创新和转型升级,将是我国未来经济发展的两大引擎,我们做石化工作,要为增强两大引擎添油加气。

其五,加哲学思想,搞思辨。如果大家善于在领导讲话稿中引述管理学、经济学、心理学原理,不仅容易让听众产生耳目一新的感觉,还便于听众理解领导讲话稿的表达重点,领导讲话稿的立意自然被拔高。

案例 2-9

历经15年曲折发展,××集团的业绩已站在历史最高点。但是,与此同时,我们的事业发展遇到了有史以来最大的困难——市场上出现从未有过的激烈竞争;迎来了有史以来最严峻的挑战——风险管理方面出现从未有过的惊险情况。我们面临着向左、向右、向后、向前的严肃选择。

中国特色社会主义市场经济发展到今天,我们不可能再回到计划经济时代、不可能再过躺在国家政策摇篮里的日子,左转没有路;脱实向虚、冒进发展、背离市场的本质,就是鱼儿离开水,右转是死路;向后转,当逃兵?我们的上级不答应,我们的客户不答应,我们的员工不答应。怎么办?唯有向前!向前!

我们集团的事业发展至今天,集中体现着政府的经济政策和民生政策,寄托着弱势群体、弱势实体经济发展的希望。必须向前进。向前进以什么为动力?唯有创新!创新!

案例 2-10

犯罪学上有个"破窗效应"理论,说的是一块窗户玻璃被打碎,责任人若没有受到惩罚,会诱使其他人仿效,进而有更多窗户玻璃被打碎。对执纪问责而言,这是一个很有针对性的警示。

当前,个别地方之所以产生党的领导弱化、建设缺失、观念淡漠、组织涣散、纪律松弛等问题,一个重要原因是缺乏问责或者问责不力。有的领导干部爱当"老好人",工作一团和气、不愿得罪人;有的所谓"问责"只闻雷声,不见下雨;有的处罚高高举起,轻轻放下,甚至不了了之。本应刚性执行的制度,有时成了吓唬人的"纸老虎",成了摆设在那里的"稻草人"。

有责不担,正气难彰;失责不问,百弊丛生。问责条例是全面从严治党的制度利器,颁布了就必须不折不扣执行、真刀真枪问责。任何地方、部门、单位,只要出现了党的领导作用发挥不够、管党治党不严不实、选人用人失察等问题,就要按照规定严厉追责,既亮"黄牌",又掏"红牌",一个"破窗"也不能放过。只有不以权势大而破规,不以问题小而姑息,不以违者众而放任,不留"暗门"、不开"天窗",让失责必问、问责必严成为常态,才能"问责一个、警醒一片",彻底消除绝大部分人的侥幸心理,形成尊崇制度、遵守制度、捍卫制度的良好氛围。

2. 旨意要明

俗话说,"打蛇打七寸",意思是做事情、做工作要抓住重点、抓住主要矛盾。同样的,写领导讲话稿时,要"提纲而众目张,振领而群毛理",这既是工作方法,又是写领导讲话稿的思想方法。

写领导讲话稿时要特别注意"旨意要明",要直截了当地切中工作中的要害问题,要简明扼要地阐述事物本质和真理。领导讲话稿针对的是什么问题,就把什么问题讲透,"眉毛胡子一把抓",或者"脚踩西瓜皮,滑到哪里算哪里",抑或者"东一榔头西一棒槌"地工作,往往会"捡了芝麻丢了西瓜",很难将领导讲话稿写出高度。

案例 2-11

金融业是管理风险的行业。能量最大、破坏力最大的风险是银行业风险。大家想想,证券业,虽然都说"股市有风险,投资需谨慎",但那是由个人承担风险;保险业,有一个赔付率问题,风险基本可控;唯独银行业,百姓存的钱是要一分不能少地拿回去的。当前,我国银行资产占金融资产的体量特别大,所以银行业风险是金融风险中最大的风险,其破坏力远比证券业风险、保险业风险大得多。我们这样的银行要是倒闭,影响极大,因为我们的客户多,县区里面,差不多每家每户都与我们有关系。因此,我们一定要加倍重视风险管理,要一丝一线地排除风险隐患。看人家排雷、排定时炸弹,嘀嘀嗒嗒,哪条线剪错了,会立刻引起爆炸。排雷者要非常精准地知道哪条线接在哪里、剪哪里会引爆地雷/炸弹，排除金融风险也像排雷一样，所有风险点，要一丝不苟地找出来。

（一）排除法人治理风险。

……

（二）排除信贷资产不良风险。

……

（三）排除财务风险。

……

（四）排除声誉风险。

……

3. 文气要盛

所谓"文气"，即文章的风骨。"文气盛"的文章讲出来、读起来，会有一种酣畅淋漓的感觉。比如，毛泽东的诗、词、文，以及讲话稿，都是气势恢宏、大气磅礴的，同时是深入浅出、通俗易懂的，具有非常鲜明的"文气"。

鲁迅写文章也有"文气"。鲁迅掌握的词汇量非常大，用词比较别致，他写的文章大多为白话文，但文言文功底不俗，部分词句带有文言文之风。比如，大多数人说"谨慎"，他说"谨肃"；大多数人说"坚定"，他说"坚执"；大多数人说"别具一格"，他说"别出机杼"；大多数人说"宁死不屈"，他说"殒身不恤"；大多数人说"中华儿女"，他直接说两个字——华胄。我非常喜欢鲁迅的文章，在互联网上看到一段"鲁迅的话"，我大致能判断出来那段话鲁迅到底有没有说过，因为鲁迅的文章有"鲁迅气"。

大家写领导讲话稿的时候，也要注重"文气"。这里的"文气"，一般包括什么呢？

一是"天"气。要能反映大局、大势，反映中央及上级动态、指示精神。

二是"地"气。不是坐在屋子里想点子、打开抽屉找例子、关起门来写稿子，而是真正贴近群众、贴近基层，敢于下基层做真调查，真切地反映广大人民群众的利益和呼声。

三是"正"气。三观要正，要能凝聚思想共识，不管是倡导、歌颂什么，还是批评、反对什么，都要尽量给听众留下深刻印象。

四是"锐"气。要新颖独特、犀利深刻、发人深省。

五是"灵"气。要讲"人话",讲让人听了觉得有新鲜感的话,讲群众喜闻乐见的话。以有文采、有金句、有鲜明的个人风格为佳。行文过程中尽量少说教,要争取用循循善诱的方式拨动听众的心弦。

1938年8月22日,毛泽东在中共中央党校发表了一篇名为《当学生,当先生,当战争领导者》的讲话,层层递进,依次讲了共产党员要如何当学生、如何当先生、如何当战争领导者,处处体现前文所说的"文气",至今读来都觉得很经典。

案例 2-12

五四精神与价值传承——××在共青团工作会议暨"五四"表彰大会上的讲话(节选)

各位青年朋友:

你们好!今天我不是作重要讲话,而是以一个"老青年"的身份作演讲、谈体会、庆"五四"。

今天,我们纪念五四运动,就是要弘扬五四精神、传承五四责任。

我作为一个过去的青年,现在还以"老青年"的身份和你们分享青年节的欢乐,还满怀激情地发表演讲,还让自己的心脏加速跳动、血液加速流动、进入一种很"High"的状态,这也是一种精神、一种责任。

今天,我们纪念五四运动,五四精神在哪里?五四价值是什么?

五四运动是一场伟大的爱国运动!火烧赵家楼;外争国权,内惩国贼;天下兴亡,匹夫有责……这是一种精神、一种责任。

五四运动是一场伟大的思想启蒙运动!爱国、进步、科学、民主,这是五四运动要传播的思想。

五四运动不仅是一场爱国运动,还是一场新文化运动。虽然五四运动对中国传统文化的批判有点矫枉过正,但是爱国、进步、科学、民主的价值是永恒的。

这就是五四精神、五四价值。

纪念五四运动,必须弘扬五四精神、传承五四价值。人总要有精神!人总要有责任!但是对部分人来说,精神和责任是稀缺品、奢侈品。部分人认为,这都什么年代了,还讲精神、讲责任?

要不要讲精神、讲责任？

任何一个国家的青年，都要理直气壮地弘扬民族精神。西方一些人对我们的爱国行为横加指责，害怕我们有民族精神，这暂且不提，遗憾的是，国内的一些人，甚至一些专家，也指责我们青年的一些正确的爱国行为，这是不可原谅的，这对西方一些别有用心的人来说，正中下怀。我们不能上当，我们要爱我们的国家、爱我们的民族，我们可以向世界发出我们的声音。这一切，都源于我们对中华民族、对中国深深的爱。

那么，如何传承和弘扬五四精神呢？我认为，一是靠读书，二是靠实践。关于读书和实践，我这里有两首诗送给大家。一首是颜真卿的《劝学诗》："三更灯火五更鸡，正是男儿读书时。黑发不知勤学早，白首方悔读书迟。"另一首是陆游的《冬夜读书示子聿》："古人学问无遗力，少壮工夫老始成。纸上得来终觉浅，绝知此事要躬行。"我希望年轻人既要努力读书，又要积极"躬行"，"躬行"到我们宏大的改革发展事业中去。

4. 影响要深远

立意高远的领导讲话稿寓意深刻、指导性强，通常可以产生非常深远的影响。比如，20世纪60年代，美国黑人的民权运动到达历史高潮，超过20万民众自发聚集在华盛顿的林肯纪念碑下，呼吁政府赋予有色人种以公民权与投票权。1963年8月28日，马丁·路德·金在集会现场发表了影响深远的《我有一个梦想》（I have a Dream）演说，至今为后人所铭记。在马丁·路德·金的感召下，经过持之以恒的努力，1964年7月2日，美国总统约翰逊签署《民权法案》，同年，马丁·路德·金获得诺贝尔和平奖。

案例 2-13

《我有一个梦想》（译文）

100年前，一位伟大的美国人签署了《解放黑人奴隶宣言》，今天我们就是在他的雕像前集会。这一庄严宣言犹如灯塔的光芒，给千百万在那摧残生命的不义之火中受煎熬的黑人奴隶带来了希望。它之到来犹如欢乐的黎明，结束了束缚黑人的漫长黑夜。

然而，100年后的今天，我们必须正视黑人还没有得到自由这一悲惨的事实。100年后的今天，在种族隔离的镣铐和种族歧视的枷锁下，黑人的生活备受压榨；100年后的今天，黑人仍生活在物质充裕的海洋中一个穷困的孤岛上；100年后的今天，黑人仍畏缩在美国社会的角落里，并且，意识到自己是故土家园中的流亡者。今天我们在这里集会，就是要把这种骇人听闻的情况公之于众。

就某种意义而言，今天我们是为了要求兑现诺言而汇集到我们国家的首都来的。我们共和国的缔造者草拟宪法和独立宣言时，曾以气壮山河的词句向每一个美国人许下诺言，他们承诺给予所有人以不可剥夺的生存、自由和追求幸福的权利。

就有色公民而论，美国显然没有兑现它的诺言。美国没有履行这项神圣的义务，只是给黑人开了一张空头支票，支票上盖上"资金不足"的戳子后便退了回来。但是我们不相信正义的银行已经破产，我们不相信，在这个国家巨大的机会之库里已没有足够的储备。因此，今天我们要求将支票兑现，这张支票，将给予我们宝贵的自由和正义的保障。

我们来到这个圣地也是为了提醒美国，现在是非常急迫的时刻。现在绝非侈谈冷静下来或服用渐进主义的镇静剂的时候，现在是兑现民主诺言的时候，现在是从种族隔离的荒凉阴暗的深谷出发前往种族平等的光明大道的时候，现在是向上帝所有的儿女开放机会之门的时候。

如果美国忽视时间的迫切性和低估黑人的决心，那么，这对美国来说，将是致命伤。自由和平等的爽朗秋天如不到来，黑人义愤填膺的酷暑就不会过去。1963年并不意味着斗争的结束，而是开始。如果国家安之若素，毫无反应，那些希望黑人只要撒撒气就会满足的人必会大失所望。黑人得不到公民的权利，美国就不可能有安宁或平静；正义的光明一天不到来，叛乱的旋风就将继续动摇这个国家的基础。

但是，对等候在正义之宫门口的心急如焚的人们，有些话我是必须说的。在争取合法地位的过程中，我们不要采取错误的做法。我们不要为了满足对自由的渴望而抱着敌对和仇恨之杯痛饮。我们斗争时必须永远举止得体，纪律严明。我们不能容许我们的具有崭新内容的抗议蜕变为暴力行动。我们要不断地升华到以精神力量对付物质力量的崇高境界中去。

现在，黑人社会充满着了不起的新的战斗精神，但是我们不能因此而不信任所有的白人。因为我们的许多白人兄弟已经认识到，他们的命运与我们的命运是紧密相连的，他们今天参加游行集会就是明证。他们的自由与我们的自由是息息相关的，我们不能单独行动。

当我们行动时，我们必须保证向前进。我们不能倒退。现在有人问热心民权运动的人："你们什么时候才能满足？"

只要黑人仍然遭受警察难以形容的野蛮迫害，我们就绝不会满足。

只要我们的因在外奔波而疲乏的身躯不能在公路旁的汽车旅馆和城里的旅馆中找到住宿之所，我们就绝不会满足。

只要黑人的基本活动范围只是从少数民族聚居的小贫民区转移到大贫民区，我们就绝不会满足。

只要密西西比仍然有一个黑人不能参加选举，只要纽约有一个黑人认为他的投票没有意义，我们就绝不会满足。

不！我们现在并不满足，我们将来也不满足，除非正义和公正犹如江海之波涛，汹涌澎湃，滚滚而来。

我并非没有注意到，参加今天集会的人中，有些受尽苦难和折磨；有些刚刚走出窄小的牢房；有些由于寻求自由，曾在居住地惨遭疯狂迫害，并在警察暴行的旋风中摇摇欲坠。你们是人为痛苦的长期受难者。坚持下去吧，要坚决相信，忍受不应得的痛苦是一种赎罪。

让我们回到密西西比州去，回到亚拉巴马州去，回到南卡罗来纳州去，回到佐治亚州去，回到路易斯安那州去，回到我们北方城市中的贫民区和少数民族居住区去，要心中有数，这种状况是能够也必将改变的。我们不要陷入绝望而不可自拔。

朋友们，今天我要对你们说，尽管眼下困难重重，我依然有一个梦想，这个梦想深深植根于美国梦之中。

我梦想有一天，这个国家将会奋起，实现其立国信条的真谛："我们认为这些真理不言而喻：人人生而平等。"

我梦想有一天，在佐治亚州的红色山岗上，昔日奴隶的儿子能够同昔日奴隶主的儿子同席而坐，亲如手足。

我梦想有一天，甚至连密西西比州——一个非正义和压迫的热浪逼人的荒漠之州，也会改造成为自由和公正的青青绿洲。

我梦想有一天，我的4个孩子将生活在一个不是以皮肤的颜色，而是以品格的优劣作为评判标准的国家里。

我今天有一个梦想。

我梦想有一天，亚拉巴马州会有所改变。尽管该州州长现在仍滔滔不绝地说要对联邦法令提出异议和拒绝执行，但终有一天，在那里，黑人儿童能够和白人儿童兄弟姐妹般携手并行。

我今天有一个梦想。

我梦想有一天，深谷弥合，高山夷平，歧路化坦途，曲径成通衢，神圣的光华再现，普天下生灵共谐。

这是我们的希望，这是我将带回南方的信念。

有了这个信念，我们就能在绝望之山开采出希望之石。

有了这个信念，我们就能把这个国家嘈杂刺耳的争吵声变为充满手足之情的悦耳交响曲。

有了这个信念，我们就能一同工作、一同祈祷、一同斗争、一同入狱、一同维护自由，因为我们知道，我们终有一天会获得自由。

在自由到来的那一天，上帝的所有孩子都能以新的含义高唱这首歌："我的祖国，可爱的自由之邦，我为您歌唱。这是我祖先终老的地方，这是早期移民自豪的地方，让自由之声，响彻每一座山岗。"

如果美国要成为伟大的国家，这个梦想必须实现。

让自由之声响彻新罕布什尔州的巍峨高峰！

让自由之声响彻纽约州的崇山峻岭！

让自由之声响彻宾夕法尼亚州的阿勒格尼高峰！

让自由之声响彻科罗拉多州冰雪皑皑的洛基山！

让自由之声响彻加利福尼亚州的婀娜群峰！

不，不仅如此。

让自由之声响彻佐治亚州的石岭！

让自由之声响彻田纳西州的了望山！

让自由之声响彻密西西比州的一座座山峰，一个个土丘！

让自由之声响彻每一个山岗！

当我们让自由之声响起来，当我们让自由之声响彻每一个大村小庄，每一个州府城镇，我们就能加速这一天的到来。那时，上帝的所有孩子，黑人和白人，犹太教徒和非犹太教徒，耶稣教徒和天主教徒，将能携手同唱那首古老的黑人灵歌："终于自由了！终于自由了！感谢全能的上帝，我们终于自由了！"

2.9.2 写作思维的广阔性——广度

领导讲话稿写作思维的广阔性，指写作者在文稿中展示的宽广视野，体现为开放时空背景下对业务工作和有关知识掌握的程度。

《文心雕龙》中的"寂然凝虑，思接千载；悄焉动容，视通万里"，指的就是思维的广阔性。**具有世界眼光、战略思维和时空系统观，善于着眼全局，长远地、系统地考虑问题，思维就有广阔性。**

实业家张謇说过："一个人办一县事，要有一省的眼光，办一省事，要有一国的眼光，办一国事，要有世界的眼光。"同样的，写领导讲话稿，写作者要尽力拓宽自己的视野，多角度看待问题。

具体怎么做？可以总结为**"看上方，摸下情，观外面，思前头，想后头"**。

所谓"看上方"，就是上面的情况要看准，了解上级的大方向、大方针、大原则、大目标、大举措、大政策。

所谓"摸下情"，就是基层的情况要清楚，不可"闭门造车"、制造空中楼阁。

所谓"观外面"，就是要了解外部环境，要有将自己置于环境中的意识，要有跟同行比较的意识，切勿沾沾自喜。

所谓"思前头"，就是要从过往的经历中吸取经验和教训，通过查档案材料、看历史文章、访问老同志等方式，从"前头"汲取写领导讲话稿的营养，或是探寻新方法、新思路。

所谓"想后头"，就是要长远地考虑问题，研究和阐述问题要有前瞻性。

大家有空可以研究研究历届领导人在各大会议上的讲话，可谓是把国家大计、历史问题、基层情况、外部情况、存在的问题、解决方法、未来举措等都讲得非常透彻。文稿通俗易懂，但传达的道理深刻隽永，这种视野和写作思维的广阔性值得我们学习。

案例 2-14

××省省委书记在××省环保会议上的讲话（节选）

人与自然和谐相处是人类社会发展的一个永恒主题，社会文明进步呼唤环保自觉。从我国古代农耕社会的"天人合一"思想，到现代工业社会美国作家蕾切尔·卡逊的《寂静的春天》，再到罗马俱乐部的研究报告《增长的极限》，都体现了人类社会对人与自然和谐相处的关切与觉醒。

……

中国共产党是一个具有高度文化自觉的政党，也是一个具有高度环保自觉的政党。早在1983年12月召开的全国第二次环境保护会议上，党就把环境保护确定为一项基本国策。2005年10月，党的十六届五中全会将建设资源节约型、环境友好型社会确定为我国中长期战略任务。2007年10月，党的十七大首次将建设社会主义生态文明作为一项战略任务提出，指出要与社会主义物质文明、精神文明、政治文明统筹推进，这是党提出科学发展理念的又一次升华。

……

长期以来，历届省委、省政府坚决贯彻中央精神，认真落实环境保护基本国策，相继作出了"十年绿化××省""××江综合整治""建设绿色××省""国家低碳省试点建设"等一系列战略部署，使生态文明建设不断推进。

……

解析：案例领导讲话稿，从人类社会谈到中国共产党，再谈到某省委、省政府的环境保护情况，这就是"视通万里"。与此同时，该领导讲话稿从农耕社会谈到工业社会，再谈到最近的研究报告；从1983年12月的全国第二次环境保护会议谈到2005年10月的党的十六届五中全会，再谈到2007年10月的党的十七大，这就是"思接千载"。

案例 2-15

××在全省和美乡村建设现场推进会上的讲话（节选）

今天，我们召开全省和美乡村建设现场推进会。这既是一次工作总结会、成果展示会，又是一次学习交流会、动员部署会。为开好这次会议，省委、省政府及有关方面作了充分准备。

一是出台了一个文件。出台和美乡村创建行动实施方案，明确了××省和美乡村建设的路线图、任务书和时间表。

二是开展了一次调研。会前，我用一天时间看了××等几个县市的和美乡村建设材料,并安排省政府研究室就和美乡村建设作了调研,形成了一份全面的调研报告,已印发各地各部门参阅。

三是组织了一次考察。由××副省长带队,各市州分管同志参加,赴浙江、江苏亲身感受了两省的生动实践,考察团白天顶着酷暑参观,晚上马不停蹄地进行座谈交流,同志们反映触动很大、收获满满,学到了真经,学出了信心。

四是衔接了一次论坛。省人民政府与农业农村部××月××日将在××县召开美丽乡村国际论坛,这是展示我省乡村建设和"三农"发展的一扇窗口,要办出特色、办出品位、办出精彩。

昨天下午,大家实地观摩了××市的几个村。窥一斑而知全豹,相信大家都有不少感想和收获。我上次看后感觉有亮点、有特色、有内涵,个别地方打造得接近浙江、江苏的一些乡村,当时,我总结了"有山有水、有形有魂、有景有(友)好"这一评价,他们这几年在乡村建设上确实力度大、举措实、效果好。

一是工作谋划抓得实。(略)

二是村容村貌变化大。(略)

三是特色产业起步快。(略)

四是干事创业劲头足。(略)

下面,讲4个方面的意见。

一、推进和美乡村建设,必须胸怀大局、站位全局,切实增强拼搏向上的奋斗激情

(一)要悟其理,把握和美乡村建设的深刻战略内涵。

至少要看到以下三重意义。

一是从推进农业农村现代化的角度看,这是决胜之要。(略)

二是从提高生态文明建设水平的角度看,这是关键一招。(略)

三是从加快城乡融合发展的角度看,这是有效路径。(略)

(二)要学其神,把握浙江"千万工程"的科学制胜密码。

一是要悟透真挚深厚的为民情怀。(略)

二是要悟透生态优先的发展理念。(略)

三是要悟透善谋全局的系统思维。(略)

四是要悟透实事求是的问题导向。(略)

五是要悟透久久为功的战略定力。(略)

（三）要增信心，把握乡村建设面临的大好机遇条件。

……

二、推进和美乡村建设，必须抓住重点、攻克难点，切实打牢实施乡村振兴战略的坚实基础

（一）坚持重面子与重里子相结合，以规划引领乡村环境"美"起来。

在规划引领下，要抓好以下4个方面的工作。

一是显特色。（略）

二是抓环境。（略）

三是强基础。（略）

四是优服务。（略）

（二）坚持搞建设与兴产业相结合，以特色支撑乡村产业"兴"起来。

一是生态要优先。（略）

二是定位要找准。（略）

三是特色要突出。（略）

四是发展要融合。（略）

（三）坚持带着干与自主干相结合，以善治推动乡村治理"好"起来。

一是民主管村。（略）

二是依法治村。（略）

三是清廉正村。（略）

四是数智活村。（略）

（四）坚持塑颜值与提素质相结合，以文明促进乡村风气"和"起来。

一是强化思想铸魂。（略）

二是传承人文根脉。（略）

三是推动移风易俗。（略）

（五）坚持拓渠道与促改革相结合，以增收助力乡村群众"富"起来。

一是多渠道增加农民收入。（略）

二是引导社会力量广泛参与。（略）

三是深化改革有效盘活资源。（略）

四是抓实政策性兜底保障。（略）

（六）坚持强堡垒与暖民心相结合，以党建领航乡村集体"强"起来。

集体强个体才能强。和美乡村建设千头万绪，关键在基层组织建设，要做到"三个一"，即"一只羊""一把米""一份情"。

"一只羊"，就是要发挥好基层党组织的"领头羊"作用。（略）

"一把米"，就是要壮大村集体经济。（略）

"一份情"，就是要带着感情干事。（略）

三、推进和美乡村建设，必须守正创新、防止偏差，切实校准前进方向和运行轨道

一要示范引领、抓点带面，防止"一锅煮"。（略）

二要因地制宜、分类施策，防止"一刀切"。（略）

三要尽力而为、量力而行，防止"一窝蜂"。（略）

四要政府主导、农民主体，防止"一言堂"。（略）

五要循序渐进、稳扎稳打，防止"一阵风"。（略）

四、推进和美乡村建设，必须真抓实干、砥砺奋进，切实彰显善作善成的过硬担当

一要主动作为担事。（略）

二要系统思维谋事。（略）

三要创新创造想事。（略）

四要竞相争先抓事。（略）

五要锤炼本领干事。（略）

六要久久为功成事。（略）

……

同志们，和美乡村建设，是关乎农业农村现代化的大事，也是关乎发展全局和民生幸福的急事，没有最好，只有更好。过去，我们用美丽战胜贫困；现在，我们要以和美促进振兴。希望我们上下齐努力，同心绘蓝图，全力打一场和美乡村建设的漂亮仗，描绘好我省乡村的工笔画，为谱写中国式现代化××省实践新篇章增光添彩。

解析： 案例领导讲话稿的写作思维非常广阔，不仅讲了会议准备情况、考察观摩情况，还针对全省的"和美乡村建设"工作作出了全面部署。整篇讲话稿首先谈思想，然后讲举措，接着抓落实，最后鼓励并号召，展现了极大的信息广度，思路明晰、章法有度、层次错落、段落衔接自然，做到了层层递进、丝丝入扣、环环相应，既易于"讲"，又便于"听"。

2.9.3 写作思维的深刻性——深度

领导讲话稿写作思维的深刻性，主要与写作者的思想是否深刻、观点是否鲜明、提法是否精彩有关。

有精彩的提法才能让观点鲜明，有鲜明的观点才能展示深刻的思想。

在具体的提法上，应当做到精彩、精练、精辟。陆机的《文赋》认为，"立片言而居要，乃一篇之警策"，精妙入神的名言警句确实能给文章增添光彩、增加魅力。

长篇大论好写，点睛之笔难求。

比如，"枪杆子里面出政权""农村包围城市""兵民是胜利之本""一切反动派都是纸老虎""科学技术是第一生产力""发展是硬道理""一国两制"等至理名言，看似短，却寓意深刻、智慧非凡，胜过千万篇文章。

又如，李大钊在《庶民的胜利》这篇演讲稿里提出的很多思想、观念都是独创性的、富有前瞻性的，这些思想不仅能与当时的国情契合，还能穿越时空，几十年，乃至上百年后再看都不过时。我们今天看到这些话觉得熟悉，是因为我们无数次地阅读、学习过了，如果大家把自己置身于那个时代，会发现这些思想几乎是"前无古人，后无来者"的。

案例 2-16

庶民的胜利[①]

李大钊

我们这几天庆祝战胜，实在是热闹的很。可是战胜的，究竟是哪一个？我们庆祝，究竟是为哪个庆祝？我老老实实讲一句话，这回战胜的，不是联合国的武力，是世界人类的新精神。不是哪一国的军阀或资本家的政府，是全世界的庶民。我们庆祝，不是为哪一国或哪一国的一部分人庆祝，是为全世界的庶民庆祝。不是为打败德国人庆祝，是为打败世界的军国主义庆祝。

---

① 部分字词、标点符号按现行规范、标准调整。

这回大战,有两个结果:一个是政治的,一个是社会的。

政治的结果,是"大……主义"失败,民主主义战胜。我们记得这回战争的起因,全在"大……主义"的冲突。当时我们所听见的,有什么"大日耳曼主义"咧,"大斯拉夫主义"咧,"大塞尔维主义"咧,"大……主义"咧。我们东方,也有"大亚细亚主义""大日本主义"等名词出现。我们中国也有"大北方主义""大西南主义"等名词出现。"大北方主义""大西南主义"的范围以内,又都有"大……主义"等名词出现。这样推演下去,人之欲大,谁不如我?于是两大的中间有了冲突,于是一大与众小的中间有了冲突,所以境内境外战争迭起,连年不休。

"大……主义"就是专制的隐语,就是仗着自己的强力蹂躏他人欺压他人的主义。有了这种主义,人类社会就不安宁了。大家为抵抗这种强暴势力的横行,乃靠着互助的精神,提倡一种平等自由的道理。这等道理,表现在政治上,叫作民主主义,恰恰与"大……主义"相反。欧洲的战争,是"大……主义"与民主主义的战争。我们国内的战争,也是"大……主义"与民主主义的战争。结果都是民主主义战胜,"大……主义"失败。民主主义战胜,就是庶民的胜利。社会的结果,是资本主义失败,劳工主义战胜。原来这回战争的真因,乃在资本主义的发展。国家的界限以内,不能涵容他的生产力,所以资本家的政府想靠着大战,把国家界限打破,拿自己的国家做中心,建一世界的大帝国,成一个经济组织,为自己国内资本家一阶级谋利益。俄、德等国的劳工社会,首先看破他们的野心,不惜在大战的时候,起了社会革命,防遏这资本家政府的战争。联合国的劳工社会,也都要求平和,渐有和他们的异国的同胞取同一行动的趋势。这亘古未有的大战,就是这样告终。这新纪元的世界改造,就是这样开始。资本主义就是这样失败,劳工主义就是这样战胜。世间资本家占最少数,从事劳工的人占最多数。因为资本家的资产,不是靠着家族制度的继袭,就是靠着资本主义经济组织的垄断,才能据有。这劳工的能力,是人人都有的,劳工的事情,是人人都可以做的,所以劳工主义的战胜,也是庶民的胜利。

民主主义劳工主义既然占了胜利,今后世界的人人都成了庶民,也就都成了工人。我们对于这等世界的新潮流,应该有几个觉悟。

第一,须知一个新命的诞生,必经一番苦痛,必冒许多危险。有了母亲诞孕的劳苦痛楚,才能有儿子的生命。这新纪元的创造,也是一样的艰难。这等艰难,是进化途中所必须经过的,不要恐怖,不要逃避的。

第二,须知这种潮流,是只能迎,不可拒的。我们应该准备怎么能适应这个潮流,不可抵抗这个潮流。人类的历史,是共同心理表现的记录。一个人心的变动,是全世界人心变动的征兆。一个事件的发生,是世界风云发生的先兆。一七八九年的法国革命,是十九世纪中各国革命的先声。一九一七年的俄国革命,是二十世纪中世界革命的先声。

第三,须知此次平和会议中,断不许持"大……主义"的阴谋政治家在那里发言,断不许有带"大……主义"臭味,或伏"大……主义"根蒂的条件成立。即或有之,那种人的提议和那种条件,断归无效。这场会议,恐怕必须有主张公道破除国界的人士占列席的多数,才开得成。

第四,须知今后的世界,变成劳工的世界。我们应该用此潮流为使一切人人变成工人的机会,不该用此潮流为使一切人人变成强盗的机会。凡是不作工吃干饭的人,都是强盗。强盗和强盗夺不正的资产,也是一种强盗,没有什么差异。我们中国人贪惰性成,不是强盗,便是乞丐,总是希图自己不作工,抢人家的饭吃,讨人家的饭吃。到了世界成一大工厂,有工大家作,有饭大家吃的时候,如何能有我们这样贪惰的民族立足之地呢?照此说来,我们要想在世界上当一个庶民,应该在世界上当一个工人。诸位呀!快去作工呵!

2.9.4 写作思维的准确性——准度

领导讲话稿写作思维的准确性,主要体现为**结构缜密、表述规范、语言精确**,即要有结构上的准度、表达上的准度和语言上的准度。

第一个维度来自结构缜密,《文心雕龙》认为,文章结构"若筑室之须基构,裁衣之待缝缉矣",意思是写文章需要结构,就像盖房子需要筑基构造、制衣服需要针线缝缀一样。结构作为文章的骨架,不缜密就不牢靠。写领导讲话稿,尤其需要注意结构:一要布局合理;二要层次分明;三要过渡自然。写作者要根据领导讲话稿的主题、内容、观点等,认真设计各组成部分的排列次序、内部构造,使各层次、各段落之间条理清晰、逻辑清楚、关系密切、浑然一体。

第二个准度来自表述规范,主要指表述要实现合逻辑性和合时务性的统一,既要言之有序,又要一语中的。

第三个准度来自语言精确,即遣词造句要有分寸感,特别注意,要准确使用"基本上""不少""大多数""部分""很好""较好""较差"等模糊性词语。

第2章 深刻理解领导讲话稿 / 领导讲话

《出师表》是三国时期蜀汉丞相诸葛亮在北伐中原之前给后主刘禅上书的表文，放在现代，这是一篇非常动人的向领导汇报工作情况的表态发言。诸葛亮在《出师表》中阐述了北伐的必要性，并对后主刘禅治国寄予期望，他采用了递进式写法，先分析天下形势，再讲蜀国内部的情况，最后讲个人。讲到"忠臣良将"的部分，诸葛亮使用的是并列式结构。《出师表》结构之合理、用词之精准、言辞之恳切，乃至最后的由叙而誓、画龙点睛，都令人叹为观止。

案例 2-17

出师表

诸葛亮

先帝创业未半而中道崩殂，今天下三分，益州疲弊，此诚危急存亡之秋也。然侍卫之臣不懈于内，忠志之士忘身于外者，盖追先帝之殊遇，欲报之于陛下也。诚宜开张圣听，以光先帝遗德，恢弘志士之气，不宜妄自菲薄，引喻失义，以塞忠谏之路也。

宫中府中，俱为一体，陟罚臧否，不宜异同。若有作奸犯科及为忠善者，宜付有司论其刑赏，以昭陛下平明之理，不宜偏私，使内外异法也。

侍中、侍郎郭攸之、费祎、董允等，此皆良实，志虑忠纯，是以先帝简拔以遗陛下。愚以为宫中之事，事无大小，悉以咨之，然后施行，必能裨补阙漏，有所广益。

将军向宠，性行淑均，晓畅军事，试用于昔日，先帝称之曰能，是以众议举宠为督。愚以为营中之事，悉以咨之，必能使行阵和睦，优劣得所。

亲贤臣，远小人，此先汉所以兴隆也；亲小人，远贤臣，此后汉所以倾颓也。先帝在时，每与臣论此事，未尝不叹息痛恨于桓、灵也。侍中、尚书、长史、参军，此悉贞良死节之臣，愿陛下亲之信之，则汉室之隆，可计日而待也。

臣本布衣，躬耕于南阳，苟全性命于乱世，不求闻达于诸侯。先帝不以臣卑鄙，猥自枉屈，三顾臣于草庐之中，咨臣以当世之事，由是感激，遂许先帝以驱驰。后值倾覆，受任于败军之际，奉命于危难之间，尔来二十有一年矣。

先帝知臣谨慎，故临崩寄臣以大事也。受命以来，夙夜忧叹，恐托付不效，以伤先帝之明，故五月渡泸，深入不毛。今南方已定，兵甲已足，当奖率三军，北定中原，庶竭驽钝，攘除奸凶，兴复汉室，还于旧都。此臣所以报先帝而忠陛下之职分也。至于斟酌损益，进尽忠言，则攸之、祎、允之任也。

愿陛下托臣以讨贼兴复之效；不效，则治臣之罪，以告先帝之灵。若无兴德之言，则责攸之、祎、允等之慢，以彰其咎。陛下亦宜自谋，以咨诹善道，察纳雅言，深追先帝遗诏。臣不胜受恩感激。今当远离，临表涕零，不知所言。

第 3 章
领导讲话稿的写作思维

- 3.1　领导讲话稿写作的思维类别　　　／ 82
- 3.2　领导讲话稿写作的八大思维模式　　／ 95

领导讲话，除了考验领导的工作能力、表达能力，也考验文秘人员的思维水平、写作水平，所以，领导对文秘人员的要求不低，遴选要求也高。一旦被遴选上，大家就会成为经常被领导带在身边、频繁和领导接触、时不时就有机会在领导面前展示工作能力的人。这样的人，在体制内单位的晋升速度往往会比别人快。那么，如何提高领导讲话稿的写作水平呢？本章详细介绍。

3.1 领导讲话稿写作的思维类别

思维是写作的先导，写作思维的水平决定了文章的质量。说到领导讲话稿写作的思维类别，我认为主要有4种：**逻辑思维、形象思维、灵感思维、集合思维**。

3.1.1 逻辑思维

逻辑思维是领导讲话稿写作的基本思维，包括形式逻辑和辩证思维。

形式逻辑关注概念、判断和推理，总的要求是**概念准确、判断恰当、推理正确**。在推理方法上，主要运用的是演绎法和归纳法。

一般来说，思考问题时主要运用归纳法，准确提炼观点；具体表述时则主要运用演绎法，条分缕析地进行阐述。

我们深深体会到，坚持调整结构、转变方式是推动科学发展的必由之路。紧紧把握国际金融危机带来的倒逼压力和转型契机，着力构建现代产业体系，提升自主创新能力，调整城乡区域和需求结构，努力使应对国际金融危机的过程成为推动科学发展上水平的过程。

——摘自××省政府工作报告

解析：案例在收集、阅读和消化大量材料的基础上，归纳出"**调整结构、转变方式是推动科学发展的必由之路**"这一观点，讲话时先开门见山地明确观点，再从构建现代产业体系、提升自主创新能力、调整城乡区域和需求结构等不同方面进行演绎佐证，充分体现了形式逻辑。大家在写类似文章时要注意，引用上级机关的提法时，尽量不要改变说法，但是可以结合实际工作进行延伸。

形式逻辑关注的是论理形式，不深究实质内容，涉及实际条件、进行价值判断时，最好运用辩证思维。胡乔木曾指出，搞文章，首先要基本立场、观点、方法正确，如果基本立场、观点、方法不对，即使有个别的判断推理是正确的，也不能挽救这一篇文章，使其由错误的变成正确的。这是要注意的根本性问题。其中，"方法正确"主要指全面分析问题，把握问题的正面、反面，明确主要矛盾和矛盾的主要方面，在综合分析的基础上进行科学判断。

比如，毛泽东在名篇《论持久战》中对敌我双方在政治、军事、经济、文化等各方面的优劣情况进行了辩证分析，牢牢抓住了中国抗日进步正义、地大人多、国际支持等主要矛盾和特点，得出战争具有持久性和最后的胜利属于中国等正确结论，有力地驳斥了"亡国论""速胜论"等错误观点。后来的历史进程完全印证了这一经典论断。

大家写领导讲话稿写到"观点论述"部分时，也要善于**运用辩证思维进行思考**。

运用辩证思维进行思考，即用全面、联系、发展的哲学思维分析问题，总的要求是对事物内在矛盾的运动变化、对其各方面的相互联系进行考察，从整体上、本质上完整地认识和分析问题，并提出对应的解决方法。

案例 3-2

要适应经济发展新常态，保持战略定力，加强调查研究，看清形势、适应趋势、发挥优势，善于运用辩证思维谋划经济社会发展工作。具体说来，就是要正确认识和处理好7个方面的关系。

一是辩证处理好速度与质量的关系。（略）

二是辩证处理好绿水青山与金山银山的关系。（略）

三是辩证处理好后发优势与产业优势、市场优势的关系。（略）

四是辩证处理好提升传统产业效益与形成现代产业体系的关系。（略）

五是辩证处理好城与乡的关系。（略）

六是辩证处理好实现后发赶超与深化改革开放的关系。（略）

七是辩证处理好贫困地区小康与全国全面小康的关系。（略）

解析：案例在讲经济社会发展工作时，处处体现"辩证思维"，比如，速度与质量、绿水青山与金山银山等，看起来是对立的关系，但其实都可以找到"平衡点"，避免"顾头不顾腚"。大家在写领导讲话稿时，可以运用这种辩证思维，学会用矛盾分析的方法认识问题、用普遍联系的观点谋划大局、用发展的眼光审视未来。

运用辩证思维写领导讲话稿之前，大家要明确知晓辩证法的三大规律，即对立统一规律、量变质变规律、否定之否定规律。

这三大规律，通俗地讲就是任何事物和事物之间都是有矛盾的，矛盾双方是对立统一的，且都能促进事物的运动和发展；事物的发展是量变和质变的统一，质变是量变的必然结果，质变之后，新的量变随即开始；事物的发展是前进性和曲折性的统一，"山重水复疑无路，柳暗花明又一村"才是世界常态。

在写领导讲话稿时运用辩证思维，更容易做到发展、联系地看待问题，更容易做到多角度考察和更全面、客观地分析问题，更容易抓住事物的规律和本质，克服两极化的思想和做法，进而在领导讲话稿中提出真知灼见，让领导讲话稿更具高度和深度。

3.1.2　形象思维

形象思维的运用能够增加领导讲话稿的生动性，主要体现在修辞手法的使用方面，比较常见的使用技巧有**形象比喻、总结典型事例、引用俗语谚语、恰当渲染情感色彩**等。

比喻的使用可以使抽象概念具象化、生动化，把"意"转化为"象"，形成可以传神表述意义、加深受众对事物的理解的"意象"。富有亲和力、感染力的领导往往善于使用比喻，毛泽东就擅长使用比喻这一修辞手法。

比如，"一切反动派都是纸老虎"就是一个绝妙的比喻，现在，这个比喻已经家喻户晓，凡是狐假虎威的人，我们都可以说其是个"纸老虎"。

又如，在《星星之火，可以燎原》一文中，毛泽东多次使用比喻这一修辞手法——"站在海岸遥望海中已经看得见桅杆尖头了的一只航船""立于高山之巅远看东方已见光芒四射喷薄欲出的一轮朝日""躁动于母腹中的快要成熟了的一个婴儿"。他将革命力量比喻为星星之火，将革命发展趋势比喻为远海航船、初升朝日、母腹婴儿，非常形象、十分传神地说明了革命力量虽然当下弱小，但终将发展壮大的道理，有力地回击了当时的革命悲观思想。

再如，在中国共产党第七次全国代表大会的闭幕词中，毛泽东将中国共产党比喻为"愚公",将帝国主义和封建主义比喻为压在人民头上的"两座大山",化用了愚公移山的故事,既生动形象,又简单易懂。

总之,善于运用形象思维,更容易将领导讲话稿写得入脑、入心。

案例 3-3

必须积极发挥政府"无形之手"的导向性作用。
……

政府科学定位、立足服务,转变职能、依法行政,尊重规律、因势利导,调控有度、效能规范。这是科学发展经验的重要内容之一。这些年来,××地区各地政府既扮演"倡导者"和"引路者",又当好"掌舵者"。
……

××地区的实践再次告诉我们,在计划经济向市场经济转轨时期,政府调控不但不能削弱,反而应该在一定范围内、一定程度上有所加强。也就是说,在转型升级的过程中,政府不能只当"守夜人",而应当成为引导产业转型升级、积极健康发展的"撞钟者"。

——摘自××在××产业转型升级巡回检查讲评总结会上的讲话

解析:案例讲话将政府的力量比喻为"无形之手",将政府比喻为"倡导者""引路者""掌舵者",要求政府既要当好"守夜人",又要成为"撞钟者",非常形象地刻画出了政府在市场经济转轨时期的角色意识和积极作用。

案例 3-4

要紧盯"双轮驱动"抓招商。

一个轮子是依托主导产业,延链补链、精准招商。围绕钢、铝、铁等产业,按照"差什么引什么、弱什么补什么、强什么增什么"的原则,筛选一批链条型、基地型、龙头型高端项目,引进产业链关键环节、上下游配套企业,推进产业集群发展。

另一个轮子是紧盯发展趋势,作好"无中生有"的文章。围绕新材料、高端装备等新兴产业,谋划引进一批有发展前景、附加值高的项目,培育新的经济增长点。特别是要抓住数字经济发展的机遇,引进云计算、大数据、物联网等新型业态项目,促进新一代信息技术与各产业融合、协同发展。

——摘自××在××市优化营商环境暨招商引资工作大会上的讲话

解析：案例讲话把招商工作比喻为"双轮驱动（的工作）"，两个轮子一起转，将招商工作做细做实。使用这样的比喻，可以缓解听众的疲劳状态，同时让领导讲话稿更加出彩、"出圈"。

总结典型事例，俗称"引证"，也是领导讲话频繁使用的技巧，即通过举例子将抽象概念和道理讲得更加通俗易懂、更加有说服力、更容易被听众接受。

案例 3-5

一是市场倒逼企业转型升级。国际金融危机中，很多企业积极利用市场倒逼机制进行技术改造和自主创新，延伸产业链条。比如，××市的纺织企业引进数码织机替代普通织机，提高了生产力；××镇的灯饰企业由生产普通灯饰升级为生产LED灯饰；××市的家具企业积极推动工业化与信息化融合，借助数控技术推进生产制造过程的智能化、集成化、网络化等。

——摘自××在××产业转型升级巡回检查讲评总结会上的讲话

解析：案例讲话通过总结××市的纺织企业、××镇的灯饰企业、××市的家具企业等典型例子，从设备更新、产品升级、工艺改造3个方面入手证实了市场变化倒逼企业进行技术改造和自主创新的论断，能起到让听众对企业进行技术改造和自主创新的行为印象更加深刻的作用。

在领导讲话稿中使用排比修辞手法，恰当渲染情感色彩，改变古板、枯燥的说理方式，也可以让领导讲话稿更有风采和魅力。

案例 3-6

过去一年，我省在全球经济深度衰退、国内外形势复杂的情况下取得了比预期要好的成绩，极其不易，在南粤大地上为新中国成立60周年谱写了崭新篇章。

回顾一年来的工作，我们深深体会到，党中央、国务院的亲切关怀和正确领导，是我们应对危机、推动科学发展的坚强后盾。（略）

我们深深体会到，全力以赴保增长，是我们应对危机、推动科学发展的工作重心。（略）

我们深深体会到，坚定不移调结构，是我们应对危机、推动科学发展必须贯穿始终的主线。（略）

我们深深体会到，矢志不渝保障和改善民生，是我们应对危机、推动科学发展的根本目的。（略）

我们深深体会到，加强作风建设、狠抓工作落实，是我们应对危机、推动科学发展的重要法宝。（略）

——摘自××省政府工作报告

解析：案例一连使用5个层递的排比句，不仅使内容更加丰富、逻辑更加严密、层次更加清晰，还在当中融入了强烈的情感色彩，情真意切地表达出面对国际金融危机，大家共同付出的艰辛努力和共同拥有的深刻体验，引起了现场代表们的感同身受和心灵共鸣，在当时得到了高度肯定。

案例 3-7

我说的"希望"，是奴隶围坐在篝火旁谈论自由时的希望；是移民历尽艰险奔赴这里时的希望；是年轻的海军陆战队员为国家深入险地时怀有的希望；是矿工的儿子对抗命运时心中的希望；是一个有着可笑名字的瘦弱孩子相信美国会有他一席之地时的希望。

这就是无畏的希望！希望就是面对困难时的勇气，希望就是面对忧惧时的信心！毋庸置疑，"希望"是上帝赐予我们的最好礼物，是美利坚民族的永久基石，是对未来美好蓝图实现的信任，是坚信明天会更好的信心。

——摘自奥巴马的演讲《无畏的希望》（译文）

解析：奥巴马在其演讲中大量使用排比句，层层递进、浓烈渲染，大力宣讲在他心目中集中体现着美国精神信念和价值观的"无畏的希望"，有着很强的感染力和说服力。

3.1.3 灵感思维

灵感思维是个体经过长时间思考而突然获得启发和领悟的一种特殊思维。钱学森说过，凡有创造经验的同志都知道，光靠形象思维和抽象思维不能创造、不能突破，要创造、要突破，得有灵感。只有经过深刻思考、认真研究并融入个性领悟的内容，才能持久地说服和打动人心。

实践证明，灵感思维是客观存在的，这就是俗称的"脑洞大开"。

通过积累和努力获得某项技能、达成某项成就，是"祖师爷赏饭"，那么，灵感是什么？是人身上自带的一根"天线"，这根天线能让人更好地与天地、灵性、生命本源等人类追求的终极存在产生链接并沟通，灵感来的时候写文章，是"老天爷赏饭"。

灵感思维在起草领导讲话稿的过程中的运行轨迹，可分为3个阶段，一是积累（渐悟），二是专注（沉思），三是触发（顿悟）。

灵感不是无中生有的，而是在潜意识作用的状态下，靠瞬间出现的以联想、想象、链接、组合等方式整合有关信息、材料形成的。因此，日常知识、经验的积累和相关材料的充分占有在培养灵感思维方面尤为重要。

在获得灵感之前，思维主体得经过一个专注思考的阶段，即针对目标问题进行冥思苦想、反复研究的阶段。思考过程中对目标问题有所搁置也没关系，思考会由显意识转入潜意识，我们无时无刻不在思考。

顿悟，即经过专注思考，某种媒介或契机让人突然有所得，针对目标问题，一下子获得了清晰的线索、奇妙的方法或深刻的见解。这时候，最好趁热打铁地把文章写出来。

灵感获取的过程，如王国维在《人间词话》中所说，有三重境界。

第一重境界是"昨夜西风凋碧树。独上高楼，望尽天涯路"——注重积累，登高望远。

第二重境界是"衣带渐宽终不悔，为伊消得人憔悴"——冥思苦想，持之以恒。

第三重境界是"众里寻他千百度。蓦然回首，那人却在，灯火阑珊处"——突然有所得，奋笔疾书。

美国作家海明威写小说《老人与海》的灵感来源于真实事件。海明威旅居古巴期间，经常驾驶快艇出海，有一次，他看见一个老人和一个孩子为捕捉一条大鱼累得精疲力竭，眼看鱼就要溜走了，海明威上前想助一臂之力，不料被倔强的老人一口拒绝。老人不满地训斥了海明威一通，海明威尴尬不已，给老人和孩子留下一些食品后离开，随后记录了这次出海的见闻。

后来，这个倔强老人的形象触发了海明威的创作灵感，海明威以这个倔强老人为原型，加上自己的捕鱼经历和想象，写出了世界名著《老人与海》，并因此获得诺贝尔文学奖。或许，这就是传说中的"灵感来了，挡都挡不住"。

有一次，我在黄山脚下参加一个培训。在培训班的开班仪式上，某领导因看到黄山迎客松的图片而忽得灵感，当即发表了一段让人听得热血沸腾的讲话，效果极佳。

案例 3-8

××在××培训班开班仪式上的讲话（节选）

在座各位正处于人生的黄金时期，正处于可对社会、对行业作出重要贡献的时期，期待你们都能成为英才，其中应涌现一批将才或帅才！借此机会，我和大家研讨一个最基本的问题：人生走向成功的过程中，最可贵的力量是什么？

黄山的迎客松生长在海拔1860米的悬崖峭壁上，迎风纳雪，巍然挺立已800多年！虽饱经风霜，但依然枝繁叶茂、郁郁苍苍、充满生机和活力！究其原因，是因为该迎客松的根系长得好、扎得深、站得稳。由此，人们常赞该迎客松："扎得稳、站得高、风骨硬，八千里风暴，吹不歪，九万里雷霆，劈不动！始终站在云头上。"想想该迎客松的生存环境，在座哪一位的生存环境比它差？那么，人生走向成功的过程中，最可贵的力量是什么？

我认为，是扎根之力。扎根之力好比东海龙王的定海神针之力，是定力、生存之力和作为之力。人的扎根之力来源于对人生高度、气度和厚度的修炼。黄山迎客松，凭借着拥有屹立万山之巅、直指云霄的高度，滋养了自己俯视天地的大志向、大气度；凭借着拥有横空出世、枝叶盖云的气度，形成了展臂迎客的大格局；凭借着破石生根、深入岩土的厚度，成就了周身的美誉和伟绩。由松树及人生，我们可通过高度、气度和厚度的"三度"修炼，促进战略眼光、事业抱负、行动能力的"三维"发展，最终实现人生应有的价值。

电视剧《芈月传》中，芈月曾在殿前用一番演讲收服了人心——将士听完茅塞顿开、大彻大悟；逆反臣子听完悔不当初、下跪明志。很多观众看完此段，称赞芈月"一人之辩胜于九鼎之宝,三寸之舌强于百万雄兵",但实际上,这段演讲体现的不是芈月的功力,而是《芈月传》作者蒋胜男的功力。

蒋胜男定是经历了长期的积累、沉思,才在写《芈月传》的过程中被"激发",灵感喷薄而出。整篇演讲稿绽放着"灵感"的光芒,全无"画大饼"之词,而是贴合将士的本质需求,有剖析、有赏罚、有激励,非常具有鼓动性,让人不由自主地心向演讲者。

《芈月传》中芈月的演讲(节选,有删修、精简)

朕当政,真的就有违天意?嬴华、甘茂等人的主张真的就这么受人拥戴?你们当初选择当兵必定不是为了造反,你们沙场浴血、卧冰尝雪、千里奔波、赴汤蹈火,是为了效忠君王、保家卫国,更是为了让自己活得更好,为了让自己在沙场上挣来的功劳能够荫及家人,为了让自己能够建功立业、人前显贵,是也不是?!

今日站在这里的都是大秦的佼佼者,你们是大秦的荣光,是大秦的倚仗,是也不是?!我大秦将士曾经被人称为虎狼之师,令列国闻风丧胆。可就在前不久,五国陈兵函谷关外,我们却束手无策,任人勒索、宰割,这是为什么?我们的虎狼之师呢?我们的王军、将士都去哪儿了?

大秦的将士曾经是大秦的荣光,如今却是大秦的耻辱!当敌人兵临城下的时候,你们不曾迎敌、为国而战,却在王位相争中自相残杀,这就是你们的作为?曾经商君之法约定,有军功者才可受爵,无军功者不得受爵,有功者显荣,无功者虽富无所荣华。可有些人就是不愿意遵从商君之法,要恢复旧制,所以派人来杀我。你们也不情愿,也不想实行新法,是吗?

为何你们站在了靠祖上余荫吃饭的旧族那边,自愿成为他们的鹰犬,助纣为虐,使得他们随心所欲、胡作非为,使得商君之法不能推行、兄弟相残、私斗成风?你们的忠诚不献给能够为你们提供公平、军功、荣耀的君王,却给了那些对你们作威作福、只赏给你们残渣剩饭的旧族们,是吗?

将士们!我承诺你们,从今以后,你们所付出的一切血汗都能够得到回报,任何人触犯刑法都将受到惩处,秦国的一切将是属于你们和你们儿女的。今日,我们在秦国推行这样的律例;他日,天下就都有可能推行这样的律例。你们有多少努力,就有多少回报，你们可以成为公士、为上造、为不更、为左庶长、为右庶长、为少上造、为大上造、为官内侯，甚至为彻侯，食邑万户。你们敢不敢去争取？能不能做到？

3.1.4 集合思维

集合思维，是由个体思考突破到多人合作、集思广益的思维。

以年度工作报告、专项工作报告等为主题的领导讲话稿会涉及方方面面的工作，动不动就是一万字起步，在时间紧、任务重的情况下，单靠一个人的努力是很难完成这么大的"文字工程"的，此时，大多需要合作写稿。

其实，我国自古就有合作起草文稿的工作模式。《论语》记载："为命，裨谌草创之，世叔讨论之，行人子羽修饰之，东里子产润色之。"意思是（郑国）公文都是由裨谌起草、世叔提出意见、子羽加以修饰、子产进行修改润色的。

随着社会分工的精细化和公文写作的专业化，合作写稿越来越成为公文写作的常用方式。如今，领导讲话稿，特别是综合性强的领导讲话稿或者重要的领导讲话稿，大多交由一个起草小组完成起草，而不是由某个人完成起草，成果往往是集合思维的产物、集体智慧的结晶。因此，集合思维应当引起大家足够的重视。

运用集合思维起草领导讲话稿，需要把握4个要点。

一是注重统稿，确定提纲。确定牵头人和统稿人很重要，随后认真收集和研究相关材料，集体商量确定目标领导讲话稿的框架、提纲，并统一文稿风格和表述方式。

二是分工负责，按时汇总。对目标领导讲话稿进行分解，落实每个小组和每个人的具体起草任务，要求大家按照进度和质量标准完成各部分的起草工作，并及时汇总。

三是集体讨论，落实修改。统稿人汇总稿件之后要认真研究，并召开会议集体讨论，针对全文和各部分提出具体的修改意见，分头落实修改。

四是征求意见，把关读校。修改之后，统稿人要按照程序征求相关部门和单位的意见，收集整理后召开全体会议，逐条讨论研究修改意见，并在定稿前安排读校，及时核实相关观点和数据，保证零差错。

总之，运用集合思维，就是要用民主集中制工作方法指导文稿起草全过程，在统一组织下充分发挥每个参与者的聪明才智，全力确保文稿质量。

案例 3-10

坚定不移加快向中国五百强企业迈进（节选）

××集团董事长 李××

同志们：

我代表××集团党委和董事会作此工作报告。

一、20××年集团各项工作总体平稳，改革发展成效显著

（一）产权改革工作取得新进展。

……（战略、政策研究部门供稿）

（二）规模效益和发展质量取得新成绩。

……（财务部门供稿）

（三）创新能力和服务水平取得新提升。

……（业务部门供稿）

（四）内控管理和案件防控取得新成效。

……（内控和案防部门供稿）

（五）党建和企业文化创新取得新进步。

……（党团工会部门供稿）

二、科学研判当前形势，增强危机感和转型的紧迫感

（战略、政策研究部门，财务部门等部门供稿）

（一）多年以来积累的矛盾严重制约着集团的发展，亟待转型来解决。

随着时间的推移，第一次转型的边际效应在递减，多年来粗放经营管理过程中积累的矛盾和问题逐步显现，成为阻碍××集团进一步改革发展、建设现代企业的绊脚石。突出表现为5个方面的矛盾。

一是单一的业务发展方式与差异化的市场需求之间的矛盾。（略）

二是薄弱的科技研发能力与日益高涨的业务科技需求之间的矛盾。（略）

三是淡薄的合规意识与全面的风险管理要求之间的矛盾。（略）

四是粗放的产权管理模式与现代企业的发展方向之间的矛盾。（略）

五是庞大的干部员工队伍与缺乏现代化人才的现状之间的矛盾。（略）

（二）当前国际国内经济环境发生了很大变化，××集团面临不少新挑战，亟待

二次转型来应对。

我们为什么要二次转型？除了内因，外因也很重要。在经历了较长一段时期的高增长、低通胀后，全球经济和国内经济都不约而同地陷入了低迷期，面临着艰巨的结构调整和转型升级任务，我们需要适应这种经济形势的变化。（略）

行业环境的变化，对传统经营发展模式产生了强烈的冲击，我们已经从"半垄断+高成长"逐渐走向了"市场化+低成长"，不思进取、因循守旧将面临被市场淘汰的风险。在当前的诸多外部挑战中，我们集团的改革发展需要直面多压态势。

一是发展速度的压力。（略）

二是同业竞争的压力。（略）

三是盈利增长的压力。（略）

四是资本约束、风险加大、利益诉求的压力。（略）

（三）近年来行业内成功转型的样本为××集团推进二次转型提供了借鉴。

……

三、把握两项核心内容，正确处理4个关系，扎实推进××集团的二次转型
（党务部门，战略、政策研究部门，人事部门，业务部门，财务部门等部门供稿）

总体而言，在实施二次转型的过程中，我们要牢牢把握"转什么"和"怎么转"两项核心内容，同时要处理好4个关系。

（一）实施二次转型，要进一步推进管理体制、经营模式和服务方式转型。

一是要进一步健全管理体制。（略）

二是要进一步转变经营模式。（略）

三是要进一步优化服务方式。（略）

（二）实施二次转型，要始终坚持以人为本、立足实际、创新驱动的原则。

一是要以人力资本为基础支撑。（略）

二是要以发挥比较优势为重要途径。（略）

三是要以创新驱动为核心动力。（略）

（三）实施二次转型，要处理好4个关系。

一是要处理好充分发挥党的政治引领优势与完善法人治理结构的关系。（略）

二是要处理好整体与局部的关系。（略）

三是要处理好加快集团改革发展与"功成不在任内"的关系。（略）

四是要处理好巩固现有市场份额与加大力度拓展农村市场的关系。（略）

四、紧紧围绕加快二次转型的战略要求，认真做好下一年改革发展的各项工作（战略、政策研究部门，财务部门，人事部门，稽核部门，纪委部门，科技部门，党团工会部门等部门供稿）

下一年，我们的总体工作目标如下。

……

要实现上述工作目标，我们必须重点做好以下工作。

（一）进一步深化改革，以改革促发展。

……

（二）努力提升经营水平，提高市场竞争力。

一是科学合理安排资金投向。（略）

二是不断加大业务创新力度。（略）

三是加强营销和品牌建设。（略）

（三）完善机制建设，提升风险防控水平。

一是纵深推进全面风险管理机制建设。（略）

二是完善经营目标考核与激励机制。（略）

三是进一步提高稽核效能。（略）

四是切实做好廉洁从业建设和案件防控工作。（略）

（四）提升服务水平，扎实加快科技建设。

一是加强信息系统建设。（略）

二是全面加强信息科技风险管理。（略）

三是加强电子业务的研发和营销推广力度。（略）

（五）加强党建和队伍建设，提供坚强组织保障。

一是增强政治意识、责任意识，把学习、宣传、贯彻党的十八大精神列入重要日程。（略）

二是用"一套制度、三大抓手"推进现代企业人力资源管理体系建设。（略）

三是继续推进企业文化建设创新。（略）

同志们，让我们以十八大精神为指引，在省委、省政府的正确领导下，深化改革，大胆探索，扎实推进二次转型，为我们集团事业的美好明天而努力奋斗！

谢谢大家！

解析：案例涉及战略、管理、经营、业务、人力、科技、党务、风险控制、企业文化等多方面工作，原文有一万多字，如果完全由一个人起草，工作量、工作难度都太大，写出来的文稿质量可能也不高。一个单位，涉及的方方面面的工作太多，很难有人掌握所有的工作情况，此时，需要各部门先针对自己负责的工作写出一个情况初稿，标出重点、亮点、难点、热点问题，再交由一个文字驾驭能力比较强的人完成统稿。

3.2 领导讲话稿写作的八大思维模式

领导讲话稿的写作过程是一个从"无"到"有"的过程，其关键在于"思"，即思维的流动和运行。这个思维过程，就是将领导讲话稿写作的基本理论运用到具体的写作实践活动中的过程。

具体到写作实践，写作者需要有主题先行、材料立基、主线串联、结构定形、纲举目张、段落成章、修饰审美、个性突出等八大思维模式，如图3-1所示。

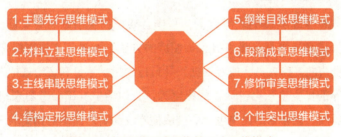

图3-1 领导讲话稿写作的八大思维模式

3.2.1 主题先行思维模式

主题是领导讲话稿的关键和灵魂。

领导讲话稿写作与文学创作截然不同。文学创作是自由创作、灵活发挥，题材先于主题，即写作者可以先从自我感兴趣的题材中挖掘主题，再落笔成文、缀文成章；领导讲话稿写作则是"遵命写作"，写的是"命题作文"，主题先于题材，写作者需要先确定写作主题，再收集相关素材，最后按照要求写作。

主题先行思维模式要求首先确定领导讲话稿的主题。这很关键，如果写作者下笔千言但离题万里,写得再精彩也毫无用处。

领导讲话稿都有主题,但有的主题显而易见,有的主题则深藏不露,需要用心琢磨和认真研究。一般来说,抓住和把握主题有以下3个方法。

1. 通过会议文件来把握

会议文件包括会议通知、会议方案、会议请示、会议签报意见等。会议是为了解决问题而召开的,会议的目的和内容就是领导讲话稿的主题。

2. 结合时事形势来把握

写作者要了解领导讲话的宏大背景和场合环境,结合最新发展动态来把握和提炼讲话主题。国内最新发展形势,如党的二十大刚刚召开,要结合党的二十大精神来把握;省内形势背景,如广东省以"高质量发展"为核心任务,要结合这个精神要求来把握。如果是撰写涉及机关党建工作的领导讲话稿,要结合党建"三会一课"活动等背景来把握。

3. 根据领导意图来把握

对于常规性工作会议的领导讲话,写作者要把握更清晰、更具体的讲话主题,直接询问、征求领导意见是最直接、最便捷的方法,如果不方便直接询问领导,可以询问领导身边的工作人员,或者根据领导最近的指示意见和言论来把握。

以某领导的民主生活会讲话稿的提纲为例,说明根据领导意图来把握领导讲话稿主题的重要性。某领导的民主生活会讲话稿修改前后的提纲对比见表3-1。

表3-1 某领导的民主生活会讲话稿修改前后的提纲对比

修改前	修改后
一、坚定理想信念,自觉贯彻执行党中央、国务院的各项决策部署	一、不断加强学习,进一步增强反腐倡廉和作风建设的自觉性、责任感、紧迫感
二、牢固树立科学发展观,全力以赴谋发展、促发展	二、切实加强和改进工作作风,在推动改革发展上想办法、抓落实、求实效
三、着力加强以改善民生为重点的社会建设,推动发展成果惠及广大人民群众	三、努力践行党的宗旨,扎实抓好保障和改善民生工作

续表

修改前	修改后
四、统筹组织举办广州亚运会和亚残运会，树立广东改革开放的良好形象	四、认真落实民主集中制，努力营造民主团结、干事创业的良好氛围
五、坚持勤政廉政、民主团结，保持公道正派、清正廉洁的良好形象	五、坚持严于律己，树立廉洁从政的良好形象

修改前的领导讲话稿提纲对主题的把握出现了偏差，更像是围绕领导述职履职活动的主题来展开，文不对题、言不及义。按照民主生活会的要求，这篇领导讲话稿应该围绕作风建设的主题展开，具体包括学风、工作作风、组织作风、党风廉政等。大家看看修改后的提纲，明显更切题。

在具体写作的过程中，有些写作者习惯最后引出结论和中心思想，这其实是一种不明智的做法。听众对领导讲话的兴趣是有一定限度的，对不同主题也有不同的心理预期，若不及时点出主题，听众的思想可能会跑偏。

比如，给领导写在招商引资推介会上使用的讲话稿时，需要介绍本地或本单位的历史沿革及基本情况、招商引资背景和投资需求、投资效益、投资要求，重点要放在后两个部分上，让听众听了以后对投资要求了然于胸，对此次招商引资项目产生兴趣。切忌用过多的篇幅介绍当地的历史人文、风土人情，或是本单位的业务发展、风险防控、企业文化建设等与招商引资工作无关联的内容，否则，招商引资效果会大打折扣。

如果领导是去招商引资工作大会上给负责招商引资的工作单位或部门提要求、布置工作任务，那么，领导讲话稿的写作主题和内容应当随之改变。

案例 3-11

××在××企业招商引资推介会上的讲话（节选）

尊敬的各位领导、各位来宾：

大家下午好！下面由我代表××企业对此次招商引资进行一个简单的宣讲，我将从××企业历史沿革及基本情况、招商引资背景和投资需求、投资效益、投资要求这4个方面入手为大家展开介绍。

一、××企业历史沿革及基本情况

（一）××企业历史沿革。

……

（二）××企业基本情况。

……

二、招商引资背景和投资需求

20××年以来，省委、省政府高度重视××企业的改革和发展工作。（略）

（一）招商引资总体目标。

……

（二）招商引资进度安排。

……

三、投资效益

（一）××企业具有良好的发展前景。

1.××企业具有天然的政策优势。（略）

2.××企业在过去多年的发展中积累了较好的财务基础。（略）

（二）投资××企业的现实利益。

投资××企业能从投资收益、资本利得、多元发展、协同效应、影响力等五大方面获得相应的现实利益。

1.获得稳定且可观的投资收益。（略）

2.转让股份赚取资本利得。（略）

3.有助于股东企业实现多元化发展并提升品牌影响力。（略）

4.有助于相关主体获得协同发展，拥有协同效应。（略）

5.有助于相关主体不断提高自身的影响力。（略）

四、投资要求

根据××等法律、法规、规章及文件精神，引入战略投资者或者财务投资者的条件如下。

……

以上就是本次招商引资推介会的宣讲内容，如果各位朋友对××企业有兴趣或者有疑问，欢迎联系我们的招商引资负责人。谢谢大家！

案例 3-12

××在全市优化营商环境暨招商引资
工作大会上的讲话（节选）

一、从全局层面把握优化营商环境的极端重要性

营商环境事关高质量发展大局，事关一个地方的经济持续健康发展。我们必须站在战略和全局的层面，深刻认识把握优化营商环境的极端重要性和现实紧迫性。

第一，这是关系发展全局的战略工程。（略）

第二，这是赢得区域比拼的实力工程。（略）

第三，这是厚植发展土壤的引领工程。（略）

第四，这是锻造干部作风的基础工程。（略）

二、紧盯重点难点推动营商环境实现大突破

优化营商环境是政府工作的重中之重，只有进行时，没有完成时。各部门要保持永远在路上的韧劲，对标市场化、法治化的要求，紧盯突出问题，聚焦薄弱环节，坚决破除各类体制性障碍、机制性梗阻，切实推动我市营商环境实现大的突破和提升。

一要打造高效快捷的政务环境。（略）

二要提升市场主体的发展环境。（略）

三要健全依法诚信的法治环境。（略）

四要营造公平竞争的市场环境。（略）

三、全面提升招商引资成效

招商引资是转动能、创增量的关键途径，尤其是对于我们这样的欠发达地区来说，靠自身积累太慢，靠财政投入太少，只有靠招商引资上项目。各部门要把招商引资作为助推高质量发展的主要抓手，凝聚合力、齐抓共管，深入、持久打好招商引资主动仗。

一要在思想解放上"求突破"。（略）

二要在主攻方向上"下实功"。（略）

三要在方式方法上"求创新"。（略）

四要在要素保障上"出实招"。（略）

3.2.2 材料立基思维模式

材料是领导讲话稿的基础和血肉。

领导讲话是实施公务管理的行为,本质上是为了分析问题和解决问题。要分析问题和解决问题,必须开展调查研究。就领导讲话稿的起草工作而言,这种调查研究集中体现为收集、核实和整理相关材料。没有相关材料,领导讲话稿的起草是"巧妇难为无米之炊"的。

材料收集得全面不全面、整理得合适不合适、研究得深入不深入,将直接影响领导讲话稿的质量和水平。具体的材料收集、核实和整理工作,关键是把握以下两个要点。

一是围绕主题收集什么样的材料。

二是如何根据主题消化和运用相关材料。

在材料收集、核实和整理方面,全面、客观很重要。

以起草某领导在全省社会养老服务工作会议上的讲话稿为例,写作者需要围绕社会养老服务工作这一主题,积极收集、核实、整理以下相关材料。

一是国家有关的方针政策和制度文件。包括国家"十二五"规划、全国基本养老服务体系建设推进电视电话会议有关精神,以及国务院批转的《关于加快发展养老服务业的若干意见》、民政部出台的《关于全面推进居家养老服务工作的意见》等政策文件。

二是本地区的经济社会发展状况、社会养老服务事业发展基本状况。包括全省"十二五"规划、政府工作报告,以及省政府、省民政厅有关本省社会养老服务事业发展的规划、情况汇报等。

三是本地区社会养老服务工作的具体业务情况。包括领导批示要求、工作发展态势、存在的问题、工作重点、各市经验做法等材料,做到全面收集、心中有数。

四是其他省市关于社会养老服务事业发展的基本情况。包括北京、上海、江苏、浙江等省市关于社会养老服务事业的相关做法和经验。

五是网络、报刊上的相关研究报告和理论文章。

以上5类材料中最重要的是业务材料,这是分析和研究问题的关键性材料。

在收集、核实、整理,乃至使用材料方面,关键要做到王国维在《人间词话》里所说的"既要'入乎其内',又要'出乎其外'"。

"入乎其内"，才能融合进去、潜心研究。

"出乎其外"，才能摆脱束缚、厘清思路。

"入乎其内"，需要做到"三动"：动手，亲自动手收集材料；动眼，认真阅读相关材料；动脑，开动脑筋思考有关问题，并及时将想法记录下来。

我收集材料的方法主要有以下4个，供大家参考。

一是多观察。

唐代有一位名叫戴嵩的画家擅长画牛，曾画了一幅斗牛图，被一个牧童指责不善于观察，画错了——两牛相斗时，牛尾巴是夹在屁股里的，戴嵩却把牛尾巴画得左右摇摆，明显有误，说得戴嵩非常羞赧。其实，写领导讲话稿也一样，如果写作者不对事物进行认真观察，手中的材料可能是错误的，随之得出的结论很可能也是错误的。

二是多调查研究，包括采访、交谈等。

一个好的写作者，脑子里总是有一连串的问题。带着问题去思考、去询问、去了解、去调查、去找线索和答案，写作材料才会越来越丰富。如果能先深入现场去体验，再提笔把相关体悟写出来，文稿更可能现场感突出、可读性强。

三是多做阅读积累。

阅读是快速获取材料的重要方法，也是最低成本的提高信息获取能力的方法。我们现在学的知识是前人在失败、吃亏无数次后总结、传授的思想精华，我们应该珍惜便利获取这些高精尖知识的机会，让它们为自己所用。大量的、持续不断的阅读可以帮助我们积累写作材料、消除"书到用时方恨少"的困扰。当然，这里所说的阅读，是指阅读经典好书，现在手机上网方便了，很多信息真假难辨，"碎片化阅读"实际上并不会给我们带来更多的精神滋养。

四是做好材料的搜索工作。

搜索材料是获得材料又快又好的方法。过去写领导讲话稿时搜索材料，主要靠翻阅报刊、查辞典等，现在，互联网的搜索功能大大降低了我们的工作量，写领导讲话稿时可能需要用到的背景材料、行话术语、数据等，都可以通过搜索获得。在我看来，如果一个人能将材料搜索工作做好，写领导讲话稿的工作效率至少可以提高一倍。

"出乎其外"，就是要跳出材料把握材料，"以我为主"地使用有关材料。

如何使用收集到的材料？需要做到以下4点。

一要把握有关材料的总体情况，通读材料，对材料有一个较为全面的总体印象。

二要筛选材料，通过去粗取精、去伪存真，舍弃无关、无用的材料。

三要归类整理材料，明确这些材料用在领导讲话稿的哪些部分比较合适。

四要尝试化用有关材料，根据领导讲话稿的需要整理、组合、使用这些材料，用自己的语言进行表述。

材料在领导讲话稿中的任务是表现主题，因此，我们在选择材料时要关注是否必要、是否充分。

所谓"必要"，就是要学会"忍痛割爱"，只选用与主题有关的材料。所谓"充分"，就是材料要足够多，能支撑论点，既要讲"质"，又要够"量"。

大家在选择材料的时候，一定要注意避开以下两个雷区。

雷区一：选择的材料不真实，造成"一颗老鼠屎，坏了一锅汤"的不良后果。

如果某篇领导讲话稿中有一个材料是不真实的，那么，这篇领导讲话稿的权威性、专业性、严肃性等，都很容易被质疑。给领导写讲话稿，千万不能犯这种低级错误。

对于收集到的材料，写作者要反复核实其来源和真实性，并多方考证、交叉印证，防止以讹传讹。这需要写作者有一双能鉴别材料真假的慧眼，这双"慧眼"不是经过三五天训练就能速成的，需要长期训练。

雷区二：选择的材料"以点带面""以偏概全"，导致听众觉得讲话者的认知层级低、逻辑能力差。

核实了材料的真实性之后，写作者还要关注收集到的材料是否具有普遍性、典型性，关注材料说明的是局部问题还是全局问题，切忌用非本质、非主流、非全局的材料阐述本质、主流、全局问题。

比如，某省统计局发布了一篇文章，在公布了一组数据之后，得出结论：女性受教育程度的提高，会导致她们少生孩子或不生孩子。

如果女性受教育程度高是导致其生育孩子少的主因，那是不是意味着不让女性接受高等教育，我国的生育率就上来了？

"女性受教育程度高"与"生孩子意愿低"之间，可能存在一定的关联关系，但不是因果关系，不能使用"导致"这样的字眼。

为何女性受教育程度高了以后，生孩子的意愿有可能降低？很简单，其一是女性生育与学业、事业起了冲突，其二是在家庭条件有限的情况下，孩子的养育质量与孩子的养育数量有冲突。

女性的生育意愿下降是一个非常复杂的社会问题，是多方面原因导致的。决定一个女性要不要生孩子、要生几个孩子的，并不仅是受教育程度，还有经济条件、就业环境、生育成本与风险等。

忽视其他原因，直接将受教育程度和生育意愿强行绑定，犯了以偏概全的错误，是简单粗暴地在"果"与某一方面的"因"之间画等号的行为。这篇文章一发布，网上就出现了一片批评声。

选择了合适的材料后，使用材料的顺序也很重要。材料使用本末倒置，会严重影响领导讲话稿的质量。

我使用材料的顺序如下，供大家参考。

首先，在大量与主题相关联的、充分的材料中，选真实可靠的材料。

其次，在真实可靠的材料中，选典型的、必要的、能说明主题的材料。

再次，在典型的、必要的、能说明主题的材料中，选有新意的材料。

最后，在经过以上三层"过滤"后留下的材料中，选最新的、最近的、能给人以耳目一新感觉的材料。

如果分不清主次和顺序，不做取舍，"眉毛胡子一把抓"地使用材料，写出来的领导讲话稿就像"超载的车"，很容易翻车。有些人写领导讲话稿写得不好，就是因为不会选择材料、安排材料，导致常出现标题扣不住内容、内容撑不起标题、目标与要求混淆、任务与措施杂糅等问题，整篇领导讲话稿杂乱无章、质量堪忧。

××在××系统办公室工作会议上的讲话

同志们：

我们今天在这里组织召开此次××系统办公室工作会议，主要目的有两点，一是认真总结过去一年办公室的工作，部署下一年的工作；二是进行相关培训，提高大家的业务水平。刚才，××同志代表总部办公室作了一个很好的报告，特别是最后，结合自己的体会，谈了很多感想，道出了很多苦衷。作为主管办公室工作的领导，20世纪80年代初期，我也在办公室工作过，因此非常理解在座的各位办公室主任，深知你们工作的辛苦。特别是今年，今年是××系统发展史上相当不平凡的一年，千载难逢的改革试点工作已经全面铺开，基层各办公室紧紧围绕深化改革、强化管理、加快发展这3项重点工作努力拼搏，勤勤恳恳，任劳任怨，付出了辛勤劳动。在此，我向在座的各位代表表示慰问和敬意！

下面，我以主管办公室工作的领导的身份和大家交交心，沟通一些情况。我想说的，归纳起来有8个字：敬业、负重、慎行、忠诚。

第一是敬业。办公室工作很重要，责任重大，因为办公室是沟通上下、联系左右的纽带部门。各位在办公室工作的同志，要以强烈的事业心和责任感投入工作。今年以来，由于深化改革工作的全面铺开，需要研究、审阅的改革文件特别多，出现了一些问题，有些是能力、水平的问题，但大部分根源是事业心的问题。比如，××地区××单位在给总部上报××报告的时候，居然在"红头文件"的右上角盖了办公室主任的私章，这是态度问题还是能力问题？又如，××地区××单位在给总部的报告上称总部为"贵单位"，一个系统内，下级单位怎么能称总部为"贵单位"呢？这是错误的！出现这些问题，办公室主任要承担责任。办公室是一个单位的窗口和门面，一份文件发出去，代表的是一个单位，领导有疏忽的地方，办公室主任要提醒、解释。希望大家能够引以为戒，对办公室工作，要予以很强的事业心和高度的责任感。要敬业，也要提高能力水平，此次会议安排了有关培训，目的就在于此。

第二是负重。办公室的同志要甘当"老黄牛"，只管耕耘，不问收获，不图名，不图利。我以前在办公室工作的时候，我的一位老领导曾经教育我："在办公室工作要经得起两头受气。一方面，领导交代的任务带有一定的权威性，但执行的时候会受多方因素影响，贯彻执行得好，没人表扬你，因为是应该的；贯彻执行得不好，你肯定会被批评，批评办公室主任是为了平衡整个单位的政治、经济利益。另一方面，办公室是一个综合协调部门，整个单位的吃喝拉撒都要管，难免有不周到之处，工作中难免会产生误解，难免会受到责备，各部门有时也会有意见。所以说是两头受气。"因此，大家在办公室工作要有较强的承受能力，不要因为有些工作没做好而气馁、自暴自弃，要有"老黄牛"精神，任何时候对待工作都要勤勤恳恳、兢兢业业、任劳任怨。

第三是慎行，即谨慎办事。办公室工作政策性强、涉及面广，稍有不慎便会出现差错，所以一定要慎之又慎，不能有半点马虎和粗心。举个例子，1997年，我省乱集资现象普遍，新华社有个记者想针对这个问题直接采访我当时所在的单位。当时的办公室主任请示了分管领导后，安排我来接受采访，单位"一把手"专门给我打了电话，提醒我要注意应该说什么、不应该说什么。采访结束后，采访内容被编作内参，并很快得到了国家领导人的批示。批示第二天，省委、省政府就派人到我单位了解此事，当时是我接受的采访，记者反复问我，我省到底发行了多少债券。我的回答是，经过合法审批的数据我清楚，没有经过合法审批的数据，我不知道。后来，我们单位"一把手"表扬我，说我回答得正确。通过这件事，我意识到，在办公室工作，处理这些关键问题时一定要非常慎重。我们的一言一行都代表自己的单位和集体，容不得半点马虎。我再举个例子。今年，我们把一篇新闻通稿送省政府审核时，没有发现通稿将11月18日误写成11月28日，省政府领导于11月24日在通稿上批示，严肃批评了我们。今天谈及此事，一是要公开批评一下总部负责此事的同志；二是告诫全系统从事办公室工作的同志，任何时候都要保持认真细致的工作作风，切忌马虎粗心。

　　第四是忠诚。我们在一个单位工作，任何时候都要维护单位的利益。从大的方面来说，要忠于党，忠于人民，忠于我们的事业；从小的方面来说，要忠于所在的团体，对这个团体的政治经济利益负责。所谓"忠诚"，不是在领导面前说好话、阿谀奉承，而是要直言、说实话，要让领导兼听则明，这是在办公室工作的同志应该具备的品质。在办公室工作的同志，接触面、知识面可能比领导还要多、还要广，所以要对领导讲实情、说真话，对于领导交代的事，在政策允许的情况下，能灵活就灵活，能变通就变通，确实变通不了、把握不了的，要赶紧向领导请示汇报，无论何时何地，对待工作都要实实在在、一丝不苟，做人都要坦坦荡荡。

　　我今天就讲到这里，谢谢大家！

解析：案例领导讲话稿从微观层面入手对全系统办公室主任提出了一些要求——写作者摒弃了"大而全"的写法，着眼于"敬业精神"这一个侧面，对全系统办公室主任提出了"敬业、负重、慎行、忠诚"4个层面的要求。在讲到"敬业"的时候，写作者举了两个反例，令人印象深刻；在讲到"慎行"的时候，写作者举的例子比较典型、比较新，说服力很强。总体而言，是一篇不错的领导讲话稿。

案例 3-14

××在××后备干部培训班结业典礼上的讲话

同志们：

大家好！很高兴出席今天的××后备干部培训班结业典礼。参加培训的同志都是××集团的后备干部和骨干力量，这是组织对你们的充分肯定，是集团党委对你们的高度关注与期待。通过为期15天的脱产培训，大家优化了知识结构，拓宽了视野眼界，提高了学习能力。在这里，我对培训班取得圆满成功表示热烈祝贺！接下来，我借这次机会向大家提几点要求。

一、修炼战略眼光，站在尽可能高的地方，看得更远

古人云："不谋万世者，不足谋一时；不谋全局者，不足谋一域。"谋者何人？是领导干部，也是为上级领导干部出主意的干部。领导干部要谋得准、谋得好，必须拥有战略思维，修炼战略眼光。

（一）站得高，看得远。

"会当凌绝顶，一览众山小"，杜甫的这句诗，意思是当登上山顶的时候，脚下的山峰就小多了，就能将山顶下面的所有山峰看得一清二楚。这就是战略思维、战略眼光。战略思维要求我们不仅要考虑事物的现在，还要考虑事物的未来；不仅要看到事物的局部，还要看到事物的全部；不仅要考虑单个事物，还要考虑事物之间的联系。我们要为集团事业作贡献，就必须不断在高度上修炼，促进战略思维、战略眼光的发展。我们要站在全球经济发展、中国经济发展的高度，站在全行业经营发展的高度，站在××集团科学发展的高度，带着更广阔的视野思考集团发展的重大问题，以便看清楚××集团事业的未来。这样做，会比现在干得明白。

（二）聚焦点，看得准。

用过单反相机的人都知道，想获得一张好照片，必须对好焦点，选准想要的景物。修炼战略眼光，应该将焦点置于某个关键领域，将关键领域内的主要矛盾看得更准确、更通透。作为××集团人，我们要走出自己的一亩三分地，感受周围环境、条件的深刻变化，努力捕捉对自己的事业发展有利的机遇。机遇只青睐有准备的人，有准备的人总是能在别人没有看到机遇的时候早一步看到机遇，并早一点开始进行准备。我们要学会在经济、行业发展的复杂情况中认准焦点、看准要害问题、找准

主要矛盾及矛盾的主要方面，进而找到解决矛盾的方法。这些都做到了，就不会错过机遇了。

（三）拨迷雾，看得清。

英国有一句谚语，翻译为汉语后大意是"不要一见树皮，就对这样的树下起结论来"，讲的是不要被事物表面迷惑，要透过现象看本质的道理。在信息爆发式增长的新时代，若不善于拨开迷雾，纵然站在最高处，也很难将事物看得清楚。

认识互联网经济，就得学会"拨迷雾"。互联网经济横空出世后，发展极快，大有取代传统行业的、气吞山河的气势。一时间，互联网经济被捧上了天，周身赞誉。拨开鲜花、掌声、赞美的迷雾，我们应该看清它的善性——共享性、便利性、普惠性，也应该看清它的本性——逐利；野性——野蛮生长、不平等游戏；异化方向——有可能走向垄断，摧毁原有的、传统的产业生态和秩序。我们集团发展互联网经济，不是赶时髦、装样子，而是努力利用新技术改善我们的服务环境和条件，提高我们的经营效益。作为有正义感的××集团人，我们要通过参与互联网经济建设，疏导它的本性，弘扬它的善性，打击它的野性，并通过制约阻止它走向异化。

二、修炼事业抱负，想着尽可能大的事情，谋得更实

拿破仑有一句名言，翻译为汉语后大意是"所有的成就，所有的财富，都始于一个意念"。确实，人与人之间生来没有太大的差别，贫与富、失败与成功，取决于后天形成的能力和观念。有什么样的观念，就有什么样的行动，进而有什么样的命运。相信很多人听说过陕北放羊娃的故事——有人问放羊娃"你为啥放羊"，引出了一个"循环式对话"："攒钱！""攒钱干啥？""娶婆姨！""娶婆姨干啥？""养娃！""养娃干啥？""放羊。"问题回到原点。很多人穷，穷在观念上。观念决定气度，气度决定格局。我相信，在座的各位不缺少发展××集团事业的观念，但想做到多好、贡献多大的气度是有差别的。大家有必要增强气度的修炼。

（一）不要小气。

我们常说"量小非君子，无度不丈夫"，气度对领导干部来说非常重要。今天，这里几乎是年轻人的天下，有些人只有30岁左右。在此，我告诫大家，30岁左右的人千万不要太过于计较功利得失。这个年龄段是付出、奋斗的年龄段，悠闲的工作、丰厚的报酬，对于这个年龄段的人来说无异于毒药。人的成长如同农民种庄稼，从耕田、播种，到施肥、除虫，整个过程都很辛苦，只有到了收获的季节，才见硕果。如果你不在当令时做好准备工作，到了收获的季节，你将一无所获。"不要小气"还

表现为心中始终想着尽可能大的事情。法国著名作家雨果说过，世界上最大的是海洋，比海洋更大的是天空，比天空更广阔的是人的胸怀。博大的胸怀，可以哺养不凡的气度，以及不凡的事业抱负。

（二）不要泄气。

失败者和成功者的最大区别，在于能否坚持到最后。放弃就是失败，坚持才能成功，这是成就事业的铁律。我认为，三四十岁的人不要害怕失败，没有失败的人生是残缺的人生。爱迪生曾说，失败也是我需要的，它与成功一样，对我都有价值。爱迪生成功发明灯泡前失败过很多次，曾有人讥讽他失败了太多次，爱迪生坦然地回应——你错了，我只不过是证明了几千种材料不适合用作灯丝而已。最终，爱迪生成功了。如果我们有这种百折不挠的精神，善于从失败中总结经验，我们也终将从失败走向成功。

（三）要存有大气度。

不小气，不泄气，可以哺养大气度。大气度，即一个人存有的远大的事业抱负。《史记·高祖本纪》中有记："（高祖）常有大度，不事家人生产作业。"汉高祖刘邦如果也像陕北放羊娃那样，跟家人专事农耕，最多成为一个农业专业人才，不可能成为杰出的政治家。实业家李嘉诚早期做过塑料制品厂的推销员，如果他的目标仅为做好推销工作，他就无法创立他的商业集团——长江集团。

在座的各位不可能成为第二个刘邦、第二个李嘉诚，但可以存有自己的大气度，确立自己的事业抱负，并尽毕生的力量努力实现自己的事业抱负。

三、修炼行动能力，积蓄尽可能厚的底蕴，敢挑重担

底蕴的厚度决定事业的高度。我们不应该只是思考如何走向成功，还必须潜下心来积蓄尽可能厚的底蕴，创造更多成功的条件。

（一）厚积薄发蓄底蕴。

在知识经济大潮中，优胜劣汰是常见的、频繁发生的。一个人要想获得成功，必须先保证自己不被淘汰。有一种说法，21世纪有4种人最容易被"淘汰"，分别为知识老化的人、技能单一的人、不善合作的人、不愿学习的人。面对"知识危机""本领恐慌"，怎么办？唯一的出路是学习，在学习中积累自己的文化知识、优化自己的知识结构、增强自己的文化底蕴。希望大家每天都挤出一些时间用于读书，将读书作为一种生活习惯，做到全面学习、全程学习、终身学习。学习能力是一个人的基础能力，也是青年人成长进步的动力源泉。提高学习能力，一要向文本学习，

在阅读中提高；二要向实践学习，在工作中提高；三要向同行学习，在沟通中提高（包括向自己的直接领导学习，在观摩中提高）。除了专业知识，领导干部还应该有深厚的文化底蕴。我国有"修身、齐家、治国、平天下"的古训，没有扎实的修身功夫，齐家尚且无力，更别说带领企业发展了。我建议大家认真思考如何修身立德，如何改善领导方法、科学用人，这对大家未来的发展大有裨益。

（二）勇于担当挑重担。

勇于担当是领导干部的胸襟的表现，是极为重要的领导素质之一。"大事难事看担当，顺境逆境看襟怀"，年轻的领导干部之间，差距不是太大，随着岁月流逝，差距的产生主要看大家是否勇于担当。勇于担当者，群众更加拥戴，更容易干成事；领导更加欣赏，更容易获得干大事的机会。作为××集团的优秀青年干部，要努力培养勇挑重担、多干实事的事业心，一是大事争参与，尽力抓落实，用心得体验；二是小事不推辞，用心做精彩；三是难事合力做，吃苦走在前；四是"分外事"也愿做，做出新境界。

（三）砥砺奋进敏于行。

在实现目标的过程中，注重时效很重要，选择最佳路径也很重要。部门、单位之间，需要横向协调，争取各方形成共识和合力；上下级之间，需要有贯彻性的纵向执行，层层指导、督促、检查、落实。在此基础上，要确保工作质量达标。执行力强不强，要看执行成果的质量和实效。

当前，××集团事业发展正处于转型升级的关键时期、爬坡越坎的艰难时期，我们要着力修炼实时反应的行动能力、砥砺奋进的毅力和敏捷高效的执行能力，确保各项工作部署落到实处、取得实效，促进个人和集团同步发展。

同志们，道可顿悟，事须渐修。参加这个培训班只是一个开始，更多的成长和进步要靠大家自主学习、自觉修炼。期待大家不断修炼自己的高度、气度和厚度，发展自己的战略眼光，提高自己的事业抱负和行动能力，为集团事业新发展作出应有的贡献。最后，祝愿大家归途顺利，一路平安！

解析：案例领导讲话稿选择的材料不是很新颖，但在材料的使用上堪称"技巧纯熟"。讲话稿中大量引用名人名言、俗语谚语，介绍大家耳熟能详的经典案例，并用听众喜闻乐见的口吻论证每个小标题的"题意"，总体而言，能自圆其说，收到鼓舞人心的效果。

3.2.3 主线串联思维模式

主线是领导讲话稿的思路和脉络。

材料好比铜币，主线好比一条绳子，有了这条绳子，才能把材料串联起来。绳子合适，材料处置得当，领导讲话稿就会思路清晰、清爽顺达；绳子不合适，材料随意放置，领导讲话稿就会逻辑混乱、晦涩难懂。

领导讲话稿要有一条思想主线，把最重要的材料串联起来，这不仅是能够让人晓畅明白的做法，也是符合美学规律的做法。雕塑大师罗丹说过，一条规定的线通贯着大宇宙，赋予了一切被创造物，如果它们在线里面运行着，而自觉着自由自在，那是不会产生出任何丑陋的东西来的。

罗丹在千万雕塑的形象里见到的这一条通贯一切的"线"，画家在千万绘画的形象中也能见到，大书法家也是用此"一线（一笔）"勾成千万艺术形象。

这不是说写文、绘画、写书法时真的有一条显而易见的线，而是说有一条气脉相连、遥相呼应的主线/思路贯穿创作的全过程。有了这样一条主线，写文也好，作画也罢，才能一气呵成、一以贯之，创作出有骨、有筋、有血、有肉的作品。

把握文章的主线，有3个方法。

1. 自由联想法

先将自己印象深刻的材料和想法一样一样写出来，再找出这些材料与想法之间的内在逻辑关系，将其联结起来。比如，某企业领导在谈企业文化时，把企业比作一艘船，把员工比作船员，把业务比作帆，把科技力量比作舵，把风险控制能力比作锚，把党的领导比作航标灯……这就是典型的自由联想，通过联想，使得领导讲话稿有了非常清晰的脉络、主线。

2. 特点链接法

先找到最能说明目标问题的本质的特点，再以该特点为切入点，将所有材料串联起来。比如，起草泛珠三角区域合作工作会议的领导讲话稿，只要紧紧抓住泛珠三角区域的合作是"新生事物"这一特点，就能够用新的合作平台、新的合作机制、新的合作规划、新的合作内容、新的合作途径等几条主线，把9个省及2个特别行政区的涉及市场、交通、能源、劳务、旅游、民生等各方面的材料全部串联起来。

案例 3-15

××在第××届泛珠三角区域合作与发展论坛上的讲话（节选）

各位来宾：

　　泛珠三角区域拥有全国五分之一的国土面积、三分之一的人口和三分之一以上的经济总量，是我国经济最具活力和发展潜力的地区之一。"泛珠"合作是适应经济全球化和区域经济一体化趋势、促进我国区域协调发展的重大举措，是新时期内地与港澳建立更加紧密的经济关系的重要平台。（略）

　　我们高兴地看到，在各方共同努力下，"泛珠"合作机制日益健全，领域逐步拓宽，层次不断提升，结出了累累硕果。

　　××年来，区域内基础设施得到极大改善。

　　××年来，区域内产业转移与合作如火如荼。

　　××年来，区域内统一开放、竞争有序的市场正在形成。

　　××年来，依托港澳、面向世界的区域开放格局日益清晰。

　　××年来，社会管理领域的合作迈出坚实步伐。

　　××年来的"泛珠"合作，有力促进了各方经济社会的发展，显著提升了"9+2"的综合竞争力，也强化了港澳在国家发展战略中的特殊作用。实践证明，"泛珠"合作是各方精心培育的命运共同体，是我国区域协调发展的一面旗帜，具有强大的生命力。

　　当前，世界政治经济格局正在经历大调整、大变革，国际金融危机影响深远，世界经济复苏之路艰难曲折，我国正处在全面建成小康社会的关键时期和深化改革开放、加快转变经济发展方式的攻坚时期，"泛珠"的发展，既面临前所未有的机遇，也面临前所未有的挑战。在新形势下，"泛珠"各方的共同利益在扩大，相互需要在增加，各方都有责任更加紧密地联合起来，深化合作、加快发展。

　　一是要通过深化交流与合作，加快区域经济一体化进程。（略）

　　二是要通过深化交流与合作，提升产业整体竞争力。（略）

　　三是要通过深化交流与合作，促进社会管理体制改革和机制创新。（略）

　　……

　　这里，我提几点建议。

第一，完善合作规划。（略）

第二，落实合作成果。（略）

第三，丰富合作内涵。（略）

第四，健全合作机制。（略）

女士们、先生们，"泛珠"合作事关"9+2"各方的发展振兴，也事关全国各区域协调发展的大局，是我们共同的事业。这项事业走过了不平凡的××年，但还很年轻，正展现着蓬勃朝气和青春活力，有着光明灿烂的发展前景。我坚信，只要各方同心同德、群策群力，"泛珠"合作之路一定会越走越宽广！谢谢大家！

3. 变换角度法

通过变换角度思考和归纳工作情况，找到新的主线/思路。比如，起草科技工作会议的领导讲话稿，通常是按照科技工作的业务内容行文，包括科技规划、科技工程、科技改革、科技创新、科技管理、科技投入、科技队伍等几大部分，如果换一个角度，从科技服务经济社会发展的角度思考科技工作，能概括总结出科技促进产业提升、科技支持经济发展、科技服务社会建设、科技服务人民生活等与之前完全不一样的几大部分。选择什么角度，需要根据具体情况确定。当然，也可以综合考虑多个角度，搜索和提炼行文主线。

案例 3-16

××在20××年××县科技工作会议上的汇报讲话（节选）

同志们：

今年以来，在县委、县政府的正确领导下，县科技局深入实施创新驱动发展战略，以科技新长征为主抓手，推动科技工作取得新成效、迈上新台阶。具体情况如下。

（一）科技创新呈现高质量发展态势，科技进步领跑全市。

……

（二）全面优化科创环境，提供创业创新坚强保障。

一是政策服务环境不断优化。（略）

二是高水平走好科技新长征。（略）

三是推进全面创新改革联系点建设。(略)

(三)加强创新主体培育,巩固科技创新主阵地。

一是加强创新主体培育。(略)

二是众创空间持续升级。(略)

三是打造研发"飞地"。(略)

(四)延伸科技服务领域,强化科技成果供给。

一是科技合作规模不断扩大。(略)

二是推进科技人才服务。(略)

三是推进农业科技服务。(略)

……

案例 3-17

××在20××年××县科技工作会议上的汇报讲话(节选)

同志们:

今年以来,在县委、县政府的正确领导下,县科技局集中力量抓环境、建平台、强主体、聚人才、促协同,推动科技工作取得新成效、迈上新台阶。具体情况如下。

(一)完善体制机制,科技发展水平得到新优化。

……

(二)集聚创新要素,科技创新发展能力取得新提升。

……

(三)聚焦"四地"建设,核心技术攻关实现新突破。

……

(四)强化区域合作,科技人才引育打开新局面。

……

(五)践行人民至上,科技惠民迈上新台阶。

……

案例 3-18

××在20××年××县科技工作会议上的汇报讲话（节选）

同志们：

今年以来，在县委、县政府的正确领导下，县科技局积极贯彻落实加快建设科技创新攻坚力量体系实施方案，启动推进实施"六大科技行动"，构建科技创新攻坚力量"六大创新体系"，取得新成效。具体情况如下。

一是实施科技创新主平台建设领航行动，构建国家战略科技力量体系。（略）

二是实施国家基础研究十年行动，构建基础研究和应用基础研究创新体系。（略）

三是实施关键核心技术攻坚行动，构建产业创新体系。（略）

四是实施"政产学研用金"深度融合行动，构建成果转移转化应用体系。（略）

五是实施科技创新共同体建设行动，构建开放协同创新体系。（略）

六是实施科技人才创新创业环境优化行动，构建人才支撑体系。（略）

……

解析：以上3个案例，都是在总结××县科技局的工作，反映的内容大同小异，但主线和思路完全不一样。第一篇主要是从"工作着力点"的角度入手，分几个板块总结该县的科技工作；第二篇主要是从"社会贡献"的角度入手，介绍该县的科技工作取得的新成果；第三篇主要是从"贯彻落实上级部署"的角度入手，对该县的科技工作做了一个成体系的总结。通过这3个案例，我们可以看出，我们收集到的材料就像散落的珠子，需要我们找一条线把它们穿起来，只要肯用心、功夫深，我们可以使用很多种不同的"穿珠子"的方法。

3.2.4 结构定形思维模式

结构是领导讲话稿的框架和骨架。

主线/思路分模块、固定化后，就有了领导讲话稿的基本结构。结构是领导讲话稿的组织构造，是安排章节和组织材料的基本模块。结构确定了，领导讲话稿的组织方式就确定了。

领导讲话稿的结构，就像房子的"四梁八柱"，必须平稳、牢靠、有力。确定领导讲话稿的结构时，需要重点考量以下几点。

一是出发点。考虑清楚领导讲话稿是为什么事而写、高度应该设置在怎样的范围内。

二是中心点。考虑清楚领导讲话稿最想突出的内容是什么，在设置结构时，要对相关内容有所侧重。

三是平衡点。考虑清楚领导讲话稿中每个部分、每个层次、每个段落大概占多少篇幅。既不能头重脚轻，又不能头小尾大，要合理安排结构，有侧重点。

四是连接点。考虑清楚领导讲话稿的中心脉络是否连贯，层次是否清晰，逻辑是否缜密，各段落之间的转折、过渡是否自然平稳。

五是支撑点。考虑清楚领导讲话稿需要用怎样的事例、数据等来增强说服力。

领导讲话稿的结构主要包括时间递进式、逻辑展开式、工作序列式等3种，接下来逐一介绍。

1. 时间递进式

时间递进式，即按照事物演变、递进过程的自然顺序来安排领导讲话稿的基本结构，这是一种历史叙述方法，容易被人接受和掌握。

时间递进式结构大多包括如下3个部分的内容。

一是过去部分，主要谈过去的成绩和经验体会。

二是现在部分，主要谈当前的形势和存在的问题。

三是未来部分，主要阐述下一步的工作任务、工作措施和工作保障。

贺信

××大学：

欣闻你校将隆重举行建校70周年校庆庆典，这是你校改革发展中的一件喜事，我谨代表××省人民政府并以我个人的名义向全校师生表示热烈的祝贺，同时致以节日的问候！

××大学建校70年以来，特别是1997年实行并校改革以来，坚韧不拔，追求卓越，从小到大，从弱到强，在学科建设、人才培养、科学研究、服务社会等方面实现了跨越式发展，成为一所以××学科为特色、多学科协调发展的综合性大学，迄今已培养了××名各类高级专门人才，在我省建设经济强省的过程中发挥了重要作用，为国家的××事业和我省的经济社会发展作出了积极贡献。

实现中国梦，人才为本，科教为先。希望你校抓住难得的发展机遇，进一步夯实基础、突出特色、开拓进取，努力把学校建设成为我省乃至全国经济、科技、管理的高级人才培养基地和科研开发基地，为我省经济社会全面协调可持续发展作出新的更大贡献！

20××年××月××日

解析：案例是非常典型的时间递进式贺信。贺信，属于广义上的简单的领导讲话稿。该贺信第一自然段是例行问候和祝贺，第二自然段是过去部分，追溯××大学的发展历程及其作出的主要贡献，第三自然段的第一句话是现在部分，简要指出当前形势和××大学肩负的重要使命，接下来是未来部分，即对××大学提出新的希望和要求。案例贺信的结构完全符合时间递进式要求，脉络清晰，一目了然。

2. 逻辑展开式

逻辑展开式，即按照思考工作和组织管理的逻辑习惯安排领导讲话稿的基本结构。提出问题、分析问题、解决问题是思考工作的基本逻辑，为什么开展、怎样开展、如何保障开展工作顺利推进是组织管理的基本流程。

按照以上思维习惯，逻辑展开式领导讲话稿应该相应地包括3个部分的内容：一是为什么开展这项工作，主要阐述开展目标工作的目的和意义；二是怎样开展这项工作，主要阐述开展目标工作的具体措施和内容；三是如何开展好目标工作，主要阐述开展目标工作的工作方法和保障措施。

案例3-20

××在加快转变政府职能、深化行政审批制度改革会议上的讲话（提纲）

一、认清形势，深化认识，不断提高做好新形势下加快转变政府职能、深化行政审批制度改革的责任感和紧迫感。

二、突出重点，把握关键，全力做好加快转变政府职能、深化行政审批制度改革工作。

三、加强领导，狠抓落实，确保改革工作顺利推进。

3. 工作序列式

工作序列式，即综合时间与逻辑两种方法，按照工作部署的通常做法分板块安排领导讲话稿的基本结构。

工作序列式领导讲话稿一般包括6个部分的内容：一是措施成效；二是经验体会；三是当前形势、问题及原因；四是思路、目标；五是工作措施；六是具体保障。

案例 3-21

××在全省环境保护工作会议上的讲话（节选）

一、"十一五"时期我省环境保护工作成绩显著，为推动全省经济社会平稳较快发展作出了重要贡献

（一）积极参与科学调控，有力地促进了经济发展和转型升级。

……

（二）全力落实目标责任，污染减排取得突出成效。

……

（三）加强环境综合整治，全省环境质量持续改善。

……

（四）强化环境监督执法，一批重点环境问题得到有效解决。

……

（五）积极改革创新，环境管理长效机制不断完善。

……

（六）切实加强环保基础能力建设，维护环境安全水平明显提升。

……

（以上是措施成效）

5年来，我省加强环境保护工作的实践充分证明，中央关于建设资源节约型、环境友好型社会的决策是完全正确的。（略）

在这一过程中,我们积累了一些宝贵经验,值得在今后的工作中坚持和发展。主要有以下4条。

一是必须以加快转变经济发展方式为主线,把环境保护作为经济结构战略性调整的重要抓手。(略)

二是必须坚持以人为本,把维护人民群众环境权益作为保障和改善民生的重要内容。(略)

三是必须坚持以制度创新为驱动,把环境保护作为深化社会管理改革的重要领域。(略)

四是必须坚持以落实责任为保障,把环境保护作为政府和领导政绩考核的刚性约束指标。(略)

(以上是经验体会)

二、突出重点,狠抓落实,努力推动我省环境保护工作再上新台阶

当前,实施绿色发展正日益成为世界各国的发展战略,并构成国际竞争力的重要组成部分。(略)

我国对环境保护工作一直高度重视。(略)

我省认真贯彻中央的决策部署,提出把"加快转型升级、建设幸福广东"作为"十二五"时期全省的核心任务,要求深入实施绿色发展战略,提倡绿色低碳发展。这给我省环保工作提供了大有作为的广阔平台和重大机遇,同时提出了更高的要求并带来了更大的压力。我们要清醒地认识到,我省是经济大省、人口大省,毗邻港澳,随着工业化、城镇化和国际化的深入发展,环境保护工作仍然面临不少挑战和突出问题。(略)

(以上是当前形势、问题及原因)

做好当前和今后一段时期内我省的环保工作,要深入贯彻落实科学发展观,紧紧围绕"加快转型升级、建设幸福广东"这个核心任务,以改善环境质量、确保环境安全为目标,大力实施绿色发展战略,加强污染减排,严格环保准入,强化执法监管,创新机制体制,提升环境保护管理水平,确保完成污染减排任务,为我省加快转变经济发展方式、保持经济社会平稳较快发展奠定更加坚实的环境基础。

(以上是思路、目标)

具体工作中,要切实在以下5个方面下功夫。

一是坚持发挥环保的引导和调控作用,在促进转型升级上更加有为。(略)

二是坚持以人为本和环保为民，在维护人民群众环境权益上更加有为。（略）

三是坚持强化责任和创新手段，在持续推动污染减排上更加有为。（略）

四是坚持注重预防和加强监管并举，在确保环境安全上更加有为。（略）

五是坚持加强标准和制度建设，在完善环保体制机制上更加有为。（略）

（以上是工作措施）

三、加强领导，落实责任，确保环境保护各项工作落到实处

一是要加强责任落实。（略）

二是要加强协调配合。（略）

三是要加强能力建设。（略）

四是要加强宣传教育。（略）

（以上是具体保障）

3.2.5 纲举目张思维模式

渔网要想有用，既要有提网的绳，又要有可以被拉开的网眼。

纲举目张，关注的就是"网眼"，是领导讲话稿写作思维的重要思维模式之一。这一思维模式，要求大家在动笔写领导讲话稿的具体内容前写好提纲。提纲在结构的基础上填充、具化而成，起草提纲，就是确定领导讲话稿的重要节点和各个条目，形成领导讲话稿雏形。写好提纲，等于完成了领导讲话稿起草工作的一半。

领导讲话稿提纲的完备模型，包括10个部分的内容。

一是工作举措，包括工作的推进过程和部署措施。

二是取得的成效，特别是重点成效和突出亮点。

三是经验体会，包括从实践中提炼和概括出的工作规律、原则方法等，要对今后的工作有借鉴意义和指导作用。

四是存在的问题，包括表面的问题和深层次的问题、自身存在的问题和外部影响的问题等。

五是原因分析，即对问题存在的原因展开分析，包括外部原因和内部原因、主观原因和客观原因、现实原因和历史原因等。

六是面临的形势，包括当前面临的国内外形势，以及形势所带来的机遇和挑战等。

七是总体思路，包括指导思想、工作原则、解决路径、主要设想等。

八是主要目标，包括长远目标和近期目标、总体目标和阶段目标、发展定位和主要指标等。

九是对策措施，包括解决办法、措施、建议、对策等，一般情况下，这部分内容是领导讲话稿的主体内容。

十是工作保障，包括思想保障、组织保障、队伍保障、机制保障、政策保障、财力保障、技术保障、舆论保障等。

领导讲话稿提纲的完备模型包括10个部分的内容，但事实上，几乎没有一篇领导讲话稿能将以上10个部分的内容囊括。

总的来看，越是大型的、用于综合性工作会议的领导讲话稿囊括的内容越多，一般工作会议的领导讲话稿只需要根据实际情况重点选择几个部分来介绍，或者只需要针对某个具体问题进行深入阐述。

总而言之，大家要具体问题具体分析，辩证地分析、确定提纲的具体框架和内容，因人、因事、因时、因场合而定，不必面面俱到，但要详略得当。

××在廉洁从业和反腐败工作会议上的讲话（提纲）

一、党风廉政建设和反腐败工作是重大的政治任务

（一）反腐败斗争形势依然严峻复杂。

（二）守纪律、讲规矩是党对党员最基本的要求。

（三）加强党风建设和廉洁从业建设，进一步提升治理水平。

二、以全面从严治党推进依法治军，形成反腐倡廉新合力

（一）坚持全面从严治党。

1. 全面从严治党务必加强党委主体责任。

2. 全面从严治党务必加强纪委监督责任。

3. 全面从严治党务必从严治理领导班子。

4. 全面从严治党务必从党的民主生活会抓起。

（二）推进依法治军。

首先，经营管理要合法。

其次，改革发展要靠法。

最后，员工要知法守法。

（三）坚决纠正"四风"。

1. 突出问题导向，纠正"四风"常抓不懈。

2. 发扬创新精神，全面完善作风建设四项机制。

一是落实精细化管理机制。

二是建立常态化监督问责机制。

三是建立作风评价机制。

四是落实作风问题预警机制。

（四）查处腐败问题零容忍。

1. 严肃查处腐败案件。

2. 依法依规查办案件。

三、建设反腐倡廉长效机制

（一）建立健全科学有效的规章制度。

（二）切实提高规章制度的执行力。

1. 以上率下，开展依法合规教育。

2. 以查促改，全面形成长效机制。

案例 3-23

××在××企业成立十周年纪念活动上的讲话（提纲）

一、十年历程，五大经验

（一）坚持党的领导。

（二）坚持服务实体经济的宗旨。

（三）明确"政府引导、市场化运作"的改革方向。

（四）建成一套新的管理体制。

（五）坚守风险底线。

二、新阶段，新挑战

（一）新阶段。

（二）新挑战。

1. 日趋激烈的市场竞争的挑战。

2. 日益复杂的内外部风险的挑战。

3. 建设现代企业体系的挑战。

4. 建设优秀品牌的挑战。

三、再出发，谱新篇

（一）思想理念再出发，坚定走服务实体经济的道路。

（二）体制机制再塑造，激发全新发展活力。

（三）风险管理再深化，夯实科学发展基础。

（四）品牌再建设，打造市场竞争新优势。

××在政法工作会议上的讲话（提纲）

一、正确认识和把握国内外形势新变化，切实增强做好政法工作的责任感

（介绍国际形势、国内形势，以及违法犯罪形态发生的新变化，提出要适应新一轮科技革命趋势，做好下一年政法工作。）

（一）阐述中央针对政法工作推出的重要方针政策。

（二）总结政法工作的新成效。

一是政法工作理念方面。

二是维护国家政治安全方面。

三是反恐斗争方面。

四是社会治安综合治理方面。

五是社会矛盾化解方面。

六是服务经济社会发展方面。

七是司法公信力方面。

二、全力做好各类矛盾、风险的防范、化解、管控工作，切实维护社会大局的稳定

（一）信访问题。

（二）环保问题和"邻避"问题。

（三）突发事件问题。

（四）公共安全问题。

（五）新型犯罪问题。

（六）跨区域流窜作案问题。

（七）网络犯罪问题。

（八）黑恶势力问题。

（九）保护产权问题。

（十）经济犯罪问题。

（十一）执法办案水平问题。

……

三、全面深化司法体制改革，进一步提高司法公信力

（阐述司法体制改革的重要性和意义。）

一是不折不扣落实好中央政策。

二是进一步完善、细化配套措施。

三是善于运用改革办法破解难题。

四是积极推进内设机构改革。

（包括诉讼制度改革、公安改革、司法行政改革、律师制度改革、监察体制改革、推动修改相关法律等。）

四、紧紧抓住新一轮科技革命的历史性机遇，提升政法工作的现代化水平

（一）主动拥抱现代科技。

（二）加强统筹规划，提高科技信息化建设整体水平。

（三）深度融合现代科技运用与体制机制改革。

……

五、坚定不移推进过硬队伍建设，进一步营造风清气正、干事创业的良好生态

（一）严肃党内政治生活，确保忠诚可靠。

（二）严明政治纪律和政治规矩。

（三）加大监督力度，确保清正廉洁。

（四）推进专业化建设，提高驾驭复杂局面的能力。

（包括坚持党的领导，抓班子、带队伍，要真抓实干等。）

解析： 如以上案例所示，写提纲时，不需要把所有小标题都写出来，且不需要写得很工整、完善。越是大型会议、活动的领导讲话稿，提纲越会被多次修改。写提纲，最好像建房子一样，先把所有能想到的问题和板块都列出来，再搭建"四梁八柱"，安排大的结构，随后，逐步安排每个分论点，最后，全面检查，有针对性地完成删减。简单提纲是高度概括的，只提示要点，不涉及具体展开。至于是写简单提纲还是写详细提纲，根据领导讲话稿的难度、长度确定。

写提纲的时候，要特别关注以下3个原则。

一是要紧扣主题，有全局观念，认真思考各部分提纲在完整的领导讲话稿中的地位、作用、篇幅。

二是要从中心论点出发决定材料的取舍，考虑论点与论据的联系。

三是要考虑各部分内容之间的逻辑关系，比如，成效一般要写在问题的前面，举措一般要写在问题的后面。

3.2.6 段落成章思维模式

段落是领导讲话稿的组成部分。

一篇领导讲话稿，有一个大的思想观点；一个个段落，有一个个小的思想观点。一个个段落小的思想观点综合起来，就是整篇领导讲话稿大的思想观点。

换个角度说，每个段落都有一个思想观点，都自成一个小系统，即一篇小型领导讲话稿。把每个段落当成一篇小型领导讲话稿来写作，就是段落成章思维模式的具体应用。

想要写好每个段落，关键是观点和材料相统一，具体要求是言之有据、言之有物、言之有序、言之有理、言之有文。

"言之有据"，指立论要有根据，件件有出处、事事有来历，拒绝主观臆测，反对道听途说。

"言之有物"，指言论必须有所指向，切合实际情况，针对实际问题，不讲空话、套话，务去陈腔滥调。

"言之有序"，指句与句之间逻辑清晰，层层递进、前后贯穿，没有次序颠倒、突兀穿插。

"言之有理"，指观点要立得住、经得起批驳，推理准确、理由充足、道理让人信服。

"言之有文"，指言语要有一定的文采，能够吸引人、打动人，否则会如《论语》所说："言之无文，行而不远。"

特别值得一提的是，段落成章，标题很重要，包括讲话稿的大标题和各段落的小标题。讲话稿的标题是讲话稿的眉眼，标题提炼得好，讲话稿会眉清目秀、主旨鲜明；标题提炼得不好，讲话稿会面目模糊、不知所云。对段落来说，也是同样的道理。

提炼标题，有3个层次的要求，如下。

一是准确到位。

二是工整通达。

三是富有文采。

以某篇领导讲话稿总结成绩的段落的标题为例，3个层次的标题的提炼结果见表3-2。

表3-2　3个层次的标题的提炼结果

第一层次：准确到位	第二层次：工整通达	第三层次：富有文采
（以下标题属于第一层次，基本做到切合实情、准确到位）	（以下标题已进入第二层次，能做到工整通达、通顺和美）	（以下标题基本符合第三层次要求，文采斐然、流利漂亮）
一是科学谋发展，产业建设富有成效	一是科学谋划，产业建设成效明显	一是突出科学谋划，推动产业建设新突破
二是走出去引进来并举，招商引资成果丰硕	二是内引外联，招商引资成效明显	二是突出内引外联，开拓招商引资新局面
三是加大资金投入力度，重点建设顺利推进	三是加大力度，重点建设成效明显	三是突出加大力度，迈出重点建设新步伐
四是坚持以人为本，改善民生措施有力	四是以人为本，改善民生成效明显	四是突出以人为本，实现改善民生新进步

内容决定形式，标题的提炼应该关注形式的规整，更应该关注对内容的总结和深化，写作者要开展深入调研、进行深度思考、作出理论概括，才能提炼出发人深省、警醒人心的经典标题，部分实例对比见表3-3、表3-4。

表3-3　标题提炼前后对比（一）

标题提炼前	标题提炼后
一、大力提高经济发展的质量效益	一、加快经济增长从速度规模型向质量效益型转变，促进集约发展
二、加快调整、优化产业结构，建设现代产业体系	二、加快产业结构从价值链低端发展向高端发展转变，促进高端发展

续表

标题提炼前	标题提炼后
三、积极扩大内外需	三、加快经济发展由主要外需拉动向内外需协调拉动转变，促进内生发展
四、着力提高自主创新能力	四、加快经济发展动力由要素驱动向创新驱动转变，促进创新发展
五、促进城乡协调发展	五、加快经济发展格局由二元结构向城乡一体化转变，促进协调发展
六、注重绿色生态发展	六、加快经济发展模式由工业文明向生态文明转变，促进绿色发展

表3-4　标题提炼前后对比（二）

标题提炼前	标题提炼后
一、立足实际，提高农产品加工能力	一、以农业供给侧结构调整为主线，让农业发展"有温度"
二、因地制宜，发展特色农业	二、持续加大扶持和发展特色农业，让群众幸福"可持续"
三、科学布局，落实乡村振兴战略	三、夯实农业产业基础，整合优势资源，让乡村振兴"有成色"

标题相当于内容的"帽子"，不要张冠李戴，不要"帽子大，脑袋小"或"脑袋大，帽子小"，更不要乱戴高帽，标题与内容一定要吻合。比如，写领导参加劳动节大会的讲话稿，内容以劳动贡献、劳动保障等工作为主，提炼标题时就不要考虑党的建设、精神文明建设等关键词。

写领导讲话稿，标题要精巧。精，即精练；巧，即讨巧。比如，"助力乡村振兴，做好农村工作"这种标题就比较平庸，如果改成"以结构调整为主线，以农民增收为目标，提高农业供给体系质量和效率"，立刻有措施、有重点、有目标，立意也提高很多。

若标题过长，可以适当精简。比如，"着重补齐防疫、养老、教育、医疗等乡村公共服务业的短板，全面推进健康乡村建设、完善乡村养老服务体系、提高乡村教育质量，从整体上改变乡村容貌"这一标题，没有错误，但更像是一套口号，主题很散，将其改成"优化乡村产业结构，让公共服务触手可及"会更精简、易读。

下面介绍5个取标题技巧，供大家参考。

一是讲气势。比如，"打好提质增效的攻坚战"，气势就比"争取扭亏为盈"强。

二是讲韵律。比如，"抓源头，控流程，以质量求生存""搞创新，保本色，向质量要效益"这两个标题，明显比"科学管控，确保稳定""创新争优，提质增效"更富有节奏感、力量感，领导读起来会更顺口。

三是讲美感。如果标题能做到对称、整齐、长短句科学配置、读起来朗朗上口，即可算是质量较高。比如，"行富民强市之举，务项目推进之实""谋改革创新之策，走全面开放之路""怀亲民爱民之心，尽为民惠民之责""兴求真务实之风，求狠抓落实之效""汇四面八方之智，聚团结和谐之力"等标题都很有美感、韵律感。

四是讲逻辑。标题之间要有内在逻辑联系，要有并列关系、递进关系、因果关系等关系，要合乎逻辑。比如，"抓好舆论宣传，造大声势""抓好典型宣传，求大推动""抓好群众宣传，促大参与"这3个标题，分别从造势、推动、参与3个维度提出要求，3个维度是自上而下、层层递进的关系。

五是讲新意。标题要新颖别致，忌平淡、千篇一律。如果标题都是陈词滥调，很难出彩。有的单位每年都由"一把手"在大会上作年度工作报告，若每年的领导讲话稿大标题、小标题都取得大同小异，重复的次数多了，就很容易引人厌烦。

把标题取出新意，可以在角度上创新，也可以在技法上创新，最好有点"不得佳句誓不休"的劲头。比如，"压担子促落实""出点子强根基""开方子促发展"，明显比"狠抓落实""夯实根基""促进发展"好。

案例 3-25

××在××省住房和城乡建设暨党风廉政建设工作电视电话会议上的讲话（提纲）

同志们：

今天，我们召开全省住房和城乡建设暨党风廉政建设工作电视电话会议……下面，由我作住房和城乡建设工作报告。

一、上一年工作回顾

（一）一年来，我们着力构建新型城镇体系，新型城镇化质量不断提高。

一是城镇发展持续优化。

二是城镇品质稳步提升。

三是城管改革加快推进。

（二）一年来，我们坚持以人民为中心，住房市场和保障体系逐步优化、健全。

一是房地产市场平稳健康发展。

二是住房保障水平不断提高。

（三）一年来，我们坚持生态优先、绿色发展，不断提升城乡人居环境幸福指数。

一是多措并举推进基础设施建设。

二是点面联治改善城乡人居环境。

（四）一年来，我们坚持高质量发展，建筑业转型升级步伐加快。

一是"××建造"品牌升级。

二是装配式建筑发展走在前列。

（五）一年来，我们深化"放管服"改革，营商环境持续优化。

一是工程建设项目审批制度改革取得阶段性成效。

二是"最多跑一次"改革成效明显。

三是施工图审查制度改革效能不断提升。

四是招投标政策体系不断完善。

（六）一年来，我们强化质量安全监管，安全生产水平稳步提升。

一是质量安全监管有新作为。

二是消防安全监管有新局面。

三是运营安全监管有新力度。

（七）一年来，我们坚持党建引领，以工作成效提升群众满意度。

一是扎实开展主题教育。

二是推动组织"共同缔造"活动。

上一年，我们用智慧和汗水创造了无愧于时代的成绩，但置身新时代发展坐标之中，我们必须清醒地看到，全省住房和城乡建设事业发展仍面临很多问题和不足。

问题一，对照群众期盼，城乡环境基础设施建设和公共服务配套仍显不足。

一是商品住房供应结构不合理，租赁市场发展不充分。

二是城市管理仍较粗放，市容环境整治、扬尘污染防治、老旧小区改造、生活垃圾分类等任务依然艰巨。

问题二，审视行业发展，产业转型升级步伐还需要加快。

一是转包、违法分包等市场顽疾尚未彻底清除，建筑业安全生产形势依然严峻。

二是受政府债务清理、××项目政策紧缩等因素影响，筹资、配套难，结算、融资难等问题仍然长期存在。

问题三，检视自身建设，面临机构改革后职能转变和再定位问题。

一是将自身发展"小逻辑"放到新常态"大逻辑"中把握，赢得发展新机的能力亟待提升。

二是系统职能职责"不清不顺"，市县上下不对口，职责边界不清晰。

三是行业管理漏洞和风险依然存在。

四是党风廉政建设仍有待加强。

对此，我们将采取有力举措，认真研究，加以解决。

二、当前形势以及新一年工作要求

……

今年全省住房和城乡建设工作的总体要求是……

全省住房和城乡建设工作的主要预期目标是……

为达到总体要求、实现主要预期目标，我们需要坚持问题导向和目标导向相统一，整体推进与重点突破相结合，即期增长与长远发展相促进，切实做到明定位、清目标、转方式。

（一）明定位。

（二）清目标。

（三）转方式。

1.思想认知上，要从"信与不信、真不真信"向"勤学善思、知行合一"转变。

一要提高政治站位。

二要善于改革创新。

三要打造住建精神。

2.建管理念上，要从"大拆大建、粗放管理"向"精明增长、精细化管理"转变。

一要注重"量"的质变。

二要注重"管"的提升。

3.组织方式上，要从"习惯于单兵团作战"向"善于借势借力、借船出海"转变。

一是汇聚"众力"。

二是借助"巧力"。

三是形成"合力"。

4.工作方法上,要从"就事论事、见子打子"向"注重系统性、整体性、协同性"转变。

一是"规范化"强管理。

二是"清单式"抓落实。

三是"针对式"兴调研。

三、新一年工作重点

(一)聚焦新型城镇化,着力提升城乡发展品质。

一是优化发展体系。

二是拓展发展空间。

三是提升治理能力。

(二)聚焦住房发展,着力提升安居乐居品质。

一是持续稳控房地产市场。

二是着力完善住房保障体系。

三是提升住房公积金监管水平。

(三)聚焦建筑管理,着力提升内涵发展品质。

一是加快推进建筑业"四化"发展。

二是加强建筑市场主体行为监管。

三是大力推进绿色建筑发展。

四是扎实推进工程建设项目审批制度改革。

(四)聚焦城乡建设,着力提升人居环境品质。

一是推动污水处理及黑臭水体整治。

二是推动垃圾治理和生活垃圾分类。

三是推动城镇供气和"气化"工程实施。

(五)聚焦城市管理,着力提升精细化管理品质。

一是深化城管体制改革。

二是推进城市综合管理服务平台建设。

三是加强城市管理执法队伍建设。

(六)聚焦保障支撑,着力提升能力建设品质。

一是切实发挥党建引领作用。

二是持续加强党风廉政建设。

三是夯实业务基础，提升队伍素养。

（七）聚焦安全生产，着力提升管理效能品质。

一是加强建筑设计施工安全监管。

二是加强市政公用行业设施运行安全监管。

三是加强社会安全联动响应。

案例 3-26

××在森林公安工作会议上的讲话（提纲）

一、森林公安为林业事业发展作出了重要贡献

（一）主动服务林业中心工作，为林权制度改革顺利开展创造了良好环境。

（二）切实履行保护森林资源职责，为加快林业发展提供了重要保障。

（三）全力做好安全稳定工作，为促进林区社会和谐发挥了重要作用。

（四）积极投身森林防火事业，为减少森林火灾损失作出了重要贡献。

（五）认真参与履约执法工作，为提高我国国际地位发挥了重要作用。

二、森林公安工作面临的形势与任务

（一）维护生态安全，要求森林公安机关必须发挥更大的作用。

（二）推进林业改革，要求森林公安机关必须有更大的作为。

（三）构建和谐林区，要求森林公安机关必须采取更实的举措。

（四）加强森林防火，要求森林公安机关必须提供更好的服务。

三、全面加强新时期森林公安工作

（一）全力推进队伍正规化建设。

（二）着力推进执法规范化建设。

（三）加速推进警务信息化建设。

（四）不断推进警务保障标准化建设。

（五）努力构建和谐警民关系。

（六）进一步加强和改进对森林公安工作的领导。

案例 3-27

××在春耕生产工作推进会上的讲话（提纲）

一、认清形势，提高认识，切实增强抓好春耕生产的紧迫感和责任感

从有利因素看……

一是各项惠农政策不断推出。

二是农业投入能力明显增强。

三是农业基础设施日益完善。

从不利因素看……

一是部分农资价格上涨。

二是春季整地压力大。

三是地温提升慢。

二、突出重点，把握关键，高标准高质量完成春耕生产各项任务

（一）围绕农业产业化抓春耕。

一是要增强基地保障能力。

二是要完善示范区引领功能。

三是要抓好棚室经济扩量增效工作。

四是要加快推进畜牧规模养殖。

五是要确保水稻大棚育秧生产时效。

（二）围绕生产标准化抓春耕。

一是要提高播种标准。

二是要保证整地质量。

三是要抓好技术培训。

（三）围绕农业设施提档抓春耕。

一是要加强农田水利设施建设。

二是要加强农业机械建设。

三是要加快落实抗春涝工作。

（四）围绕提高农业生产组织化程度抓春耕。

……

（五）围绕争取和落实上级政策抓春耕。

……

三、加强领导，强化服务，全力保障春耕生产顺利推进

一是进一步加强对农业和农村工作的领导。

二是进一步强化对农资市场的监管。

三是进一步搞好以金融为重点的涉农服务。

四是进一步维护农村安全稳定。

解析：以上3个案例中的标题形式是领导讲话稿中比较常见的标题形式，基本遵循讲历史、讲现状、讲症结、讲对策、讲保障、讲趋势的习惯，各小标题提炼得准确、直白、易懂、深刻、凝练。提炼标题是写领导讲话稿的一道重要工序，一般情况下，写作者需要在定结构和列提纲时就拟写初步的标题，在写完初稿后进一步提炼、修改、润色。

3.2.7　修饰审美思维模式

修改完善是起草领导讲话稿的必经程序。

修饰审美思维模式要求写作者以审美的意识、批判的眼光和严谨的态度审阅和修改领导讲话稿。

审美的意识，要求写作者追求卓越、力求完美；批判的眼光，要求写作者乐于反思、精益求精；严谨的态度，要求写作者高度负责、严格把关。这是由领导讲话稿写作的性质和领导的职务身份决定的。

领导讲话是实施公务管理的重要形式，涉及面广、分量重、影响大，故要求写作者反复修改、慎重对待领导讲话稿。

文章不厌百回改，好的领导讲话稿是改出来的。起草领导讲话稿的人，要把领导讲话稿的质量视为起草工作的生命线，把自己视为最后一个关口，认真修改、严格把关。

所谓"严格把关"，说的是要严格把好7道关。

一是政治关。要有政治敏感，对政治观念、立场、态度，以及人名、称谓、职务、排位等进行严格把关，对不当之处进行修正。比如，"党和国家"不能简称为"党国"，"党国"有着特殊的历史含义，跟"党和国家"是两回事，风马牛不相及，错用会遭人取笑。

二是政策关。领导讲话稿的内容要与相关法律法规、政策方针和最新提法一致，不能有冲突。比如，国家经济工作的指导方针确定为"稳增长"，领导讲话稿就不能写成"保增长"。

三是框架关。严格把握领导讲话稿的整体框架，注意主题是否突出、主线是否明确、布局是否合理、结构是否完整，特别注意有没有遗漏重要内容。

四是逻辑关。关注领导讲话稿的条理是否清晰、层次是否分明、衔接是否紧密、过渡是否自然、排列次序是否合理，尤其要关注观点和材料是否统一。

五是文风关。关注领导讲话稿的文风是否庄重、简洁、朴实、严谨，以及是否和领导的个性风格一致。

六是文字关。关注领导讲话稿的语言是否精练、用词是否恰当、语句是否通顺，以及还能否增加文采等。

七是格式关。要特别对领导讲话稿的标题、序号、日期、数字、文字等进行严格核实。

一般来说，领导讲话稿的修改方法有以下5种。

一是征求意见法。认真听取有关业务部门、基层部门和专家学者的意见。特别是面对重要级别高的领导讲话稿时，必须按照程序征求相关单位的意见，确保决策实现科学化、民主化、法治化。

二是集中修改法。召集所有相关的文秘人员，一句一句地认真讨论、修改领导讲话稿，群策群力、集思广益。

三是轮流修改法。多位写作者互相传阅、轮流修改，达到扬长避短、查漏补缺的目的。

四是读校法。一人读一人校，相互参证，或者一个人一边读一边校，口眼并用。

五是冷处理法。如果时间允许，先搁置一段时间再修改。"冷处置"往往比"热处理"效果好。

具体怎么修改呢？以下7点供大家参考。

1. 改错误为正确

若领导讲话稿中有明显的错误，是一件很严重的事情，不仅影响领导本人的形象，还会让人怀疑领导所在单位的工作水平和效能。

比如，曾经有领导在讲话中用国外的事例作类比，类比过程中赫然出现了香港的事例，这是典型的政治错误，因为香港并不属于"国外"。

又如，"在省人大的领导下，市人大及其常委会坚持……"这句话犯了常识性错误。根据宪法和法律的规定，全国人大及其常委会与地方人大及其常委会不是上下级关系，即不是领导与被领导关系，这是一个重要的政治原则。同样，人民检察院与人民法院之间也不存在领导与被领导关系，只是相互制约、相互监督的关系，大家在撰写公文的时候一定不可以写"在检察院的领导下，法院力促……"。

再如，有的人喜欢写长句，但写长句很容易出错。举个例子，"××公司隶属××省资产规模最大的中国企业500强中位于第××位的××集团"，写作者以为自己讲清楚了该公司的隶属关系，但领导看了很可能会觉得别扭，听众听了更是如在云里雾里，将这句话修改为"该公司隶属××集团，××集团是××省资产规模最大的企业，是中国企业500强之一，位次为××"，能减少歧义和误解。

写领导讲话稿时要善于"抠字眼"。比如，"摄氏度"3个字不能拆开用，表示温度时，说"15摄氏度""零下15摄氏度"，不能说"摄氏15度""零下摄氏15度"。又如，"作贡献"和"做贡献"都是正确的，但在同一篇公文中，不要一会儿使用"做贡献"，一会儿使用"作贡献"，应该统一。

一些语法错误、标点符号错误等，一经发现，必须立刻纠正。

2. 改啰唆为凝练

刘勰在《文心雕龙·议对》中云："文以辨洁为能，不以繁缛为巧；事以明核为美，不以环隐为奇。"意思是行文措辞要简洁，说理叙事要明晰。

一篇好的领导讲话稿，最好用事例、数据等材料说话，但这些材料并非越多越好，太多很容易显得讲话稿冗长，并弱化论点。如果能做到行文准确朴实、精练明快、要言不烦、意尽言至，能用最少的文字表达最丰富的内容，避免有意无意地添枝加叶、短话长说，领导讲话稿的质量会有大幅提升。

比如，"宜未雨而绸缪，毋临渴而掘井""居安思危，思则有备，有备无患""磨刀不误砍柴工""不打无准备之仗，方能立于不败之地"等俗语，表达的都是"要有充分的准备"的意思，若写领导讲话稿时把这些俗语堆砌在一起，或反复用，就会显得非常啰唆。

又如，"目前，我市已与美国、瑞士、法国等国家及港、澳、台等地区的客商洽谈了合作项目90余个，共引进资金6500余万元，兴办了9家合资企业，其中4家到年底的产值可达8500余万元"，这句话用作领导讲话稿导语的话，太啰唆；用作领导讲话稿主体内容的话，不够详细。如果用在导语部分，可以修改为："目前，我市已引进资金6500余万元、兴办了9家合资企业，其中4家到年底的产值可达8500余万元。"至于具体是如何跟客商合作的，可以在内文部分详细阐述。

再如，"涉及"本身就有"到"的含义，用"涉及到"为语意重复；"凯旋"本身就有"回来"之意，用"凯旋归来"为语意重复；"启动"本身就有"开始"之意，"开始启动"为语意重复；有的人生活中习惯说"所有一切""目的是为了""过去的往事""目前的现状"等话，写领导讲话稿时也这样写就是错误的，均为语意重复，需要修改。

3. 改空洞为具体

一篇好的领导讲话稿是由内容撑起来的，组织内容时，切忌通篇空话、套话、大话。

领导讲话稿中，必要的议论不可少，但不能只有议论，必须辅以相关的事例、数据，用作佐证，不能空泛地谈某个问题，尽量说实话、说有用的话。

有的领导在会议上讲话时，很喜欢讲口号式的内容，动不动就是"要守住初心、明确信心、坚定决心"，并大篇幅地讲"守住初心""明确信心""坚定决心"的道理，但具体应该怎么守初心、明信心、定决心，一句"干货"都不讲。这样的讲话，一定会让听众如坠云里雾里，不停犯困。会议结束后，大家怎么去贯彻执行会议精神呢？

举个例子，如果一位领导在台上发表了这样的讲话："我们说，眼下工作很多，当务之急是找到关键问题。那么，关键问题是什么呢？是我们要找到的问题的关键。那么，如果我们在关键的问题、关键的领域、关键的环节上找不到问题的关键，我们把握不住问题的关键，我们就解决不了关键的问题……"大家猜，结局会怎样？

大概所有听众都会进入网络上戏言的"听君一席话，如听一席话"状态，什么信息都未获取。

再举一个例子，某领导述评一位"劳动模范"时这样说："该同志遵守劳动纪律，团结同志，热爱集体，服从分配，对工作认真负责，在工作中努力求真、求实、求新，能以积极热情的心态去完成主管安排的各项工作，且业余时间会积极参加单位的各项活动。"这些话，大家听完之后会觉得这位"劳动模范"有什么特别之处吗？不会，因为换个名字，这些话也可以"安"在别人身上。

如果真的想把一位"劳动模范"介绍得比较具体，必须加入大量能说明这位"劳动模范"优于常人的事例。比如，讲"铁人王进喜"，可以讲3个案例：其一，他用"人拉肩扛"的方法搬运和安装钻机，硬是将井架立在了荒原之上；其二，在打第二口井的时候，突然发生了井喷，因为没有重晶石粉，王进喜需要用水泥来代替重晶石粉，现场没有搅拌机，王进喜竟跳入水泥浆池，用自己受伤的身体充当搅拌机，最终制服了井喷；其三，这么一位时代楷模，得癌症去世时，所有家当竟然只有300元。3个事例一讲出来，王进喜的形象就"立"住了。

大家写领导讲话稿的时候，应多用有血有肉、生动具体的事例、数据来说明情况和问题，而非一味地喊口号、贴标签。

4. 改浮华为朴实

文字是表达工具之一，文章的文采性、思想性在其流畅性面前要靠边站。写出来的东西，得让别人读得懂、读着不卡顿，过分炫技，有时反而会影响文章的流畅性。不信大家看南北朝时期盛行的骈俪文，贵绮丽、尚辞采、重骈俪，结构精巧、辞藻华丽，却没有几篇能流传后世。乍一看那些文章，大家也许会觉得"哇，好厉害"，一细读，很多人会疑惑："这都写了些什么？作者到底想表达什么？读不懂，也记不住。"

南北朝时期，文风华丽的骈俪文统治了文坛，这种文章多数在内容上虚假、空洞、颓靡，在形式上讲究对偶，大量使典用事，滥用华辞丽藻，实际上多为"绣花枕头"。反观唐诗，文风朴实，内涵深刻，堪称"中国诗歌的巅峰"。比如白居易写的"离离原上草，一岁一枯荣。野火烧不尽，春风吹又生"这两句诗，只有短短20个字，就是黄口小儿也能看懂，但意味深长，流传千年。

写领导讲话稿，总有人走入误区，认为使用浮华的藻饰可以提高文采，甚至会因为过于追求"文采"，让领导讲话稿失去灵魂。若想让领导讲话稿打动人心，不一定要辞藻华丽，用朴实的语言把事情陈述清楚，也会有打动人心的效果。

比如，"在疫情来临的时刻，某重点保障科研项目正处于技术设计重要阶段，项目成员克服时间紧、任务重、疫情封控等多重困难，合理分工，以坚守岗位成员工作为主、封控在家成员工作为辅，各司其职，团结合作，召开多轮技术方案讨论视频会议，群策群力，针对复杂多变的半结构化工作环境，进一步分析了关键技术的可行性，完善了各部分功能的实现方案。坚守岗位的员工们很挂念家中的父母妻儿，但牢记自己的使命，履职尽责，坚持宾馆与办公室两点一线，在工作岗位上发光发热"，这一段话，表达的意思无非是"疫情防控期间，某重点保障科研项目组召开多轮技术方案讨论视频会议，破除万难，完善了各部分功能的实现方案"。两相对比，前者渲染太过，很容易给人以华而不实、哗众取宠，甚至"尴尬"的感觉，因为疫情防控期间，其他单位及本单位的其他人员也是这么工作的，他们并无特别之处。将这段话修改得简单一点、朴实一点，反而更能突出写作意图。

在电视剧《觉醒年代》中，陈独秀发表了一段慷慨激昂的演讲，内容非常朴实，思想却很深刻。陈独秀倡导"说大家都能听懂的话，写大家都能看明白的文字"，大家可以看一看、学一学。

案例 3-28

《觉醒年代》中陈独秀的演讲（节选，有删修、精简）

当代青年，我以为有6个标准：一、自主的而非奴隶的；二、进步的而非保守的；三、进取的而非退隐的；四、世界的而非锁国的；五、实利的而非虚文的；六、科学的而非想象的。6个标准，总的来说就是科学和民主，要造就一代新青年，唯有科学和民主并重。科学和民主就是检验政治、法律、伦理、学术，以及社会风俗、人民日常生活一言一行的准绳，凡是违反科学和民主的，哪怕是祖宗之遗留，圣贤之垂教，社会之崇尚，皆不值得提倡。

科学和民主是朝阳，而如今，国家是一个被捂得严严实实的发着霉、烂着疮、留着脓的"老房子"。怎么样才能让科学和民主的阳光照亮老房子呢？过去我们用最简单的方法，推倒老房子。可是你推倒了这老房子，那霉、那疮、那脓还依然藏在里面，长出来的依然是腐朽的脏东西。所以，中国要强大，我们不仅要推倒老房子，更重要的是我们要挖掉其腐朽的根源，来一场深刻的思想革命，用科学和民主的理念来武装我们的青年。怎么武装？大家都在探索，我的意见是从入心入脑的日常生活做起，从说话写字做起，提倡白话文，说大家都能听懂的话，写大家都能看明白的文字。我们要用新文学的力量，来启蒙大众的思想。

5. 改晦涩为通俗

写文章，必须考虑受众的理解能力，做到通俗易懂。

本书中用作案例的领导讲话稿，大多是领导在省市级会议或活动上使用的讲话稿，受众的专业素养、文化素养相对较高，讲话稿中可以有一些行话、专业术语。如果领导是要下基层，面对的是综合素养一般的基层群众，写作者写领导讲话稿的时候就要学会"翻译"，把难懂的专业词汇、行话翻译成浅显易懂的词句。这就要求写作者写领导讲话稿的时候要有换位思考的意识，每写一句话都要想一想："我这样写，听众能明白吗？"

如果领导是去基层给农民讲话，写作者在领导讲话稿中大谈特谈"农业供给侧结构性改革""互联网+"，农民听时可能会在心里嘀咕："这说的是什么呀？"写领导讲话稿，一定要了解讲话场合、对象，尽量写外行人都能"一听就懂"的话，最好形象生动、入脑入心。

比如，某科学家下乡给农民宣讲的时候，讲到甘蓝的黑斑病（又称黑霉病），说这个病的特征是叶片上有圆形病斑，病斑上有一圈一圈的同心轮纹，就像肚脐眼一样，识别这个病，就记关键词"肚脐眼"，农民一听就明白了、记住了。

在领导讲话稿中适当加强语言的生动性，也能起到提升讲话稿质量的效果。比如，一般情况下，持半年以上但没有任何业务记录的银行卡可能会被银行暂时"锁定"，这种被锁定的银行卡，如果需要继续使用，应该去银行网点办理激活、解锁等业务，在领导讲话稿中给这种状态的银行卡取名为"沉睡卡"，表意效果会大幅优化。

6. 改口语为书面语

领导讲话稿不像正式公文，要使用纯粹的书面语，也不能太过于口语化，读起来像日常聊天，领导讲话稿的本质是"口语化的书面语"。

比如，"对上级机关部署的工作任务，无论遇到多大困难，面对多么艰苦的环境，有多么严峻的挑战，我们都要乐于接受，千方百计、不折不扣地完成"这句话，可以修改为"坚决完成上级机关部署的工作任务，不打折扣、不搞'变通'"。

7. 改平淡为深刻

一篇领导讲话稿写完之后，如果写作者能在关键处改上一笔，将领导讲话稿的表达从平淡改为深刻、新颖，那就是完成了"画龙点睛"。

曾经，我被要求写一篇主题为"练好内功，服务基层"的领导讲话稿，我觉得这个主题太平了，缺乏新意，写了几稿都不满意。后来，领导指点我，让我考虑一下"内圣外王"这个词。在领导的启发下，我茅塞顿开。

我们经常讲"内圣外王"，意思是"内具圣人的才德，对外施行王道"，这是古代修身、为政的最高理想。那么，中国共产党的"内圣外王"之道是什么？内圣，就是"艰苦朴素"；"外王"，就是"为人民服务"。有"内圣"（艰苦朴素），别人才服气，才具备"外王"的基础；做到了"外王"（为人民服务），才能基业永固。做人、做企业，其实同理，一旦丢了艰苦朴素的"内核"，或对外失去了利他之心，就很容易"翻船"。

练好内功，是"内圣"的范畴；"服务基层"，是"外王"的范畴，二者相辅相成。一想到可以从这个层面入手理解"练好内功，服务基层"，我的灵感就来了，这篇领导讲话稿自然写得特别顺畅，立意也提高了不少。

3.2.8 个性突出思维模式

个性是领导讲话稿的本质特征和气质。

写领导讲话稿，只不过是"代人立言"，领导讲话稿最终得由领导自己讲出来。写作者必须尊重领导、理解领导，写领导讲话稿时要追靠领导的思维方式，体现领导的个性要求，突出领导的鲜明风格。最终的领导讲话稿，要明显带有领导的个性，最好能够让人一眼看出这是××领导的讲话稿。

这就是个性突出思维模式的要求。

每位领导都有自己的讲话风格、特点和要求，有的领导讲话视野宽广、涉猎博杂，喜欢旁征博引、引经据典；有的领导讲话立足点高、气势宏大，喜欢讲时事、讲理论；有的领导讲话生动活泼、风趣幽默，喜欢举例子、用比喻；有的领导讲话朴实无华、通俗易懂，喜欢引用俗语、谚语；有的领导讲话务除陈见、注重创新，喜欢用新语言、讲新观点等。这些风格，与领导的家庭出身、教育背景、人生阅历、兴趣爱好等有关系。

同一篇讲话稿，可能A领导比较欣赏，B领导却不认可。一篇讲话稿，即使写得非常严谨、毫无错误，只要不符合领导风格、不被领导采纳，便无用武之地。

美国前总统特朗普的讲话风格是简单粗暴、通俗易懂，言语间常充满自我陶醉，甚至狂傲。在讲话中，他经常指责别人，用词毫无顾忌，但这种"直率"也帮他精准地吸引了一大批民众的支持。

相比之下，华为技术有限公司董事、首席执行官任正非的讲话风格就很朴实、谦虚，能句句说在点子上，有较高的辨识度。任正非曾说："安全保密系统是长期困扰人们的一个问题，这就是'道高一尺，魔高一丈'，永远是没完没了的问题。这个问题是不是完全用技术来解决呢？我认为，最终是要通过法律来解决。为什么假币不能流通？是因为流通假币时，警察就要去抓你，抓住你就要找到源头，源头的人可能就要被判刑。在法律的威严下，假币不能流通，货币安全就能够得到保障。因此，信息安全首先是个技术问题，但最终解决也是要靠法律，而不完全靠技术。如果把一切不安全都归于技术，那汽车还有翻车的问题，汽车制造厂不能对翻车都要承担责任。"这段话很有哲理，且个性突出、金句频出。

那么，如何体现领导的个性呢？注意把握以下两个要点。

1. 认真领会和深化拓展领导意图

认真领会领导意图并不是说领导说过什么就只能写什么，而是要在准确把握领导意图的基础上，进一步拓展、深化和发挥，深入挖掘领导点到但没有具体展开的深层次内容，及时把握可能影响领导思路的各种要素，预见性地"深化"和创造性地"发展"领导的意图。

2. 模仿领导的思维方式和习惯

不同的领导有不同的思维方式，有的领导喜欢从大到小看问题，先在宏观上把握问题，再落入具体工作；有的领导则喜欢由小见大，先讲微观问题，再深入分析具体问题，对于理论方法，点到为止。写作者要把握好领导的思维方式和习惯，据此思考问题并写领导讲话稿。要准确把握领导的个性风格，关键是要做有心人，既要多听、多记、多思考，又要有"悟"性、提高"悟"的本领。

一要善于举一反三。《论语》曰："不愤不启，不悱不发，举一隅不以三隅反，则不复也。"一张桌子有4个角，看了一个角，文秘人员要能通过联想、类比等，推断其他3个角的样子。对于领导针对工作作出的指示和批示，以及在某些场合发表的观点和看法，文秘人员要懂得归纳总结和思索引申。

二要善于见微知著。文秘人员要善于通过细枝末节推断深层次的苗头性、趋势性、根本性问题。对于领导修改过的讲话稿进行认真琢磨，从中领会领导修改的真实意图和内在思想，有助于文秘人员把握领导的思维方式和工作艺术。

三要善于鉴古为新。文秘人员要善于追本溯源，通过分析和研究领导之前的讲话稿和文章，把握领导的思维方式和独特风格，以便更好地写领导讲话稿。

总而言之，"悟"既是把握领导个性风格的一种思维方式，又是研究工作、提高素质的一种经验方法。

案例 3-29

背景：2013年11月9日至12日，中国共产党十八届三中全会在北京胜利召开。会议分析了当前的形势和任务，审议通过了《中共中央关于全面深化改革若干重大问题的决定》（以下简称《决定》）。某单位召开中心组学习会议，专题学习《决定》，且部署该单位的学习贯彻工作。会上有4位领导讲话。

A 领导的讲话（节选）

今天，我们不仅要对《决定》进行原汁原味的学习，还要认真领会和贯彻全会精神。下面我讲4点意见。

一、深刻认识党的十八届三中全会的重要意义

首先从背景上认识。

当前国际背景是中国在崛起——美国国家情报委员会曾预言，中国将在2030年前取代美国，成为世界第一经济体。近年，欧洲经济进入负增长时期，部分西欧国家失业率非常高。反观中国，虽然经济增速放缓，但增长动力不竭，全面深化改革之后将培养新的经济增长点。此外，在内需方面，中国农村市场还没有完全被发掘。我认为，在一定时期内，美国要发动更大的战争或继续推行霸权主义是比较困难的，这会给中国崛起带来契机。

从国内背景来看，我们是经济转型和社会转型"双转型"同时进行的国家，国内的社会矛盾比较多，除了人与自然、人与人的矛盾，还有各种利益集团间的矛盾。我国中产阶级比较少，我认为，如果不进行全方位改革，不进行"五位一体"改革，社会矛盾将越来越多，会拖发展的"后腿"，甚至毁掉改革的成就。

本届三中全会在这种背景下以党为领导核心大胆地带领全国人民以改革为动力，

谋划新一轮发展，来全面建设小康社会，进而建设民主、富强、文明、和谐的社会主义现代化国家，实现中华民族伟大复兴的中国梦。我们党是敢于担当的政党，是敢于做"领路人"的政党，本届三中全会的作用丝毫不亚于前两届三中全会，体现了我党道路自信、理论自信和制度自信，统一了全党的思想和全国人民的行动，并且形成了《决定》这一行动纲领，这必将鼓舞全党和全国人民的斗志，带领全党和全国人民把自己的事情做得更好。

……

B 领导的讲话（节选）

通过对《决定》的学习，结合我们近年来的改革成就，我主要谈以下几点认识。

我们每个人来到这个世界上，都要处理3个关系：一是人和自然的关系，现在我们国家面临着资源浪费、污染严重等问题，经济发展和环境保护不能两全，这是人和自然的关系没有处理好的结果；二是人和人的关系，现在我们社会上出现的高收入群体与低收入群体之间的矛盾、政府与百姓之间的矛盾、政府与企业之间的矛盾、官员与群众之间的矛盾、企业劳资之间的矛盾、城乡之间的矛盾（包括农民工与城市的矛盾）、地区之间的矛盾、行业之间的矛盾（包括垄断与非垄断的矛盾、垄断之间的矛盾）等矛盾，都说明我们没有处理好人和人的关系；三是人和自己内心的关系，大家可以看到，现在很多人没有理想，没有信念，信奉实用主义，金钱、权力成为他们最高的追求目标，这就是没有处理好和自己内心的关系的表现。

在这个关键的时期，中央进行全面深化改革，可以说是非常必要的。转向我们集团的改革，我觉得也正好到了一个关键的时期。

……

C 领导的讲话（节选）

本届三中全会对当前形势的评价是经济高速增长、资源环境压力前所未有、社会多元化、各种社会矛盾冲突复杂等。在这样的背景下，"如何走、怎么走"的问题是牵动全局的大问题。本届三中全会提出的经济改革的行动纲领，我认真看了，从社会对它的评价，从各层次、各阶层的表现来看，影响是广泛且深远的。现在，我结合我的工作谈两方面认识。

一、《决定》给我们带来的挑战

一是在政策层面上，去行政化、强调市场的作用。政策的调整，对我们的影响是巨大的。可能明天就会发生什么变化，也可能今年、明年会有什么大的变化让我们难以适应。比如，如果不动产管理改为直接在一个部门进行登记、过户等全流程，肯定会给我们的工作带来一些挑战，我们要及早应对。

……

D领导的讲话（节选）

开门见山地谈谈我的体会，仅供参考。

本人表个态，对党的十八届三中全会通过的关于全面深化改革若干重大问题的决定坚决拥护、坚决贯彻、坚决落实、坚决行动。

我觉得本届三中全会通过的《决定》，在改革的全面性、实务性、操作性、针对性等力度上是前所未有的，可以说是字字珠玑，饱含真知灼见。改革的决心之大、变革之深、影响之深远，也是前所未有的。五大建设，包括经济体制、政治体制、文化体制、社会体制、生态文明体制等方面的建设，如果加上党的建设、国防建设，就是七大建设，全面地、全方位地推进，改革的全面性、深入性以及广度真的是很大。我们可以发现，该涵盖的内容基本上都覆盖了。从这个改革的全面性来看，为什么要做这么大的动作？为什么这么多领域都要进行改革？说明我们的改革开放发展到现在，社会经济的方方面面发展到现在，确实积累了非常多的矛盾和问题，如果现在再不解决、再不破解、再没有勇气去面对，下一步会走不好、走得艰难，或者会有反复。推进改革，说明这一届中央领导、最高领导决策层有非常强的责任感、有巨大的勇气和魄力，敢于担当，敢于碰硬，敢于推进。

……

解析：案例中的几位领导都是在学习《中共中央关于全面深化改革若干重大问题的决定》并发表讲话，大家可以明显看出几位领导的讲话风格的不同——A领导的视野比较广阔，发表中心组学习讲话也要从国际环境谈起，用词比较霸气；B领导以大家熟悉且比较感兴趣的"社会痛点"为切入点阐述自己的观点，能够拉近与听众的距离；C领导的讲话比较务实，三言两语就把话题引到自己主管的工作上，语言风格平实、接地气；D领导的讲话个人感情色彩比较浓，更容易引起听众的共鸣。单看这4篇讲话节选，不足以给每位领导的语言风格定性，但此案例足以让大家了解，如果需要同时给4位领导，甚至更多领导写讲话稿，一定要多研究各位领导的喜好、语言风格，这样写出的领导讲话稿才比较容易通过。

3.2.9 小结

领导讲话稿写作的八大思维模式是相互关联、相辅相成的。

如前文所述，对领导讲话稿来说，主题是关键、材料是基础、主线是思路、结构是框架、提纲是雏形、段落是组成部分、修改完善是必经程序、个性是本质特征。

唯有具备主题先行、材料立基、主线串联、结构定形、纲举目张、段落成章、修饰审美、个性突出这八大思维模式，才能成就品相俱佳的领导讲话稿。

需要特别指出的是，写领导讲话稿，思维模式和写作技巧固然重要，但并非最关键因素。写作者的思想素养、实践经验和工作水平，才是决定所写领导讲话稿的质量的最关键因素，因此，除了强化思维模式训练、掌握更多写作技巧，写作者还要把着力点放在提升自身综合素质上面。

总而言之，领导讲话稿写作者不仅要熟知领导讲话的目的和内容、把握听众的文化层次和水平、熟悉领导的风格和个性、熟练掌握政策和法规，还要深入实际工作、认真调查研究、切实培养自身思维能力、不断提升自身综合素质，只有这样，才能写出领导满意、听众喜欢、社会认可的高品质领导讲话稿。

第 4 章

如何写好党务文稿

4.1	什么是党务文稿	/ 147
4.2	党务文稿有什么特点	/ 148
4.3	如何写好党务文稿	/ 149

在体制内工作的文秘人员，经常承担党务文稿的写作任务，写好党务文稿是必备的基本功之一。本章，主要对党务文稿的写作方法进行介绍。

什么是党务文稿

党务文稿是对涉及党务、党建工作的文稿的统称。党务文稿，或者说党务工作公文，并非一种独立的文体，其特点是与坚持党的领导和加强党的建设密切相关，其性质和作用与一般工作文稿有所不同。

1. 文本角度

从文种来看，党务文稿包括法定文种和非法定文种。

（1）法定文种。《党政机关公文处理工作条例》规定的15个法定文种，即"决议""决定""命令（令）""公报""公告""通告""意见""通知""通报""报告""请示""批复""议案""函""纪要"。

（2）非法定文种。经常使用的非法定文种，如工作讲话、要点、方案、安排、设想、计划、规划、纲要、总结、制度、守则、布告、祝词、纪实等，种类较为繁杂。

2. 行文关系角度

从行文关系来看，党务文稿包括上行文、平行文和下行文。

（1）上行文。下级单位向上级单位行文的党务文稿包括报告、请示、意见等，常见的有个人述职报告、党建工作报告等。

（2）平行文。不具有隶属关系的单位之间行文的党务文稿包括意见、函等，常见的有向相关部门请教有关党建问题的函等。

（3）下行文。上级单位向下级单位行文的党务文稿包括批复、决定、意见、通知、通报、纪要等，常见的有以通知形式印发的领导讲话等。

3. 工作实践角度

从工作实践来看，党务文稿包括党委工作报告、民主生活会材料、党务专题会议讲话稿、党建工作总结报告等。

（1）党委工作报告。坚持党的领导和加强党的建设，对本区域/本系统党委工作进行总结和部署的工作报告，比如省委常委会工作报告。

（2）民主生活会材料。包括党委班子对照检查材料、个人对照检查材料、民主生活会报告等。如果开展主题教育，还有主题教育动员部署会讲话稿、主题教育总结会议讲话稿、主题教育专题调查研究报告、主题教育汇报会发言稿、传达学习会议讲话稿、党委书记讲党课提纲等材料。

（3）党务专题会议讲话稿。包括组织工作会议讲话稿、宣传思想工作会议讲话稿、党风廉政建设工作会议讲话稿、纪律教育工作会议讲话稿等。

（4）党建工作总结报告。包括党委书记述职报告、落实意识形态工作责任制报告等。

（5）其他党务文稿。包括党委理论学习中心组领学讲话材料、专题通报会表态发言稿、党委会议纪要等。

党务文稿有什么特点

党务文稿，特别是综合性强的党务文稿，之所以不好写，是因为它和一般文稿不同，自有特点。

1. 政治性强

党务文稿始终把政治放在首位，表述、用语等有着严格要求。写作者不能仅照搬上级说法，既要熟悉，甚至精通政治理论，又要结合单位实际落实到位。

2. 理论性强

党务文稿重思想、重方法、重理论，带有指导性、启发性。写作者不能一味务虚、只讲空话，既要写出理论指导性，又要虚实结合、理论联系实际。

3. 规范性强

党务文稿的体例、结构、格式等有着特定要求。写作者行文时既要避免信马由缰、天马行空，又要避免陈腔滥调、通篇套话。

4. 风格性强

党务文稿重在阐述思考、思路和观点，要求具有个性化特点，不能"放之四海而皆准"。

5. 保密性强

不少党务文稿见人见事见思想，涉及领导个人事项，因此一般要求做好保密工作，不宜公开扩散。党务文稿之所以难写，是因为很多材料和案例不适宜公开观摩、学习，很多时候只能以"师父带徒弟"的方式进行言传身教。

如何写好党务文稿

世上无难事，只要肯登攀。只要用心琢磨，党务文稿是可以写好的。写党务文稿好比上战场打仗，日常学习是打造武器，收集材料是粮草先动，谋篇布局是排兵布阵，敲打键盘是短兵相接，稿子通过即打了胜仗。鉴于此，接下来借用《孙子兵法》的有关观点，谈谈党务文稿的具体写法。

4.3.1　基本态度——作者意诚心正

《孙子兵法》云："将者，智、信、仁、勇、严也。"强调将者在道、天、地、将、法等"五事"中的重要作用和品质态度。联系到党务文稿写作中，大家要知道，文字是有灵性的，或者说文字是一面镜子，你怎么对待它，它就怎么对待你——你尊重它，它就尊重你；你对它漫不经心，它就对你漫不经心。文秘人员写党务文稿写得不好，得不到领导认可和采用，首先要反思是否有写作态度问题。

有的文秘人员把党务文稿看得很轻，甚至在内心深处对其不屑一顾，认为党务文稿是虚头巴脑的东西，不创造实际价值，根本就不愿意写，逼得已才写，并敷衍了事。带着这样的态度，根本就写不好党务文稿。

有的文秘人员则把党务文稿看得太重，认为党务文稿政治性强，过于"高大上"，自己完全驾驭不了。妄自菲薄，也写不好党务文稿。

正确的态度应该是持平常心、做本分事，意要诚、心要正，认真对待、用心琢磨、全心投入、想尽办法写好党务文稿。这样才能越写越好。

4.3.2　总的方法——坚持虚实结合

《孙子兵法》云："兵者，诡道也。故能而示之不能，用而示之不用，近而示之远，远而示之近。利而诱之，乱而取之，实而备之，强而避之，怒而挠之，卑而骄之，佚而劳之，亲而离之。"联系到党务文稿写作中，要明确党务文稿是偏向务虚的文稿，写好的诀窍是 8 个字：虚则实之，实则虚之。具体而言是 3 句话，如下。

一是虚功实做。要将相关党务内容条理化、板块化、清单化，对具体的目标、任务、举措、保障进行梳理，形成一个完整的工作体系。

二是虚实结合。要将党务内容与实际工作结合，用实际工作充实党务内容，用党务内容引领实际工作，虚实结合，相得益彰。

三是由实化虚、以实入虚。对于重点工作，要学会提高政治站位，深入思考蕴含其中的重要意义，并提炼理论方法，这就是由实化虚、以实入虚。

4.3.3　基础准备——掌握党的理论

《孙子兵法》云："夫未战而庙算胜者，得算多也；未战而庙算不胜者，得算少也。多算胜，少算不胜，而况于无算乎！吾以此观之，胜负见矣。"联系到党务文稿写作中，即日常要多积累、多准备、多思考。日常学习和积累要重点关注以下 4 个方面的内容。

一是党的历史知识。包括党的百年奋斗史，以及 3 个历史决议——1945 年 4 月党的六届七中全会通过的《关于若干历史问题的决议》、1981 年 6 月党的十一届六中全会通过的《关于建国以来党的若干历史问题的决议》和 2021 年 11 月党的十九届六中全会通过的《中共中央关于党的百年奋斗重大成就和历史经验的决议》。

二是党内法规体系。党内法规体系是以党章为根本，以民主集中制为核心，以准则、条例等中央党内法规为主干，以部委党内法规、地方党内法规为重要组成部分，由各领域各层级党内法规组成的有机统一整体。党内法规体系以"1+4"为基本框架，"1"即党章，"4"即党的组织法规、党的领导法规、党的自身建设法规、党的监督保障法规等四大板块的法规。

三是中国特色社会主义理论体系和习近平新时代中国特色社会主义思想。中国特色社会主义理论体系是包括邓小平理论、"三个代表"重要思想、科学发展观在内的科学理论体系，是对马克思列宁主义、毛泽东思想的继承和发展。习近平新时代中国特色社会主义思想是对马克思列宁主义、毛泽东思想、邓小平理论、"三个代表"重要思想、科学发展观的继承和发展，是马克思主义中国化最新成果，是当代中国马克思主义、二十一世纪马克思主义，是中华文化和中国精神的时代精华，实现了马克思主义中国化时代化新的飞跃。

四是党的建设的相关理论。 比如，党的十九大报告指出，新时代党的建设总要求是"坚持和加强党的全面领导，坚持党要管党、全面从严治党，以加强党的长期执政能力建设、先进性和纯洁性建设为主线，以党的政治建设为统领，以坚定理想信念宗旨为根基，以调动全党积极性、主动性、创造性为着力点，全面推进党的政治建设、思想建设、组织建设、作风建设、纪律建设，把制度建设贯穿其中，深入推进反腐败斗争，不断提高党的建设质量，把党建设成为始终走在时代前列、人民衷心拥护、勇于自我革命、经得起各种风浪考验、朝气蓬勃的马克思主义执政党"；党的二十大报告指出，坚定不移全面从严治党，深入推进新时代党的建设新的伟大工程，要坚持和加强党中央集中统一领导、坚持不懈用习近平新时代中国特色社会主义思想凝心铸魂、完善党的自我革命制度规范体系、建设堪当民族复兴重任的高素质干部队伍、增强党组织政治功能和组织功能、坚持以严的基调强化正风肃纪、坚决打赢反腐败斗争攻坚战持久战。

关于理论知识储备，关键是要与时俱进地加强学习，做到常学常新、常学常悟、常学常用。

4.3.4 首要前提——熟悉上级文件

《孙子兵法》云："知彼知己也，百战不殆；不知彼而知己，一胜一负；不知彼不知己，每战必殆。"联系到党务文稿写作中，知彼，就是清晰、完整、精准地把握上级文件的要求，包括体例、结构、表述等具体要求；知己，就是把领导的职责写进去、把领导的工作写进去、把领导的思考写进去，做到见人、见事、见思想。

以民主生活会材料为例，如何写好党委班子对照检查材料？可以重点关注以下两个方面。

从一般结构来看，民主生活会的党委班子对照检查材料可分为4个部分：一是上一年度民主生活会的整改落实情况，二是查摆存在的问题，三是问题的原因分析，四是今后整改方向和整改措施。

从写法要求来看，第一部分只要总体概括，不要具体展开，控制在1000字以内。第二部分是核心部分，也是最难写的重点内容，需要把握好写作尺度和分寸。第三部分是分析部分，要求触及思想深处，一般要讲到理论修养、政治站位、宗旨意识、责任担当、作风要求等，注意避免和第二部分的内容有交叉重复。第四部分主要谈整改方向、整改思路和整改措施，要求具体可行，注意要覆盖前3个部分提及的所有问题。

不同会议的会议主题和具体要求是不一样的，文秘人员写党务文稿前，必须认真学习、研究相关文件要求。

4.3.5　必备功夫——兼容并蓄，合理化用

《孙子兵法》云："夫兵形象水，水之形，避高而趋下；兵之形，避实而击虚。水因地而制流，兵因敌而制胜。故兵无常势，水无常形。能因敌变化而取胜者，谓之神。故五行无常胜，四时无常位，日有短长，月有死生。"联系到党务文稿写作中，即要打开心门、兼容并蓄，使用各种方法，全力以赴地把党务文稿写好。

一是借鉴历年党务文稿。历年党务文稿是领导认真审核修改过的，无论是写法、表达分寸，还是内容，都具有一定的借鉴意义，要认真学习揣摩。这是党务文稿写作快速上手的基本方法和重要途径。

二是仿写上级党务文稿。上级党务文稿永远是重要的用于学习和借鉴的党务文稿。党务文稿有严格的体例、结构和规范的表述，兼具传达上级决策的作用，因此，学习和借鉴上级党务文稿很必要，也很重要。注意，学习和借鉴不等于照搬照抄，要学会转化、运用。"仿写"，本身就蕴含借鉴和转化的意思。

三是化用网络信息。当今时代是互联网时代，文秘人员要善于利用互联网收集、整理相关信息，特别是在不知道应该如何下笔的时候，要会上网搜索、整理信息，打开思路、放宽视野。

四是转换角度阐述。正所谓"会当凌绝顶，一览众山小"，有什么样的高度，就有什么样的视野，文秘人员要学会站在领导的高度看待问题；正所谓"横看成岭侧成峰，远近高低各不同"，从不同的角度、不同的侧面看待事情，往往会有不同的感受和看法，文秘人员要善于更新视角；正所谓"欲把西湖比西子，淡妆浓抹总相宜"，做人做事，难就难在对"度"的把握，分寸感和边界意识很重要，文秘人员要加强对情商的提升。针对同一个主题，要想写出不同的党务文稿，必须学会转换角度阐述，可以结合地位、作用转换角度，可以结合工作职责转换角度，也可以结合具体场合转换角度。

写党务文稿，要注意以下问题。

一是"世事洞明皆学问，人情练达即文章"。写党务文稿，要以人为本，要尊重人、理解人，不能贬低人、藐视人。

二是杜绝情绪发泄和主观臆测，要讲道理、重剖析。

三是坚持以政策为依据，用事实来说话，不能弄虚作假或者捕风捉影。

四是向上报告时，语气要谦虚，态度要坚决，不卑不亢、不骄不躁、有理有节。不必卑躬屈膝、低声下气、唯唯诺诺。

五是评论事情时，要先扬后抑，先肯定再批评。

六是行文过程中，切忌扣帽子、上线上纲。

案例 4-1

××集团2015年党建工作总结及 2016年党建工作计划（节选）

2015年以来，在市委、市政府、市国资委党委的正确领导下，××集团党委围绕服务公司改革和生产经营大局，狠抓集团党的建设、精神文明建设和企业文化建设，为推动集团健康、快速、和谐发展做了扎扎实实的工作。现对2015年党建工作总结及2016年党建工作计划梳理如下。

一、2015年开展的主要党建工作

（一）加强学习，全面提升党员队伍综合素质。

强化政治理论学习，丰富学习形式，党员队伍综合素质得到提高。（略）

一是在全集团重点抓好对党的理论、精神的学习，进一步提高广大党员干部职工对政策的理解把握程度，提高党员干部职工的整体素质。（略）

二是推进学习型党组织建设。（略）

三是推进学习型班子建设。（略）

（二）真抓实干，落实党建责任制。

2015年8月，集团党委与下属两家公司的公司党委签订了《党建目标责任书》；下属公司的公司党委与所属基层党支部层层签订了《党建目标管理责任书》，签约率达100%。（略）

为确保基层党建工作落到实处，集团党委对下属基层党组织的党建工作进行着定期检查督促，使集团党建工作常态化、规范化、制度化，形成"抓平时、平时抓"的良好工作氛围。（略）

（三）着眼长远，狠抓组织建设。

一是完善组织机构。（略）

二是补充新鲜血液。（略）

三是完善党费管理。（略）

四是表彰先进模范。（略）

（四）建立健全各项规章制度。

……

（五）党管干部，严格选拔考核。

一是把好集团选人用人关。（略）

二是把好集团中层管理人员考核关。（略）

（六）规范管理，加强干部监督。

一是严格落实领导干部报告个人有关事项规定。（略）

二是开展中层以上管理人员及特殊部门人员因私出国证件专项治理工作。（略）

三是开展干部人事档案专项审查及统计工作。（略）

（七）扎实有序，落实"三严三实"专题教育。

……

（八）打造集团文化，提升集团形象。

一是加强集团文化宣传。（略）

二是积极组织各类征文比赛。（略）

三是大力开展体育竞技活动。（略）

（九）履行社会职责，开展帮扶行动。

一是开展节日慰问。（略）

二是开展爱心募捐。（略）

三是开展精准扶贫。（略）

四是开展职工关爱。（略）

二、目前集团存在的不足

虽然集团在2015年的工作中取得了一些成绩，但认真反思我们的工作，还存在一些不足。

一是在抓学习上还有弱项。党的创新理论和业务知识学习不够精深，学习形式比较单一，学习效果不够明显，导致党员干部职工在领会上级精神、结合本职工作中还有不足。

二是在抓制度上还有不足。部分党的组织生活制度践行流于形式，有的党员思想汇报不够深刻、党员作用发挥得不够明显。

三是在抓实践上还有短板。围绕任务开展工作的意识不够强，有时候，党支部建设抓得不够精细，抓党建与抓日常工作融合得不够好。

三、2016年党建工作计划

在2016年的工作中，集团党委将进一步转变工作作风，全面解放思想、转变观念、开拓进取，进一步提升工作主动性和针对性，确保各项工作有序推进、高质量完成。

第一，认真抓好党员干部职工的学习教育。（略）

第二，积极践行社会主义核心价值观。（略）

第三，突出品牌创建，不断加强集团文化建设。（略）

第四，进一步完善组织机构。（略）

第五，做好党员管理工作和发展党员工作。（略）

第六，严格落实党风廉政建设责任制。（略）

解析：案例中的党建工作总结与工作计划囊括了政治建设、思想建设、组织建设、作风建设、纪律建设等各方面的党建内容，既讲了成绩、不足，又讲了新一年的工作计划，算是很不错的党务文稿。大家在写类似党务文稿时，要注意合理使用"点面结合"的手法，突出本单位的实际情况和党建工作成绩，而不是泛泛而谈。

案例 4-2

××在××地震局党组理论学习中心组"不忘初心、牢记使命"主题教育专题学习会上的讲话（节选）

2019年6月6日下午，按照中央统一部署，中国地震局组织"不忘初心、牢记使命"主题教育集中学习，对全国地震系统开展主题教育进行动员部署。今天，××地震局党组召开理论学习中心组"不忘初心、牢记使命"主题教育专题学习会，深入学习领会习近平总书记系列重要讲话精神，进一步提高思想认识、组织领导全系统主题教育。下面，我谈谈个人学习体会。

一、如何理解"不忘初心、牢记使命"主题教育

"不忘初心、牢记使命"，关乎党的宗旨，关乎党员、干部的世界观、人生观、价值观，关乎中国共产党人的精神支柱和政治灵魂。为绝大多数人谋福利、为全人类谋幸福、为每个劳动者能够自由发展并结成自由人联合体而不懈奋斗，这是马克

思、恩格斯为共产主义者同盟确定的初心,这一初心的内涵清晰地写在《共产党宣言》中,成为马克思主义者的信仰。中国共产党自成立之初,就在践行其初心使命。

……

二、如何把地震人的初心和使命融入中国共产党人的初心和使命

初心和使命从来不遥远,更不是抽象的、空洞的,它体现在不同岗位、不同群体坚定的信念里和具体的奋斗中。具体到我们的工作中,地震人的初心,就是为人民谋幸福,谋安全,更好地保障人民群众的生命财产安全;地震人的使命,就是为中华民族谋复兴提供强有力的地震安全保障。把地震人的初心和使用融入中国共产党人的初心和使命,是地震人落实中国共产党人的初心和使命的必然要求。

1966年,河北邢台强烈地震之后,在中央领导下,以邢台地震现场的监测预报工作为起点,我国防震减灾工作进入大规模地震预报探索与实践的新阶段,1971年成立中国地震局。防震减灾工作始终坚持中国共产党的坚强领导,始终践行全心全意为人民服务的根本宗旨,广大地震人在地震监测预报、震灾预防、应急救援、恢复重建等工作中始终不渝地履行职责。在多次惨痛的地震灾害教训面前,在抗震救灾的危难面前,在攻坚克难的成败面前,在社会舆论的压力面前,广大地震人始终是中国共产党理想信念的坚信者、为人民服务的实践者、事业发展的传承者,始终坚守最大限度地减轻地震灾害损失、更好地保障人民群众生命财产安全、为中国人民谋幸福、为中华民族谋复兴的初心和使命。

在党中央、国务院的正确领导下,在几代地震人的不断探索和艰苦努力下,我国防震减灾事业从小到大,从弱到强,在曲折的道路上不断发展壮大,取得长足进步。地震事业发展思路形成和防震减灾工作体系完善走过了一条艰难曲折的道路。党的十八大以来,习近平总书记多次对防震减灾工作作出重要指示批示,为新时代防震减灾事业发展指明了方向。如今,我国防震减灾理念更加清晰,防震减灾治理体系不断完善,地震风险防范能力显著增强,地震监测预报能力不断提高,地震科技支撑能力不断提升。

近年来,我们坚持用习近平新时代中国特色社会主义思想指导防震减灾工作,坚持把习近平总书记的防灾减灾救灾重要论述和防震减灾工作重要指示批示精神作为做好新时代防震减灾工作的根本遵循和行动指南,各方面的工作都取得了显著进展。我们认真学习领会习近平总书记系列重要讲话精神,紧紧围绕统筹推进"五位一体"总体布局和协调推进"四个全面"战略布局,坚持新发展理念,先后出台了

深入贯彻落实习近平总书记防灾减灾救灾重要论述、全面深化改革、推进地震科技创新、加快地震人才发展、构建风清气正良好政治生态、加强法治建设、推进事业现代化等重要指导意见，推出一系列标志性、支柱性的改革发展举措，把习近平总书记重要指示批示精神落实到防震减灾工作中，极大地增强了全系统推进事业发展的方向感和凝聚力，开创了防震减灾事业发展的新局面。

我们坚持把政治建设摆在首位，认真落实管党治党政治责任，强化党的组织建设，全面从严治党的质量不断提升。局党组高度重视队伍建设，连续3年开展局属单位领导班子集中分析研判，开展选人用人进人专项巡视，加大干部交流轮岗力度，强化优秀年轻干部的发现培养及后备干部队伍的建设，实施局属单位主要负责人集中述职、单位目标考核措施，建立领导干部能上能下制度，着力解决干部监督教育管理方面的问题，地震系统风清气正的良好政治生态正在逐步形成。

我们坚持全面深化改革，坚持通过改革破解发展中的难题。自2017年3月局党组全面深化改革领导小组成立以来，我们先后推出多项改革举措，取得了许多成效。例如，地震科技体制改革率先破局见效，在4项重点研究计划的带动下，国家地震科技创新工程已经成为吸引全社会参与地震科学研究的重要抓手，中国地震科学实验场建设引起了各方面的关注和反响；"5+6+1+N"地震大科技布局已初步构建，区域研究所改革稳步推进，地震科技创新的良好平台已经搭建起来；××局全面深化改革走在了前头，有很多创新的举措，在改革的过程中对原有的利益格局进行了很大的调整，得到了广大干部职工的衷心拥护，成效显著；台网中心全面深化改革以信息化建设为抓手，推动业务体制改革，初步形成了良性互动的新局面。由此可见，只要能够坚持以人民为中心，真正解决广大人民群众关心的防震减灾难题，真正解决广大干部职工关心期盼的问题，就能使广大干部职工拥护改革、支持改革、参与改革、推动改革，就能激发广大干部职工干事创业的积极性和主动性。

我们坚持推进新时代防震减灾事业现代化建设。我们出台了《推进新时代防震减灾事业现代化建设的意见》和《新时代防震减灾事业现代化纲要》，明确了新时代防震减灾事业现代化的内涵特征、总体要求和主要任务。××局作为新时代防震减灾事业现代化建设的试点单位，把现代化建设和全面深化改革结合起来，不等不靠，各项工作主动推进，成效初显。

此外，我们在加强法治建设、科普宣传、对外交流合作等方面举措多，成效也显著，为提升全社会地震灾害防治能力打下了良好的基础。

但是，我们应该清醒地看到，对照习近平总书记关于防震减灾工作重要指示批示，我们的工作还有很大差距；对照中国共产党人的初心和使命，防震减灾工作还存在着很多不足和短板。例如，贯彻习近平总书记重要指示批示成效不明显，地震灾害风险防范的理念还没有完全建立，地震灾害风险治理的业务基础能力依然薄弱，防震减灾与经济社会发展的融合还不够，区域发展不平衡的问题还没有得到解决，人才队伍不适应的问题依然显著等，需要我们勇于正视、强化责任、下大力气解决问题。

在地震系统开展"不忘初心、牢记使命"主题教育，对于地震系统保持党的先进性和纯洁性，发挥好各级党组织的战斗堡垒作用和广大党员的先锋模范作用；对于教育引导地震系统广大党员干部践行全心全意为人民服务的根本宗旨，始终保持党同人民群众的血肉联系；对于充分调动地震系统广大党员干部职工的积极性、主动性、创造性，谱写好新时代防震减灾事业发展新篇章，具有重大且深远的意义。

三、地震系统如何开展好"不忘初心、牢记使命"主题教育

5月31日，中央召开"不忘初心、牢记使命"主题教育工作会议，习近平总书记对这次主题教育提出了明确的总要求、目标任务和方法步骤，为全党开展好这次主题教育提供了根本遵循。地震系统要确保主题教育取得扎扎实实的成效，关键是牢牢把握主题教育的总要求，就是"守初心、担使命，找差距、抓落实"；关键是牢牢把握主题教育的根本任务，就是"深入学习贯彻习近平新时代中国特色社会主义思想、锤炼忠诚干净担当的政治品格、团结带领全国各族人民为实现伟大梦想共同奋斗"；关键是牢牢把握主题教育的具体目标，就是"努力实现理论学习有收获、思想政治受洗礼、干事创业敢担当、为民服务解难题、清正廉洁作表率"；关键是牢牢把握主题教育的方法步骤，就是"把学习教育、调查研究、检视问题、整改落实贯穿主题教育全过程"。

地震系统主题教育必须避免泛泛而谈，更不能空对空、虚对虚。要把落脚点放在抓落实上，放在注重实际效果、解决实质问题上。要对准理论学习有收获目标，在已有学习的基础上，进一步推动学习习近平新时代中国特色社会主义思想、习近平总书记关于防灾减灾救灾重要论述和防震减灾重要指示批示精神往深里走、往心里走、往实里走，进一步提高运用党的创新理论指导实践、推动工作的能力。要对准思想政治受洗礼目标，深刻省思"四个意识"牢不牢、"四个自信"强不强、"两个维护"坚决不坚决；深刻省思对马克思主义的信仰、对中国特色社会主义的信念、对实现中华民族伟大复兴中国梦的信心坚定不坚定。要对准干事创业敢担当目标，看看是否抱有切实提高地震灾害防治能力、最大限度减轻地震灾害损失的强烈的政治责任感和历史使命感，是否保持只争朝夕、奋发有为的奋斗姿态和越是艰险越向前的斗争精神。要对准为民服务解难题目标，真正解决好"为了谁"的问题，找一找在坚守人民立场、树立以人民为中心的发展思想方面的差距，找一找为民谋利、为民尽责，以及帮助群众解决操心事、烦心事的本事和能力方面的差距。要对准清正廉洁作表率目标，剖析在清清白白为官、干干净净做事、老老实实做人方面还有哪些不足，进而增强为民、务实、清廉的政治本色。

中央强调，主题教育要取得实效，必须反对形式主义、官僚主义。我们一定要准确把握，精准对焦，在与实际工作结合上下功夫，在创造性开展工作上铆足劲，让学习教育、调查研究、检视问题、整改落实贯穿主题教育始终，确保主题教育取得实效。

在完成中央"规定动作"的前提下，主题教育要与"作风建设月"活动紧密结合，与抓好各类专项整治紧密结合。在"整治文山会海"方面，按照要求，今年的文件要压缩至少30%——去年发文1620份，今年要争取控制在1100份以内。去年，中央纪委办公厅印发《关于贯彻落实习近平总书记重要指示精神集中整治形式主义、官僚主义的工作意见》，明确了重点整治的4个方面12类突出问题，最近，中央统一部署力戒形式主义，为基层减负，局机关各内设机构要统筹安排，力求实效。

省地震局的主题教育要与贯彻落实中国地震局党组关于事业改革发展的部署紧密结合，与本地区的防震减灾工作实践紧密结合。省地震局要深入调研当地人民群众对防震减灾工作的新需求、新期盼，找准阻碍事业发展的根源，高标准谋划防范化解地震灾害风险的实招，更好地保障地方经济社会发展与和谐稳定。

研究所要深入领会习近平总书记关于科技创新的重要论述，贯彻落实全国科技创新大会和全国地震科技创新大会精神，瞄准地震科技创新工程，提升主动参与改革创新的积极性、主动性，增强创新、创造、创业的意识和能力，强化科技创新对防震减灾事业发展的支撑力。研究所要围绕防震减灾事业现代化建设需求，在基础研究、应用研究、成果转化、人才培养、关键技术研发，以及科技创新方面贡献力量。

业务中心要聚焦自身职能定位，围绕防范化解地震灾害重大风险工作，增强防震减灾综合能力，创新工作举措，完善地震监测预报、震灾预防等工作体系，真正担起"国家队"的重任,切实支撑和服务新时代防震减灾事业现代化建设。

习近平总书记强调,要把"改"字贯穿始终,立查立改、即知即改,能够当下改的,明确时限和要求,按期整改到位;一时解决不了的,要盯住不放,通过不断深化认识、增强自觉,明确阶段目标,持续整改。地震系统全面从严治党还存在不少问题,"两个责任"落实不到位、重大决策部署执行差距较大、中央巡视整改有差距、违纪违规违法问题存量多、工作作风还不够硬、政治生态还不够好、惯性思维问题突出等。2010年国务院印发的《关于进一步加强防震减灾工作的意见》提出了到2020年防震减灾事业发展的目标任务,有的还没有实现。对标2016年中央巡视反馈意见,整改落实要求存在一些差距。近年来地震系统接受各项监督检查发现的共性问题、突出问题,有的仍然存在。对此,我们不能走过场,必须深刻剖析、查找原因。

这次主题教育,要通过学习调研来发现问题、解决问题。局机关要深入基层,局属单位要深入科技业务人员群体,了解他们的所思所需所盼,把本单位的问题找准找实。我们要大力解决地震系统干事创业精气神不够、政治站位不高、缺乏大局意识、不担当作为、不较真碰硬、不攻坚克难的问题;要解决有些单位和领导班子对于局党组重大决策部署表态多、落实差的问题,形成合力,进一步推动地震系统深化改革和防震减灾事业现代化建设;要大力加强地震系统党风廉政建设,深刻剖析高××、黄××、苗××、王××等反面典型,以案例明法纪、促整改,发挥案例的警示作用。

各单位要认真总结前几次学习教育的好经验、好做法,精心组织,把"不忘初心、牢记使命"的精神旗帜高举起来,以良好的精神面貌投身主题教育,以优异成绩庆祝新中国成立70周年!

解析:案例讲话先从宏观层面入手分析了"不忘初心、牢记使命"主题教育的核心内容,再结合实际工作阐述了地震局应该如何贯彻落实"不忘初心、牢记使命"这一工作主题,既有分析说理,又有总结归纳,逻辑清晰、内容完善,最后,在第三部分提出了贯彻落实意见和具体的工作要求,不仅有总体要求,还有各职能部门的详细分工,堪称佳作。全文紧扣主题且切合实际,大家在写作类似党务文稿时可以借鉴。

第 5 章

公文办理的"实操宝典"

5.1	办文的标准及要求	/ 162
5.2	公文文稿审核的"3个把关"	/ 172
5.3	公文文稿沟通的"3个协调"	/ 174
5.4	公文文稿的具体核改	/ 176

第 1 章至第 4 章的内容侧重"写文"，本章则侧重"办文"。写文、办文都是文秘人员常做的工作，所不同的是写文时，文秘人员是作者；办文时，文秘人员可能是办"自己写的文"，也可能是办"别人写的文"。

办文的核心依然是文字工作，其特点是办理围绕文字、文件、文书展开的工作。办文，文秘人员需要根据特定的工作要求，按照收、发公文的程序处理工作，并遵守明确的行文规则。相比"写文"，"办文"有相对独立的工作系统。

本章介绍的，均是作者通过实践总结的"独家办文经验"。市面上的公文书很少涉及这些内容，但这些内容对文秘人员来说是"技能刚需"，望大家细细领会、加速成长。

 ## 5.1　办文的标准及要求

体制内单位的文秘人员天天跟公文打交道，但是提起办文的标准及要求，未必能够说得出来。不知道办文的标准及要求，有的人工作得也不错，但这并不能证明我们可以不用学习办文的标准及要求，因为办文工作做得不错的人，往往是暗合于法则而不自知的。学习和掌握了办文的标准及要求，大家能够更好地做办文工作。

5.1.1　公文处理的规范化要求

公文处理工作，是有一整套规范体系的。所谓"规范体系"，有两个层面的意思。

第一层意思，是把现有的、与公文处理工作相关的明文规定整理出来，形成系统化的学习资料。有些单位会让办公室、综合部即时整理这些明文规定并不断深化和完善，供大家学习和遵循。

第二层意思，是没有明文规定，但文秘人员可以结合实际工作和自我思考，总结提炼工作经验和规律，比如固定的"套路"、模式、方法、技巧等，让办文工作模块化、规范化。

在公文处理工作的规范体系中，有 5 个文秘人员必须了解的文件，如下。

第一，中共中央办公厅、国务院办公厅共同印发的《党政机关公文处理工作条例》（中办发〔2012〕14 号）。

该条例于 2012 年 4 月 16 日印发，2012 年 7 月 1 日实施，是公文处理工作要遵循的根本。该条例可以根据内容大致划分为两个部分，其一为实体要求，包括总则、公文种类、公文格式和行文规则；其二为程序要求，包括公文拟制、公文办理、公文管理，以及附则。该条例是指导党政机关公文处理工作的纲领性文件和最高规范，不是法规，胜似法规，应该成为文秘人员案头必备的宝典。

该条例是公文处理工作要遵循的根本，其他规范都是由该条例引申和派生出来的。

举个例子，该条例第十条规定，"公文的版式按照《党政机关公文格式》国家标准执行"；第十一条规定，"公文使用的汉字、数字、外文字符、计量单位和标点符号等，按照有关国家标准和规定执行。民族自治地方的公文，可以并用汉字和当地通用的少数民族文字"。接下来要讲的规则和规范就与这两条规定相关。

第二，《党政机关公文格式》(GB/T 9704–2012)，2012 年 7 月 1 日实施。

《党政机关公文格式》是一项国家标准，规定了党政机关公文通用的纸张要求、排版和印制装订要求、公文格式各要素的编排规则，并给出了公文式样。该标准适用于各级党政机关制发的公文，其他机关和单位的公文可以参照执行。使用少数民族文字印制的公文，其用纸、幅面尺寸及版面、印制等要求按照该标准执行，其余可以参照该标准并按照有关规定执行。比如，针对发文机关标志，在该标准的第七条第二款第四项有规定，"发文机关标志居中排布，上边缘至版心上边缘为 35mm，推荐使用小标宋体字，颜色为红色，以醒目、美观、庄重为原则"。

第三，《标点符号用法》(GB/T 15834–2011)，2012 年 6 月 1 日实施。

《标点符号用法》是一项国家标准，该标准对现代汉语标点符号的用法作了明确规定，建议大家认真研读后放在身边备用，随时查阅。

第四，《出版物上数字用法》(GB/T 15835–2011)，2011 年 11 月 1 日实施。

《出版物上数字用法》是一项国家标准，该标准对出版物上汉字数字和阿拉伯数字的用法作了规定。比如汉字数字"零"和"〇"的用法：计量时用汉字数字"零"，编号时用汉字数字"〇"。

第五，《校对符号及其用法》(GB/T 14706–1993)，1994 年 7 月 1 日实施。

《校对符号及其用法》是一项国家标准，该标准对校对各种排版校样的专用符号及其用法作了规定。该标准很实用，建议大家认真研读后放在身边备用，随时查阅。

以上文件是国家有关规范和标准，有的省还出台了详细的有关文件供大家遵循，建议大家多方了解、广泛学习，从而不断提高工作水平。

5.1.2 公文拟制的规范化要求

《党政机关公文处理工作条例》第十八条规定,"公文拟制包括公文的起草、审核、签发等程序",其中,核心是公文的起草;第十九条对公文的起草提出了明确的要求。

《党政机关公文处理工作条例》第十九条规定如下。

公文起草应当做到:

(一)符合党的理论路线方针政策和国家法律法规,完整准确体现发文机关意图,并同现行有关公文相衔接。

(二)一切从实际出发,分析问题实事求是,所提政策措施和办法切实可行。

(三)内容简洁,主题突出,观点鲜明,结构严谨,表述准确,文字精练。

(四)文种正确,格式规范。

(五)深入调查研究,充分进行论证,广泛听取意见。

(六)公文涉及其他地区或者部门职权范围内的事项,起草单位必须征求相关地区或者部门意见,力求达成一致。

(七)机关负责人应当主持、指导重要公文起草工作。

其中,前两项属于内容方面的要求,第三、四项属于文风方面的要求,后三项属于程序方面的要求及起草方法方面的要求。

从规范化的角度来说,我们可以将公文起草的要求概括为"理""实""度""简"4个字,见表5-1。

表5-1 公文起草的要求

规范	要求	具体内容
理	符合法理	符合党的理论路线方针政策和国家法律法规,同现行有关公文相衔接
	契合事理	深入调查研究,充分进行论证,按规律办事,遵循事物发展的客观规律
	切合情理	从人民利益和公共利益出发,切合民意、民心和民情,广泛听取意见,完整准确体现发文机关意图
实	客观真实	反映情况客观真实
	实事求是	分析问题实事求是
	切实可行	所提政策措施和办法切实可行

续表

规范	要求	具体内容
度	有高度	立意高远，既要解决当前问题，又要立足长远考虑
	有深度	切中要害，富有针对性和指导性
	有准度	所作判断正确无误，定性分析准确到位，定量数据精确可信
	有法度	文种正确，格式规范
简	简明	结构简明，框架严明，逻辑严谨
	简洁	内容简洁，主题突出，篇幅简短
	简练	观点鲜明，表述准确，文字精练

5.1.3 公文办理的规范化要求

按照《党政机关公文处理工作条例》第二十三条、第二十四条、第二十五条的规定，公文办理包括收文办理、发文办理和整理归档，其中，收文办理主要程序是签收、登记、初审、承办、传阅、催办、答复，发文办理主要程序是复核、登记、印制、核发。

根据我的经验，公文办理的核心是收文办理，收文办理的核心是承办，也就是通常所说的写好拟办意见。

公文办理流程可大致分为初审、承办、核发3个阶段，其中，承办可分为程序审核、实体审核、提出意见3个部分。根据具体审核内容，公文办理流程也可细分为定类、定权、定事、定序、定性、定调、定方、定点、定式等9道工序，每个工序解答不同的问题。

公文办理流程较为复杂，可用表格展示，公文办理流程表见表5-2。

表5-2 公文办理流程表

阶段	问题导向	通用流程		注意要点
初审	是否办理？	定类	确定来文类别和办理方式	辩证区分阅知件和批办件
	归谁办理？	定权	确定管理权限和边界	属于本级政府处理的，要按程序审查并提出拟办意见；属于其他部门管理的，要转给对应部门研究办理；属于来文单位本身业务范围的，要提出意见后退回该单位处理

续表

阶段	问题导向		通用流程	注意要点
初审	办理什么？	定事	概括来文请求和争议焦点	来文摘要应做到简练、准确、全面，有简要式、分列式、时序式3种写作方法
承办	程序审核：是否符合正当程序？	定序	来文事项本身的程序（集体决策、公示、听证、专家论证等）	程序审核是实体审核的前提和基础。程序上不能更到位，只能最到位；内容上没有最到位，只有更到位
			办文协调过程中的程序（征求部门意见等）	要善于分析、甄别和综合部门意见。部门意见能够相互补充完善的，予以综合采纳；部门意见不一致的，要进行协调沟通，找出"最大公约数"；部门意见较为对立的，要深入研究、审慎权衡后进行公正裁定，必须有充分的理由和依据；部门意见存在原则性分歧的，必要时提请领导开会协调
	实体审核：是否符合政策法规和领导意图？	定性	审核是否符合法律法规	合法性审核是依法治国和依法行政的应有之义
			审核是否符合政策文件	与现行政策文件相衔接是公文办理的基本要求
			审核是否符合领导意图	想领导之所想，想领导之将想，想领导之未想
	提出意见：应当如何处理？	定调	确定对来文事项的态度和办理基调（同意、原则同意、暂不同意）	注意依据和理由
		定方	针对来文事项确定具体的处理意见和操作方案	是否需要发文、如何核改文稿、由哪个部门发文、以什么形式发文、发文至什么范围等；办理主体、内容、时限等
		定点	强调执行过程中的注意事项	注意要点、防止错漏、提示风险等

第5章 公文办理的"实操宝典"

续表

阶段	问题导向	通用流程	注意要点
核发	领导如何批示？如何转出办理？是否需要跟踪督办？	定式呈报批示、转出办理、跟踪督办等	按程式办理，注意跟踪督办

《关于批准下达20××年土地利用计划的请示》的办理

一、来文摘要

来文称，××部下达我省20××年新增建设用地计划指标××万亩（××平方米）、农转用计划指标××万亩（××平方米）、占用耕地计划指标××万亩（××平方米），加上收回的上年度未使用指标，20××年，我省合计可分配新增建设用地指标××万亩（××平方米）、农转用指标××万亩（××平方米）、占用耕地指标××万亩（××平方米）。

××厅拟订《20××年土地利用计划指标分解方案》，进行以下分配。

1. 省级重大基础设施项目计划指标××万亩，即××平方米（较去年增加××万亩，即××平方米）。

2. 落实重大战略部署项目计划指标××万亩（××平方米）。

3. 土地执法、"三旧"改造、土地市场动态监测与监管、高标准基本农田建设等奖励指标××万亩（××平方米）。

4. 解决各市20××年前留用地历史遗留问题计划指标××万亩（××平方米）。

5. 垃圾填埋场、垃圾焚烧厂、污水处理场等民生项目计划指标××万亩（××平方米）。

6. 各地级以上市计划指标××万亩（××平方米）。

同时将农转用计划指标、占用耕地计划指标，以及补充耕地计划指标分解下达，同步分配"三旧"改造目标任务，并对计划指标使用提出了相关要求。

此外，对近5年平均供地率小于××%的××市××县，除急需建设的民生项目，按规定暂停安排其新增建设用地指标。

现报请省政府审定。

二、情况说明

1. ××部下达我省20××年用地计划指标较去年增加××万亩（××平方米），总数名列第××位。

2.《20××年土地利用计划指标分解方案》已征求并采纳省发展改革委等部门的意见，并于××月××日召集有关部门开会进行了沟通和说明。（程序审核）

三、拟办意见

1. 经核，《20××年土地利用计划指标分解方案》分配原则符合《土地利用年度计划管理办法》规定（实体审核：是否符合政策法规），并已与有关部门进行了充分沟通（程序审核：是否符合正当程序），拟原则同意（定调：是否同意、原则同意、暂不同意），请××厅冠"经××政府同意"下达指标。其中，有关20××年土地市场动态监测与监管的事项不属于省政府确定的考核事项，建议删除（其奖惩指标数相等，删除后不对总指标分配产生影响）。

2. 请××厅针对20××年各地节余指标较多、指标使用时序不合理等问题进行认真研究，进一步完善指标下达后的跟进管理措施，建立健全科学合理的用地指标分配管理体系。同时，加大对"批而未征""批而未供"，以及闲置土地等存量土地的盘活处置力度，落实土地节约集约利用各项措施，切实提高土地利用效率。

请××同志批示。

20××年××月××日

5.1.4 如何提高办文及流转呈批效率

根据《党政机关公文处理工作条例》有关规定，结合具体办文工作，我认为，做好以下8项工作，是提高办文及流转呈批效率的关键。

1. 明确时效要求

制订《文电运转督办工作细则》，对收文、登记、办理、拟办等工作的时效进行明确规定，要求文秘人员严格按期完成工作任务，不得搁置拖延。原则上，急件即收即办，一般文件在收文后两个工作日内拟出办理意见。对于上级重要文件，务必在规定时间内办理。

2. 优化办文流程

对办文流程进行优化，重点把握程序审核、实体审核、提出意见等关键环节，并总结归纳注意要点供文秘人员参考。

3. 进行分类处理

一是区分阅知件和批办件，对于阅知件，即时处理；对于批办件，审慎处理。

二是区分轻重缓急，按"先急后平"的原则处理，急件要优先、抓紧处理。文件较多，难以按时限处理时，应及时报告，由领导统筹解决。

4. 提前介入拟稿

与相关业务部门保持沟通衔接，对于重要文稿，可以提前介入，会商研究起草和修改工作，确保按时、保质完成任务。

5. 适机呈报领导

留意领导的活动安排，及时呈报领导批示。如遇有关领导外出，应通过电话向领导或其秘书报告（一般情况不发传真），征得领导同意后继续向上呈报，并在文件内适当位置注明越呈原因。对于绝密件（含密电），呈报后当天下午下班前未退回的，经办人员应主动跟踪收回，领导未阅示的也应收回，下一个工作日再呈报。呈报过程要注意办理登记签收。

6. 做好登记跟踪

对于批办件，按领导排序不间断呈报，呈报过程中，每个环节都要在机关内网登记录入，并注意跟进。领导超过一定时间未阅示的，要及时进行提示，防止文件遗失。

7. 加强督办工作

经办人员负具体督办责任，要与办文工作同步做好督办工作。文电有明确期限的，经办人员要在文件转出后一个工作日内与主办部门进行沟通衔接，确认对方经办人员，要求其按时回复。按规定时限逾期未报的文电，经办人员要及时督办，每天督办一次，及时掌握进展情况。对于逾期3个工作日的文电，经办人员要及时报告领导，必要时发出《督办单》。

8. 及时报告情况

对于领导交办或关注的重要文件，办理过程较长的，经办人员要及时报告进展情况。对于因部门意见分歧太大、未能协调一致而导致无法回复的文件，经办人员应及时向领导报告或请求领导协调。

以党委办公室和政府办公室名义印发的文件，需要做的主要协调处理工作如下。

一是统一报文的标准和要求。 包括统一代拟稿、政策法规文件、起草说明、部门意见、调研报告等报送公文的标准和要求。

二是建立协调沟通工作机制。 党委办公室和政府办公室的办文处室之间应该保持工作沟通，及时对有关文件的办理方式进行商议。

三是注意办文过程的有效衔接。 特别关注要上政府常务会议和常委会的公文，经办人员要提前报送相关上会公文。

5.1.5　公文报送的注意事项

在机关单位工作，经常需要向上级报送公文，如报告、请示、议案等。报送公文过程中，如果粗心大意或犯常识性错误，很容易影响本单位和本单位领导在上级心目中的形象。那么，公文报送应该注意哪些问题？接下来简单介绍10个注意事项。

1. 合理填写签批时间和印发时间

签批时间即公文的落款时间，一般是领导签批"同意"的时间，不要随意更改。当然，遇特殊情况，可以具体情况具体分析。印发时间是公文报送至上级机关的时间，一般是报送当天，最好不要将日期写得离报送当天太远，否则很可能被退文。

2. 关注签发人的要求

报送上级的公文必须由主要负责人或主持工作的负责人签发或审核。有关重要事项的公文，必须由主要负责人签发，主要负责人外出期间由主持工作的负责人签发；有关一般事项的公文，可以由分管负责人签发，但必须经主要负责人审核。

3. 认真编写发文文号

编写发文文号是比较重要的格式要求。发文文号是按顺序编写的，不要疏忽大意，犯忘记编写发文文号或重复编写、遗漏发文文号的低级错误。

4. 选择合适的报送方式和反馈方式

不同地方、不同文件的报送方式不同，有的要求报送纸件，有的则要求通过信息系统传送……文秘人员需要根据上级机关的要求，选择合适的报送方式，防止对方未能及时接收文件。比如，有的上级机关要求下级报送公文的时候，报送材料要包括文件正本及电子版、起草说明（重大、复杂的文件需要附起草说明，主要包括起草背景、依据、过程、框架内容等）、部门意见及采纳情况说明、原始征求意见稿、相关法规及涉及的政策文件、有关领导批示、起草参考文件（调研报告、其他省份同类文件等）等内容，文秘人员要按照要求报送，同时及时将报送文件的信息（文件名称、时间、接收人、是否回复等情况）记录下来，方便查阅。

5. 做到内部协商一致

主办部门起草报送上级机关的请示性公文时，凡涉及其他部门职权的，必须主动与相关部门充分协商，由主办部门主要负责人与相关部门负责人会签或联合报本单位领导/领导机关审批。部门之间有分歧的，主办部门主要负责人要主动与相关部门负责人协商；协商后仍不能取得一致意见的，主办部门应列明各方理据，提出办理建议，由主要负责人与相关部门负责人会签后报本单位领导/领导机关决定。

6. 关注办理时效

需要请示上级机关的事项，要给上级机关留出足够的研究、决策时间——一般事项不少于14个工作日；紧急事项不少于7个工作日；特别紧急的事项，应事先与上级机关沟通说明情况，抓紧办理，尽快报送。要实事求是地标注公文缓急程度，不能因为自身原因拖延时间，把平件办成了急件，或是逼迫领导为赶时效连夜签发。

7. 原则上不得报送领导个人

报送上级机关审批的公文，由上级机关按照领导的分工呈批、核批或审批。各部门不得将应由上级机关审批的公文直接报送领导个人。当然，领导直接交办的个别事项和确需直接报送审批的敏感绝密事项、重大突发事项、部门涉外事项除外。

8. 未经上级机关批准，上级机关各部门不得向下级机关正式行文

上级机关各部门除用函的形式商洽工作、询问和答复问题、审批事项外，一般不得向下级机关正式行文。有的单位办公室可以向下级机关正式行文，是因为制度

已有规定。因特殊情况确需向下级机关正式行文的，需要报上级机关批准，行文时应在文中标注"经上级机关同意"。

9. 严格按照隶属关系和职权范围报送公文

向上级报送公文，要严格按照隶属关系和职权范围进行。应报送上级机关审批的事项，不得报送上级机关某个部门。有的地方办公室有发文权限，但未经允许，各部门不得以办公室的名义向上级机关报送公文。各机关单位下属的管理机构、行业协会等，不能跳过所属机关单位，向所属机关单位的上级单位报送公文。

10. 明确涉密文件及公开发布文件的有关要求

涉及国家秘密的公文，即涉密文件，应当根据有关规定准确标注密级和保密期限。可以公开发布的文件，应在文末附注处加以说明。

公文报送的注意事项远不止以上内容，像"请示事项应一事一报""报告中不得夹带请示事项"等常识，因篇幅关系，不在此赘述。

做公文处理工作，最强调两点：一是严格规范，按规定、按程序办事；二是严谨细致。只要有高度的责任心，严格按程序办事，哪怕出错，也不会出大错。

5.2 公文文稿审核的"3个把关"

部分文秘人员成长到一定阶段后，不再需要直接动笔写公文，转而肩负起公文文稿的把关、协调与核改任务。公文文稿的把关、协调与核改是公文处理工作的重要环节和主要内容，需要极强的专业素质和专业能力。本节重点介绍如何把关、协调与核改公文文稿。

常见的公文文稿包括决定、意见、工作报告、工作规划、行动计划、工作方案等。核改公文文稿，不是做简单的文字功夫、表面文章，这一过程实质上是思考问题、模拟决策、推动工作的过程，需要经过严谨的审核程序，进行充分的沟通协调和缜密的剖析修改。

《党政机关公文处理工作条例》规定，公文文稿签发前，应当由发文机关办公厅（室）进行审核；需要发文机关审议的重要公文文稿，审议前由发文机关办公厅（室）进行初核。

核改公文文稿是公文办理的组成部分，是公文起草工作的延伸，是公文拟制的重要环节，需要严格遵循公文办理的要求、原则和程序。在核改公文文稿之前，必须认真研读公文文稿，全面掌握公文文稿的起草背景、目的、程序、内容，以及相关注意事项，以便进行审核把关。公文文稿的审核把关具体包括以下 3 个方面。

5.2.1　方向性把关

方向性把关，即对文稿起草的必要性和文稿内容的可行性进行把关。

《党政机关公文处理工作条例》第十三条规定，"行文应当确有必要，讲求实效，注重针对性和可操作性"。

对有关单位报送的公文文稿，第一，对必要性进行把关，判断行文理由是否充分，行文依据是否准确，可以从文稿涉及工作是否有重要意义、是否十分紧急、社会关注度是否高、不通过发文采取措施是否会引发严重后果、以什么样的形式发文比较合适等方面进行把关；第二，对可行性进行把关，认真审核文稿是否具有实在内容或者是否空话连篇、反映情况是否客观真实、分析问题是否实事求是、所提政策措施是否切实可行、对执行单位是否具有针对性等。

《党政机关公文处理工作条例》第二十一条规定，"经审核不宜发文的公文文稿，应当退回起草单位并说明理由；符合发文条件但内容需作进一步研究和修改的，由起草单位修改后重新报送"。

5.2.2　政策性把关

政策性把关，即对文稿起草的依据和所遵循的政策法规进行把关。

《党政机关公文处理工作条例》规定，（公文文稿内容）应当符合党的理论路线方针政策和国家法律法规，完整准确体现发文机关意图，同现行有关公文相衔接且所提政策措施和方法应当切实可行。

合法性审核是依法治国和依法行政的应有之义，进行公文文稿审核把关时要认真审核公文文稿内容是否符合国家的法律法规和现行的政策规定。同时，因发文主体是党政机关，进行公文文稿审核把关时要认真审核公文文稿是否能够完整、准确地体现发文机关的意图、机关负责人的意图。

5.2.3 程序性把关

程序性把关,即对文稿起草的过程和程序进行把关。

《党政机关公文处理工作条例》规定,(公文起草应当)"深入调查研究,充分进行论证,广泛听取意见"。

公文起草过程中,一方面,要遵循公文文稿涉及事项本身按规定必须遵循的程序,包括调查研究、集体决策、公示、听证、论证等法定程序,提高公文文稿起草的科学化水平和民主参与度;另一方面,公文文稿内容涉及其他地区/部门职权范围时,起草单位必须征求相关地区/部门意见,力求达成一致。对于没有遵循法定程序或征求相关地区/部门意见的公文文稿,要退回起草部门并说明理由,请其对相关政策措施再作论证或者与相关地区/部门协商一致;如果起草部门与相关地区/部门多次沟通协调,仍未能就公文文稿相关内容达成一致意见,需要办公厅(室)介入参与协调沟通,努力达成一致意见。

5.3 公文文稿沟通的"3个协调"

沟通协调贯穿公文文稿核改全过程。只有进行充分的沟通协调,才能全面把握公文文稿的起草过程、写作目的、意义,以及可能存在的难题和需要注意的事项,才能吸取各方意见、集思广益地修改完善公文文稿,才能就某些争议问题形成一致意见。

可以说,沟通协调的质量和效果直接影响公文文稿核改的质量和效果。从工作实践来看,沟通协调主要分3个方面进行,如下。

5.3.1 对接协调主办单位的工作意见

相对而言,办文单位在客观作出判断、理解上级政策和领会领导意图方面有优势,但主办单位更能及时掌握实际工作情况、具体业务政策和起草文件的目的。因此,在核改公文文稿过程中,办文单位要始终与主办单位保持密切沟通、积极听取意见,避免有所疏漏或出现偏颇。

①核改公文文稿之前,要主动联系沟通,深入了解把握起草文件的初衷、背景和过程,以及实践工作中的问题和困难。

②核改公文文稿时，要认真听取主办单位的意见，共同研究完善公文文稿，注意具体业务政策的衔接以及政策措施的针对性和可行性。

③核改公文文稿之后，要主动反馈给主办单位，再次确认和听取不同意见。

5.3.2 沟通协调综合部门的意见建议

面对涉及领域宽、内容广的批办件，办文单位需要征求综合部门的意见，因为有关综合部门熟悉政策、了解情况，提出的意见往往专业性更强、考虑更缜密、表述更准确。特别是面对涉及资金、编制和机构、考核、法律问题的公文文稿时，要分别征求财务（财政）、编办或人力资源、法务等单位/部门的意见。

①如涉及使用资金或者经费保障，要严格按照预算和有关专项资金使用办法等规定，补充征求财务部门的意见。上级文件有原则性表述的，予以保留；无明确规定的，按照财务部门的意见予以修改；确实需要分配相关专项资金的，请有关牵头部门另外按程序报批。

②如涉及成立中心等机构、编制问题，涉及成立领导小组等议事协调机构问题，要严格按照相关规定的要求，补充征求相关单位、领导、部室的意见。

③如涉及增设考核、评比、表彰活动等问题，要严格按照相关规定或通知的要求，补充征求人力资源部门的意见。

④如属于按规定保留的考核、检查、评比、表彰项目，按照保留项目的规范表述进行核改；如不属于保留项目，根据实际情况进行处理，或者直接删除，或者修改为强化目标评价，抑或者开展综合评估，确实需要增设的项目，请有关牵头部门另外按程序报批。

⑤如涉及相关法律问题或者政策规定，要严格按照相关规定补充征求法治部门的意见，进行合法性审核。

5.3.3 统筹协调不同部门的分歧意见

业务部门有时会从部门利益出发考虑问题，所提意见未必公允客观，可能出现夹带私货现象，办文单位要重点关注分歧意见，统筹协调，稳妥处理。

①对各部门的意见，要站在客观公允的立场上，善于分析、甄别和综合，能够相互补充完善的，予以综合采纳。

②部门意见不一致的,要进行协调沟通,找出"最大公约数"。

③部门意见较为对立的,要深入研究、审慎权衡后进行公正裁定,必须有充分的理由和依据。

④部门意见存在原则性分歧的,经办层面确实无法协调沟通的,切不可久拖不理,要及时提请领导开会协调。

公文文稿的具体核改

这部分内容,在第3章讲解"修饰审美思维模式"时有所涉及,当时重点讲了"自写自改"的情况,接下来讲讲"别人写,你核改"的情况。

一般来说,经过充分沟通,即可核改来稿。具体的公文文稿核改,应当大处着眼、小处着手,在总体思路、谋篇布局、遣词造句、格式规范等方面,逐级逐步琢磨思考,逐句逐字推敲修订。

5.4.1 核改公文文稿,要看总体思路

明确公文文稿的目的意义、主要依据、总体要求,以及为什么要出台文件、以什么规格出台文件,并确定发文机关、发文规格、发文文种等要点。

1. 核改公文标题

在核改公文标题的过程中,需要重点关注以下几点。

(1)要素完整。公文标题由发文机关、事由和文种组成。一般不要连用"关于"和"对"两个介词;转发多个部门的文件时,可以用"××等部门"形式进行简化表述;除法律、法规、规章加书名号外,一般不在公文标题中使用标点符号。

(2)文种正确。该关注点可细分为3点,如下。

一是"批复"和"函"切勿混淆。"批复"适用于答复下级机关的请示事项,此文种应当以××机关的名义印发;若由办公室代行文答复,应当使用"函"或"通知"等文种,不应使用下行文种"批复"。

二是"意见"和"通知"有所不同。一般而言,涉及重大事项、具有指导意义、能够反复适用的文件为"意见",通常是政策性文件;相对而言,对某专项工作或特定活动作出部署安排的为"通知"。

三是"批转"和"转发"语气不同。机关单位发文一般为直述，如"××机关已同意（或批准）××部门的报告，现转发给你们……"；机关单位办公室发文一般为转述，如"××部门的报告已经××机关批准，现转发给你们……"。

（3）引文无误。公文文稿中有引文时，需要查找、核对原文件标题。正式文件中第一次引文时，需要标注原文件的具体发文字号。

2. 核改指导思想等有关内容

有些公文文稿的内文涉及指导思想、目标要求、基本原则等有关内容。若无实际工作内容与之匹配，建议将这些内容删除，或者浓缩在一个自然段中。

（1）关于指导思想。参照中央政策文件的最新提法，确保按规范提法表述。为规范准确，建议统一用"总体要求"的提法代替"指导思想"的提法。

（2）关于目标要求。与现行政策文件相衔接，注意不同部门指导文件和统计口径的异同，确保同类文件目标一致。

（3）关于基本原则。注意吸纳国家有关文件要求，要兼顾实际工作，确保与随后提出的相关措施相对应。

5.4.2 核改公文文稿，要看谋篇布局

1. 核改框架结构

围绕一个主题或中心思想，按照一定的逻辑顺序和线索，思索搭建合适的框架结构，将各种想法和念头整合后表达出来，这就是谋篇布局。核改框架结构，需要重点关注以下几点。

（1）连线原则。审查各部分是否环环相扣、紧密相连，合起来能否构成一个整体、体系。

（2）有序原则。审查各部分的排列顺序是否合理、是否循序渐进，分清主次、先后、轻重、缓急等。

（3）均衡原则。审查各部分的意义是否对等、内容是否均衡，以及是否存在头重脚轻、畸重畸轻等情况。

2. 核改段落篇章

公文文稿中，每一个重要段落都应该有一个思想观点，都应该自成一个小系统。

对段落篇章进行核改，需要重点关注以下几点。

（1）言之有物。表述必须有指向、有内容，切合实际情况，瞄准存在的问题。

（2）言之有据。立论要有根据，句句有出处、事事有来历。

（3）言之有序。句与句之间必须逻辑清晰、有条有理、层层递进、前后贯穿。

（4）言之有理。观点要立得住，推理准确、理由充足、使人信服。

（5）言之有文。讲求语法文采，简略得当、干净清爽。

3. 核改段落标题

核改段落标题，主要看段落标题是否紧扣主题、围绕主旨提炼，段落标题是否与段落内容契合，段落标题是否准确、恰当、合理，段落标题之间是否有一定的逻辑关系，段落标题是否醒目、简洁、协调等。

5.4.3 核改公文文稿，要看遣词造句

1. 核改句式语法

由两个及两个以上词组结合起来表示完整的思想或动作的，是句子。无论是单句、短句，还是复句、长句，句式必须符合文法，不能成为病句。对句式进行核改，需要重点关注以下几点。

（1）句子成分残缺。该关注点可细分为5点，如下。

①缺主语。比如，"经××党委决定，授予××等同志'先进工作者'称号"，此句的主语应该是"××党委"，但加上了"经"字，"经××党委"成了"决定"的状语，导致授予者不详，句子缺了主语，核改方法是删掉"经"字。又如，"通过老师深入浅出的讲解，使我明白了这道难题"一句中，"通过……讲解"是介词结构，不能用作主语，所以这句话没有主语，核改方法是删除"通过"。

②缺谓语。比如，"为全面建设社会主义现代化国家的目标而团结奋斗"一句中，"社会主义现代化国家"是固定词组，用来修饰"目标"，此句缩略为"为目标而团结奋斗"，缺少谓语，核改方法是在"为"后加"实现"，即"为实现全面建设社会主义现代化国家的目标而团结奋斗"。

③缺宾馆。有些动词需要带名词性宾语，但只带了宾语中心词的定语，导致宾语残缺。比如，"加大对电信网络新型违法犯罪"一句明显缺少宾语，核改方法是在

句末加"的打击力度"。又如,"重点抑制某些行业投资规模过大,加大结构调整力度"一句中,"投资规模过大"是修饰宾语的定语,全句缺少宾语,核改方法是在其后加宾语"势头"。

④缺介词。比如,"鼓励农民工自愿参加职业技能鉴定,鉴定合格者颁发职业资格证书"缺少介词,核改方法是在"鉴定合格者"前加介词"对"。又如,"中国人民团结奋进全面建成社会主义现代化强国道路上"缺少介词,核改方法是在"团结奋进"后加介词"在"。

⑤缺定语中心词。比如,"宣传一批救援受灾人员中好的做法和好的经验"一句中,"宣传"是谓语、"做法"和"经验"是宾语,宣传的不是救援受灾人员,而是定语中心词"工作",核改方法是在"救援受灾人员"后加"工作"一词。又如,"定期公布污染的单位和责任人员"一句的定语明显不完整,"公布"是谓语,"单位和责任人员"是宾语,定语中心词应该是"造成污染",核改方法是在"污染"前加"造成"。

(2)句式杂糅、成分多余。比如,"关于对××企业章程(修正案)征求意见稿的意见的函"一句中,"关于"和"对"词性相同、词义相近,属于同义词复用,且"意见"不需要以"函"为载体,核改方法是将其改为"关于××企业章程(修正案)征求意见稿的意见"。

(3)搭配不当。该关注点可细分为5点,如下。

①主谓搭配不当。比如,"长期以来计划经济色彩较快"一句中,"色彩"与"较快"搭配不当,核改方法是将"较快"改为"较浓"。又如,"诊疗条件和服务质量有所改善"一句中,"改善"和"质量"搭配不当,核改方法是将其改为"诊疗条件和服务质量有所改善和提高"。

②动宾搭配不当。比如,"发现和解决了一大批安全隐患"一句中,"解决"与"隐患"搭配不当,"解决"指处理问题,"隐患"指潜藏的祸患,核改方法是将其改为"发现和排除了一大批安全隐患"。又如,"一定要注意避免引发新的地质灾害,及时防范地质灾害隐患"的核改方法是将"防范……隐患"改为"消除……隐患"。再如,"坚决纠正城镇房屋拆迁中各种侵害人民群众利益的问题"的核改方法是将"纠正……问题"改为"纠正……行为"。

③状语和谓语搭配不当。比如,"确保重大工程顺利进展"的核改方法是将"顺利进展"改为"进展顺利"或"顺利进行"。

④修饰语和中心词搭配不当。比如,"要加大对违法违纪现象的查处力度"的核改方法是将"现象"改为"行为"。又如,"是近10年增长速度最高的一年"的核改方法是将"增长速度最高"改为"增长幅度最大"或者"增长速度最快"。再如,"××工作取得了明显成绩"的核改方法是将"成绩"改为"成效"。

⑤介词使用不当。比如,"按每股净资产值为基础,由双方依商业原则协商确定收购价格"的核改方法是将"按"改为"以"。又如,"进一步发挥群测群防的作用,力求把地质灾害防患于未然"的核改方法是将"把"改为"对"。

2. 核改字词

字词是构成句子的单位。字词用法的审核标准有两点:一是贴切,用词恰到好处,能够精准地表达本意;二是明白,用词无晦涩之感,能够让人轻松理解。

核改时,大家要认真推敲,避免犯3个错误:遣词不准确、使用不规范、出现错别字。

(1) 避免遣词不准确。举6个例子说明这一关注点,如下。

①"增长"和"增加"。"增加"是在原有的基础上增多;"增长"是提高的意思,通常与百分比搭配使用。比如,"地方财政收入由1997年的1072万元增长到2002年的5638万元""科技人员人均年收入由1997年的6700元增长到2002年的17800元"中的"增长"均为误用,核改方法是将"增长"改为"增加"。

②"公布""发布"和"颁布"。依照有关规定,法律、法规用"公布",决定、命令用"发布",一般不使用"颁布"一词。比如,"国家颁布了《中华人民共和国节约能源法》《中华人民共和国清洁生产促进法》等法律""国务院修订发布了《住房公积金管理条例》"中的"颁布""发布"均为误用,核改方法是将其中的"颁布""发布"改为"公布"。

③"截止"和"截至"。"截止"后不能带宾语,如果"截止"出现在时间之前,需要加一个介词为补语;"截至"用在时间之前,不能用在时间之后。比如,"截止2023年9月"的核改方法是将其改为"截至2023年9月"或"截止到2023年9月"。

④"制订"和"制定"。"制订"的对象多为方案、计划、规划等,强调的是形成过程;"制定"的对象多为路线、方针、政策、法令、规章制度等,强调的是拍板定案。比如,"实施办法应在6月底前制定出台"的核改方法是将"制定"改为"制订"。

⑤"上交"和"上缴"。"上交"适用范围大,无强制性;"上缴"适用范围较小,具有一定强制性。比如,"隐瞒应当上交的财政收入""滞留、截留、挪用应当上交的财政收入"中的"上交"均为误用,核改方法是将"上交"改为"上缴"。

⑥"保证"和"保障"。比如,"从法律上保证彻底禁止制售和使用'毒鼠强'等剧毒杀鼠剂"的核改方法是将"保证"改为"保障"。

(2)避免使用不规范。举5个例子说明这一关注点,如下。

①"以上"和"以下"。法律、法规等公文中使用的"以上""以下"均含本数,不必加括号说明。比如,"县及县以上地方各级人民政府"的核改方法是删去"县及"。又如,"地级及其以上市人民政府"的核改方法是删去"及其"。再如,"达到总数的30%以上(含30%)"的核改方法是删去"(含30%)"。

②"其他"和"其它"。出版物和公文中统一使用"其他",不使用"其它"。比如,"注重平台建设的政策规定与其它政策规定的配套与衔接"的核改方法是将"其它"改为"其他"。

③"报道"和"报导"。出版物和公文中统一使用"报道",不使用"报导"。比如,"突发公共事件的新闻报导"的核改方法是将"报导"改为"报道"。

④"辖区"和"行政区域"。比如,"各地政府要摸清本辖区内低收入人口的基本情况"的核改方法是将"辖区"改为"行政区域"。

⑤"亟需"和"亟须"。比如,"亟需建设3万平方米展馆"的核改方法是将"亟需"改为"亟须"。

(3)避免出现错别字。该关注点可细分为3点,如下。

①字形相似或相近。比如,"派遗国国民"应为"派遣国国民"。又如,"因交不起学费而失学、缀学"应为"因交不起学费而失学、辍学"。再如,"高校学生助学货款问题"应为"高校学生助学贷款问题"。

②音相同、音相近而字不同。为大家多举几个例子——"倍受关注"应为"备受关注","产业集聚效应突显"应为"产业集聚效应凸显","社会各届"应为"社会各界","通讯线路""通讯卫星"应为"通信线路""通信卫星","准格尔盆地"应为"准噶尔盆地","幅原辽阔"应为"幅员辽阔","签定"应为"签订","富裕劳动力"应为"富余劳动力","明查暗访"应为"明察暗访","再接再励"应为"再接再厉","应有之意"应为"应有之义","长抓不懈"应为"常抓不懈"……

③音同形近而义不同。举3个例子,如下。

"摧"和"催"。"摧人奋进的作品"应为"催人奋进的作品"。

"账"和"帐"。"账"是"帐"的分化字,用于指示与钱财有关的东西,比如,账本、账户、挂账、报账、欠账、还账、算账等。"帐"用于指示用布、纱、绸子等材料制成的遮蔽物,比如,帷帐、帐篷、蚊帐、青纱帐等。

"度"和"渡"。"度"多指时间上的度过,常与时代、季节、光阴、岁月等相关词语搭配,比如,虚度年华、欢度春节等;"渡"多指乘船或游泳横过江、河等,常与江、河、湖、海,以及困难、难关、危机等相关词语搭配,比如,渡过长江、渡过危机等。

5.4.4 核改公文文稿,要看格式规范

1. 核改标点符号

标点符号是辅助文字记录语言的符号,是书面语的有机组成部分,用于标示语句的停顿、语气,并标示某些成分(主要是词语)的特定性质和作用。《标点符号用法》(GB/T 15834-2011)规定了标点符号的标准用法。对标点符号进行核改,需要重点关注以下几点。

(1)逗号用法。逗号用于标示句子或语段内部的一般性停顿,使用时需要格外关注其与顿号的不同——顿号用于标示句子或语段内部并列词语之间的停顿。比如,"按照'分级管理,逐级负责'的原则"一句中,"分级管理"与"逐级负责"为句子内部的并列词语,核改方法是将其间的逗号改为顿号。又如,"拥军优属、拥政爱民,是我党我军我国人民的优良传统和特有的政治优势"一句中,"拥军优属、拥政爱民"是主语,不应用逗号将其与后面的句子成分隔开,核改方法是将"拥政爱民"后面的逗号删去。

(2)顿号用法。该关注点可细分为3点,如下。

①相邻或相近数字连用表示概数时,通常不使用顿号。比如,"飞机在6000米高空水平飞行时,只能看到两侧八九千米和前方一二十千米范围内的地面"。

②标有引号的并列成分之间、标有书名号的并列成分之间,通常不使用顿号。比如,"'日''月'构成'明'字""店里挂着'顾客就是上帝''质量就是生命'等横幅"《红楼梦》《三国演义》《西游记》《水浒传》是我国的四大名著"等。

③若有其他成分插在并列的引号之间或并列的书名号之间,需要使用顿号。比

如，"李白的'白发三千长'（《秋浦歌》）、'朝如青丝暮成雪'（《将进酒》）等，都是脍炙人口的诗句"。

（3）连接号用法。该关注点可细分为3点，如下。

①标示相关项目（时间、地域等）的起止，用一字线（占两个字符的位置）。比如，"沈括（1031—1095年），宋朝人""2011年2月3—10日""北京—上海"。

②标示数值范围（由阿拉伯数字或汉字数字构成），用浪纹线（占两个字符的位置）。比如，"25～30g""第五～八课"。

③标示化合物的名称，用作图序、表序，连接号码（包括门牌号码、电话号码），在复合名词中起连接作用，标示某些产品的名称和型号，用在汉语拼音、外来语内部时，均用短横线（占一个字符的位置）。

（4）括号用法。该关注点可细分为5点，如下。

①圆括号"（）"较常用，可用于绝大多数需要使用括号的情况。

②方括号"[ ]"多用于标示作者国籍或所属朝代。比如，"［英］赫胥黎《进化论与伦理学》"。

③方头括号"【】"多用于报刊中标示电讯、报道的开头，以及标示被注释的词语。比如，"【新华社南京消息】……""【爱因斯坦】物理学家。生于德国，1933年因受纳粹政权迫害，移居美国"。

④六角括号"〔〕"多用于标示公文发文字号中的发文年份、作者国籍或所属朝代，以及标示被注释的词语。比如，"国发〔2011〕3号文件""〔唐〕杜甫""〔奇观〕奇伟的景象"。

⑤除科技书刊中的数学、逻辑公式外，所有括号（特别是同一形式的括号）应尽量避免套用，必须套用括号时，要配合使用不同的括号形式。比如，"〔茸（róng）毛〕很细很细的毛"。

（5）分号、逗号、顿号在标示层次关系时的区别。通常情况下，分号、逗号、顿号表示的停顿由长到短为分号＞逗号＞顿号。具体而言，顿号表示的停顿最短、层次最低，通常只能用于表示并列词语之间的停顿；分号表示的停顿最长、层次最高，可以用于表示复句中分句之间的停顿；逗号介于两者之间，既可用于表示并列词语之间的停顿，又可用于表示复句中分句之间的停顿。若分句内部已有逗号，分句之间就应该使用分号。比如，"动物吃植物的方式多种多样：有的是把整个植物吃掉，如原生动物；有的是把植物的大部分吃掉，如鼠类；有的是吃掉植物的要害部位，如鸟类吃掉植物的嫩芽"。

（6）序次语之后的标点符号用法。"第""其"字头的序次语，或"首先""其次""最后"等做序次语时，其后用逗号。不带括号的汉字数字做序次语时，其后用顿号。不带括号的阿拉伯数字、拉丁字母或罗马数字做序次语时，其后用下脚点（该标点符号属于外文标点符号）。不同层次的序次语由高到低为"一、"＞"（一）"＞"1."＞"（1）"＞"①"＝"a."。

（7）行文中表示引用的引号内外的标点符号用法。引号内通常不用句末点号，但是当引文完整且独立使用，或虽不独立使用但带有问号或感叹号时，引号内的句末点号应保留。当引文位于句子停顿处且引号内未使用点号时，引号外应使用点号；当引文位于句子非停顿处或引号内已使用句末点号时，引号外不使用点号。

（8）行文中括号内外的标点符号用法。句内括号行文末尾通常不使用标点符号，但是需要时可使用问号、感叹号和省略号。句内括号外是否使用点号取决于句内括号所处位置，若句内括号位于句子停顿处，应使用点号。句外括号行文末尾是否使用句号由句外括号内的语段结构决定，若语段较长、内容复杂，应使用句号。句外括号外通常不使用点号。

（9）其他。公文标题一般不使用标点符号（易引起歧义的情况除外）。公文中第一层次标题一般不使用标点符号（易引起歧义的情况除外），第二层次及以下标题均应使用标点符号。公文中第三层次的序数一般为阿拉伯数字加下脚点。

2. 核改数字

公文文稿中的数字，要严格按照《出版物上数字用法》（GB/T 15835-2011）进行使用。对数字进行核改，需要重点关注以下几点。

（1）使用阿拉伯数字的情况。该关注点可细分为 3 点，如下。

①使用数字进行计量。比如，数值＋计量单位。

②使用数字进行编号。比如，电话号码、邮政编码、汽车号牌、道路编号、图书编号、产品型号、产品序列号、行政许可登记编号。

③使用已定型的含阿拉伯数字的词语。比如，5G 手机、MP3 播放器、G8 峰会、维生素 B12、97 号汽油。

（2）使用汉字数字的情况。该关注点可细分为 3 点，如下。

①使用非公历纪年。比如，干支纪年、农历月日、历史朝代纪年。

②使用概数。比如，数字连用表示的概数。

③使用已定型的含汉字数字的词语。比如，万一、星期五、不二法门。

（3）使用阿拉伯数字与汉字数字均可的情况。该关注点可细分为3点，如下。

①如果表达计量或编号时需要用到的数字不多，选择汉字数字或阿拉伯数字在书写的简洁性和辨识的清晰性方面没有明显差异，使用两种形式均可。比如，17号楼（十七号楼）、3倍（三倍）、第5个工作日（第五个工作日）、100多件（一百多件）、20余次（二十余次）、约300人（约三百人）、40左右（四十左右）、50上下（五十上下）、50多人（五十多人）、第25页（第二十五页）、第8天（第八天）、第45份（第四十五份）、共230位同学（共二百三十位同学）、0.5（零点五）、76岁（七十六岁）、120周年（一百二十周年）、1/3（三分之一）、公元253年（公元二五三年）、1997年7月1日（一九九七年七月一日）、下午4点40分（下午四点四十分）、4个月（四个月）、12天（十二天）。

②如果要突出简洁醒目的表达效果，建议使用阿拉伯数字；如果要突出庄重典雅的表达效果，建议使用汉字数字。比如，北京时间2023年9月12日14时28分、十一届全国人大一次会议、六方会谈。

③在同一场合出现时，应遵循"同类别同形式"原则选择数字的书写形式。比如，2008年8月8日/二〇〇八年八月八日（不能写成"二〇〇八年8月8日"）、第一章……第十二章（不能写成"第一章……第12章"）。

（4）数值范围的表述。表述数值范围时，可使用浪纹线"～"或一字线"–"。前后两个数值的附加符号或计量单位相同时，在不会造成歧义出现的情况下，前一个数值的附加符号或计量单位可省略，如果省略某数值的附加符号或计量单位会造成歧义出现，则不可省略。比如，–36～–8℃、12 500～20 000元、9亿～16亿（不能写成"9～16亿"）、13万～17万元（不能写成"13～17万元"）、15%～30%（不能写成"15～30%"）。

（5）"零"和"〇"的用法。阿拉伯数字"0"有"零"和"〇"两种汉字数字形式。用作计量时，"0"的汉字数字形式为"零"；用作编号时，"0"的汉字数字形式为"〇"。比如，"3052（个）"的汉字数字形式为"三千零五十二（个）"、"95.06"的汉字数字形式为"九十五点零六"、"2012（年）"的汉字数字形式为"二〇一二（年）"。

3. 核改引文出处

引用公文在公文中首次出现时，应注明发文字号，再次出现时可直接使用发文字号指代。注意，引用标题和发文字号必须正确、完整。

4. 核改简称

简称也叫缩略语，一般由目标词组或句子中的关键词或语素组合而成。在公文文稿中使用简称可以使行文简洁，但要注意正确、规范使用。对简称进行核改，需要重点关注以下几点。

（1）规范化简称的使用。在公文中，规范化简称可以直接使用。所谓"规范化简称"，一是明文规定的简称，比如，《国务院机构简称》规定的机构名称的简称；二是社会约定俗成的简称，比如，纪委、高考、挖潜、集资、科研、全会。

（2）非规范化简称的使用。使用非规范化简称，一般先说明全称，再在其后加括号注明"以下简称××"，或者注明"以下称××"。比如，"会议原则通过了根据党的十六届四中全会精神制订的《国务院工作规则》（以下简称《规则》）……""会议起草了《著作权集体管理条例（草案）》（以下称送审稿）……"。

5. 核改格式排版

公文文稿的格式排版，严格遵循《党政机关公文格式》（GB/T 9704-2012）的要求。对格式排版进行核改，需要重点关注以下几点。

（1）发文字号是否有误（多为年号有误）。

（2）密级和紧急程度标注的位置是否有误（先标注密级，再标注紧急程度）。

（3）成文日期与领导批示的日期是否相符。

（4）如有附件，是否按要求注明附件顺序与名称（附件标题折行时不应顶格写）。

（5）是否按要求标注附注等。

（6）是否有主送机关在抄送栏中重复出现、遗漏抄送机关、抄送机关排序不当等问题。

第6章
如何整理和撰写会议纪要

- 6.1 如何整理会议纪要 / 188
- 6.2 了解党委会，才能写好党委会会议纪要 / 195
- 6.3 做好会务工作是加分项 / 200

整理会议纪要是文秘人员最日常、最重要的工作之一，非常考验文秘人员的综合、归纳、总结、写作等能力，很多文秘人员只了解该工作的表面技巧，工作多年也未掌握其精髓。本书作者之一郑文德写的一篇会议纪要，曾经得到某副省长的批示："归纳得很好！"本章主要为大家讲解如何整理能切实反映会议情况、会议精神并让领导满意的会议纪要。

如何整理会议纪要

会议纪要是记载、传达会议情况及议定事项的纪实性公文。党政机关、社会团体、企业、事业单位召开工作会议、座谈会、研讨会等重要会议后，一般都要形成会议纪要。

会议纪要主要用于记载会议的基本情况、成果、议定事项，并综合、概括地反映会议精神。会议纪要是一种共识性文件，主要是为了方便与会者统一认识，全面、如实地传达、落实会议精神，方便后续工作的开展。

会议纪要通常只印发与会单位，视情况可抄送有关单位或抄报上级主管部门。因此，会议纪要可以多向行文——可以向上级机关呈报，以便得到指导；可以向同级机关发送，以便得到支持和配合；可以向下级机关发送，以便下级机关贯彻执行。

会议纪要主要具有以下3个特点。

1. 纪实性

会议纪要具有纪实性特点，要如实地记载会议的基本情况。对会议中的分歧意见、不和谐声音、问题等，会议纪要要真实、概括地予以反映。会议纪要是一种历史凭证，具有查询考证的档案价值。

2. 概括性

会议记录需要如实记录会议的所有情况，而会议纪要是在会议记录的基础上，经过概括、整理、提炼形成的公文，具有高度概括性。

3. 指导性

会议纪要记载的是会议情况、会议结果、会议精神，既有记载性，又有传达性，故对工作有很强的指导性，需要与会人员贯彻执行。

根据所开会议的不同，会议纪要可以分为办公会议纪要和专项会议纪要，前者是会议主体召开定期或不定期的工作会议时形成的会议纪要，后者是会议主体为了研究专项问题召开会议时形成的会议纪要。

根据纪要内容的不同，会议纪要可以分为专题型会议纪要和综合性会议纪要。针对某个专题召开会议，对专项工作形成决定、决议后整理而成的会议纪要是专题型会议纪要。综合性会议纪要则侧重反映综合性会议的基本情况，包括会议的议题、讨论情况、讨论结果等。

那么，如何整理会议纪要呢？接下来，分开会前、开会时、开会后3个阶段为大家介绍相关经验，供大家参考。

6.1.1 开会前，充分准备

1. 掌握政策文件

掌握政策文件主要靠日常积累。一方面，要勤于收集、整理相关法律法规；另一方面，要及时熟悉、掌握相关"红头文件"，做到专业过硬。

2. 研究会议材料

会前认真研究相关会议材料，包括会议通知、部门汇报材料、领导讲话稿、已印发的会议文件等，对会议的主题、目的和主要内容做到心中有数。

3. 研读领导批示等材料

必要时，研读以往的领导批示、领导讲话、领导调研时的指示等材料，深刻领会领导的工作思路，做好开会准备。

6.1.2 开会时，掌握速记技巧

会议记录和会议纪要是不同的，会议记录是写会议纪要的基础材料。做好会议记录，是写好会议纪要的前提条件。会议记录和会议纪要的区别见表6-1。

表6-1 会议记录和会议纪要的区别

类别	功能	规范	内容和语言特色	用途
会议记录	原始凭证,以备查考	遵循约定俗成的规则	同步形成,原始、翔实。记录所发之言,语言原汁原味	有会必录,凡属正式会议,都要有会议记录,作为内部资料,用于存档备查,是进一步研究问题和检查、总结工作的依据,绝不公开发布
会议纪要	现行效用,传达执行	按照国家公文标准执行	会后摘编,系统、简要。记录主要精神,语言概括精练	只有需要向上级汇报或向下级传达会议精神时,才有必要将会议记录整理成会议纪要。会议纪要按公文程序发布,但一般没有主送和抄送机关

接下来,给大家介绍4个速记技巧。这些速记技巧主要用于在开会时进行会议记录,会后,再将会议记录整理为会议纪要。

(1)"手记第一句,脑储第二句,耳听第三句"。记录时,对自己的手、脑、耳进行合理分工,不一定要把所有会议内容都记录下来,而是以记主题、重点为主,这样可以大大提高记录速度。

(2)记"要点"和"易忘点"。领导的总结讲话是会议记录的关键和重点,一定要认真、如实地记录。会议记录应该突出的重点有会议中心议题及围绕会议中心议题展开的讨论、活动,会议讨论、争论的焦点及各方在会上发表的主要见解,会议开始时的定调性言论和结束前的总结性言论,会议已议决的或议而未决的事项,对会议产生较大影响的其他言论或活动等内容。在记录过程中,要尽量把大小标题、结论、典型事例、重要数据、具体时间、具体地点、有关人员等"容易忘记的内容"记录下来,并尽量把这些"易忘点"记准、记全。

(3)加强速记基本功训练。可以通过使用减少空中运笔、把字写小等技巧,以及大量使用简称、代称、略符(包括自创略符)、速符等方法提高记录速度;可以借助录音笔(单位提供)等设备辅助记录;非涉密内容,可以酌情使用有"语音实时转文字"功能的各类设备和软件辅助记录。

(4)学会借力。适当的时候要善于借力,请业务部门协助完善会议记录,以便整理出高质量的会议纪要。

6.1.3 开会后，整理出让领导满意的会议纪要

相较于会议记录，会议纪要更加强调准确、完整和精练，议而能决，决而能行，行而必果。因此，整理会议纪要的方法自有特点，如下。

1. 秉笔直书

实事求是，如实整理，不添油加醋，不自由发挥。

2. 述而不作

进行原汁原味、原封不动的阐述，不加入个人感情色彩和个人观点，不妄自揣测，不掺杂私货，以将领导的意图整理和呈现出来为要。

3. 查漏补缺

在领导阐述的框架内，结合政策要求和工作实践修正补充，使会议纪要骨肉丰满、意图圆满。

4. 度量得当

处理好先后、轻重、缓急、详略、长短的关系，把握好"度"，恰如其分地进行整理阐述。

整体而言，整理会议纪要的要求是**深入领会领导意图，准确把握领导思路，全面反映领导指示。**

具体而言，整理会议纪要要重点把握好以下 5 个要点。

（1）政策方针不能变。不能违反法律法规，不能背离党的路线方针，不能与现有政策文件相冲突。

（2）工作方向不能变。工作的基调、工作的理念和工作的态度不能变。

（3）基本思路不能变。领导关于目标工作的基本思路不能变，要顺着领导的工作思路进行整理。

（4）重要观点不能变。领导对于目标工作的重要观点，特别是反复强调的重要观点不能变。

（5）工作重点不能变。不能眉毛胡子一把抓，要突出领导反复强调的工作重点。

案例 6-1

专题会议纪要（原稿节选）

20××年××月××日下午，××主持召开集团品牌规划建设专题研讨会，听取了办公室关于集团品牌规划建设的汇报，分析了当前集团品牌规划建设的工作形势及存在的问题，并就如何做好下一步工作提出了指导意见。纪要如下。

一、充分认识品牌管理的深远意义

"品"是内在品质，"牌"是对外影响力，"品牌"是企业核心价值、经营理念和社会责任的集中统一体现。要通过加强品牌规划建设，实现集团改革发展事业"有表有里、表里如一"，推动形成集团高质量品牌效应，进一步规范企业行为、提升工作效能、防范各类风险。

……

参加人员：××、××、××。

发送：××、××、××。

专题会议纪要（核改后节选）

20××年××月××日下午，××主持召开集团品牌规划建设专题研讨会。会议听取了办公室关于集团品牌规划建设的情况汇报，分析了当前集团品牌规划建设存在的问题，并就做好下一步工作进行了研究部署。纪要如下。

一、提高思想认识，深刻把握品牌规划建设的重要性和深远意义

"品"是内在品质，"牌"是外在门面，"品牌"既有里子，又有面子，与企业的经营管理和长远发展息息相关，是企业文化、经营理念和社会责任的充分体现。我们要充分认识集团品牌规划建设的重要性和必要性，加强集团品牌规划建设，确保集团改革发展事业"有表有里、表里如一"，奋力推动集团实现高质量发展。集团品牌规划建设要避免依靠虚假宣传、花钱买流量等短视行为出成绩，要在持之以恒、久久为功上下功夫，在管理效能、服务质量和信用建设上下功夫，坚持勤劳奋斗不动摇，坚持诚信经营不动摇，着力打造可持续发展的"百年老店"。

……

参加人员：××、××、××。

发送：××、××、××。

解析：案例中的两个会议纪要最大的区别在于前者过分简约，整理的多为口号化、标签化、刻板化的内容，省去了会议的"精髓"和"灵魂"。在记录品牌建设相关内容时，前者未提及会议谈到的"虚假宣传""花钱买流量"等短视行为，仅简单写了几句话，且"各自为政"，缺乏内在关联，读起来松散无神，甚至有一种"干巴巴"的感觉。核改后的会议纪要准确、完整、凝练，且脉络清晰、逻辑通顺、行文流畅，称得上"十分得体"。

专题会议纪要（原稿节选）

20××年××月××日下午，××主持召开××局信息工作专题会议，××局办公室、发展计划科、农业与社会发展科、综合业务科等有关负责同志参加会议。纪要如下。

会议分别听取了办公室、发展计划科、农业与社会发展科、综合业务科关于信息工作情况的汇报，分析了××局当前信息工作存在的分工合作不紧密、方式方法不科学等方面的问题，对接下来的工作进行了研究部署，提出了以下指导意见。

……

二、深度整合部门资源

一是整合人力资源。调动业务部门和研究部门的力量，发挥好办公室的协调统筹作用，建立协同机制，形成工作合力。

二是整合素材资源。聚焦中央精神、国家乡村振兴战略、高质量发展，夯实研究写作水平，开辟创新工作思路。

三是融合精练思想。发掘核心价值，体现中心思想，基于当前经济社会环境与形势，展现××局的担当奉献精神。

……

参加人员：××、××、××。

发送：××、××、××。

专题会议纪要（核改后节选）

20××年××月××日下午，××主持召开××局信息工作专题会议，听取办公室、发展计划科、农业与社会发展科、综合业务科关于信息工作情况的汇报，分析当前信息工作存在的被上级单位采用不多、分工合作不紧密、方式方法不科学等问题，并对接下来的信息工作进行研究部署。纪要如下。

……

二、善于整合资源，调动各方力量做好信息工作

要建立大信息工作机制，整合各方资源、调动积极因素，凝心聚力，共同做好信息工作。

一要整合部门资源。协调办公室、发展计划科、农业与社会发展科、综合业务科，建立"三位一体"机制，发挥好业务部门的信息优势、战略部门的研究优势，以及办公室的统筹作用，强化部门协同，形成工作合力。

二要整合人力资源。各部门要组织相关信息员、材料员积极撰写信息稿件并及时提供给办公室，避免出现单打独斗、闭门造车的现象。

三要整合素材资源。要注重研究经济社会发展的热点、焦点、重点问题，加强对信息素材的收集汇总、分析研究和总结提炼；要善于在整合素材的过程中发现价值、提炼经验，突出××局在当前经济社会发展中展现的担当奉献精神。

……

参加人员：××、××、××。

发送：××、××、××。

解析：案例中的两个会议纪要，前者，导语部分非常啰唆，其实，参加会议的部室名单，像第二个会议纪要一样，巧妙地融入会议内容即可，不必反复提及。此外，前者中的"融合精练思想"明显有歧义，且跟后续内容完全不搭，整篇文稿结构松散，全是空话、套话，有"八股公文"的感觉，几乎无法给出有效信息。经核改，第二个会议纪要在结构、遣词造句、"文气"等方面，都远胜第一个会议纪要，各科室看完第二个会议纪要，基本上能明白自己应该如何落实这次会议精神。

6.2 了解党委会，才能写好党委会会议纪要

党委会是体制内单位开得较多、文秘人员接触较多的会议之一，也是需要文秘人员整理和撰写会议纪要较多的会议之一。我们重点讲一讲党委会，是为了方便大家了解党委会的议事规则，更好地将所学的知识运用于实践，避免因为无知犯错误。

关于党委会的职责范围、议事范围、议事准备、决定及执行、组织原则，以及记录和纪要的撰写要求，各单位大同小异，接下来分别加以介绍，供大家了解、学习。

6.2.1 党委会的职责范围

党委会是党委议事、决策的主要形式，主要起落实全面从严治党、发挥党委领导作用、规范决策行为的作用。

每个地方的党委都有自己的职责范围和一整套议事规则。写党委会会议纪要之前，务必了解清楚党委的职责边界、党委会的议事规则。如果是国有企业，还要厘清党委、董事、高管等治理主体的权责边界，尽量避免事无巨细上党委会、党委会代替董事会决策、党委会走过场等问题。

在开党委会之前，最好对相关议题进行前置研究讨论，重点把好政治关、政策关，看是否符合党的路线方针政策、是否契合党和国家战略部署、是否维护社会公众利益和职工群众合法权益，既要把好方向，又不包办代替；既不能缺位失位，又不能越位错位。

如果是国有企业，重大经营管理事项需要先经党委会研究讨论，再按照程序由董事会或者经理层作出决定。对于董事会提出异议的事项，要加强分析研究、协调沟通，及时调整完善；对于董事会沟通、审议时出现重大分歧的建议方案，一般应当缓议；对于缓议或者董事会表决未通过的方案，应当加强分析和沟通协商，按程序调整完善；对于需要进行重大调整的建议方案，党委会应当再次研究讨论。

党委会议事规则不是一成不变的，可以根据工作实践不断完善。

各单位党组织要完善党委会运作机制，建立完善党委会议事决策规则，建立健全会前论证沟通、会中民主决策、会后执行监督制度，推动党委议事决策制度化、科学化；强化党委班子学习培训，提高党委班子成员把方向、管大局本领，提升党委决策能力水平；强化党委工作机构人员配备，明确党委办、党委会秘书工作职责；

强化工作流程管理，确保议事具体化、程序化、规范化，且注重协调高效，推动各条线、各部门严格按照各自议事内容和规则议事，形成各司其职、各负其责、协调运转的工作流程。

如果是国有企业，企业党委还要切实履行主体责任，党委书记要履行第一责任人职责，牵头抓好本企业前置研究讨论重大经营管理事项的各项工作。企业党委要提升主动担当意识，根据企业经营管理情况细化、明确具体事项内容和标准，既要避免党委会研究讨论事项事无巨细，又要避免重大事项少上漏上。

一般来说，党委会的工作原则如下。

一是坚持党的领导。

二是坚持实事求是。

三是坚持民主集中制。个人充分发表意见，集体研究决定，少数服从多数。

四是坚持合法合规。

五是坚持互相支持和监督。

六是坚持有序高效。

遇到重大（重要）事项，即根本性、全局性、长远性的，具有重大意义和重大影响的事项，应当按照少数服从多数原则，由党委会集体讨论决定。

6.2.2　党委会的议事范围

党委会议事主要包括以下内容。

（1）落实部署。研究制定贯彻执行党和国家的路线方针政策的工作措施；研究制定贯彻落实上级党组织、单位的决定、决议、重要会议精神的工作措施。

（2）三重一大。审议和决定本单位"三重一大"有关事项（重大事项决策、重要干部任免、重要项目安排和大额资金使用）。

（3）干部管理。按照干部管理权限，研究决定干部招聘、考核、奖惩、培养、退出和干部任免、调配等事项。

（4）党建工作。审议和决定党的思想建设、组织建设、作风建设、反腐倡廉建设、制度建设等党建工作事项。

（5）群团事项。审议和决定工会、共青团等群团组织换届事项和其他重大事项。

（6）重大报告。审议和决定本单位需要向上级党组织、单位请示报告的重大事项，以及下级党组织、分支机构请示报告的重大事项。

（7）纪检事项。审议和决定纪检监察工作重大事项。

（8）纪律处分。审议和决定对干部、员工违规违纪的组织纪律处分事项。

（9）风险处置。应对重大突发事件的有关工作和风险化解处置工作。

（10）其他事项。其他需要由本单位党委会讨论和决定的事项。

国有企业中，党委会的议事范围还包括提交股东大会、董事会、监事会审议的重大事项。

党委会应当加强对股东大会、董事会、监事会的领导，建立健全沟通协调机制，研究完善机构发展战略，定期分析经营管理情况，研究重大决策的工作机制，广泛协商、广集民智、增进共识、增强合力。

6.2.3 党委会的议事准备

党委会的议事准备主要包括以下细节。

1. 明确召开条件

（1）时间频次方面。党委会应根据实际情况不定期召开。党委办公室负责提前一天通知召开党委会。

（2）会议主持方面。会议由党委书记召集并主持；党委书记因故不能履行职责时，由党委书记委托党委副书记召集并主持会议。

（3）参加人数方面。有半数以上党委委员到会方可召开党委会；讨论和决定干部任免事项必须有三分之二以上党委委员到会；非党委委员领导班子成员可列席会议。

2. 明确议题要求

党委会议题应当事前认真调查研究，充分听取各方意见，必要时进行风险评估和合法合规性审查。干部任免事项应当事先征求本机构纪检监察部门的意见。

领导班子成员因故不能参加党委会时，其分管工作范围内的议题暂不提交会议审议；若事项紧急，经分管领导书面同意后可提交会议审议。

针对重大议题，主办部门应当与议题所涉及部门的分管领导个别酝酿，所涉及部门的分管领导有权优先提议。

针对一般议题，由主办部门将议题报分管领导审核同意后提交给党委办公室或者党委会主办部室，党委办公室或者党委会主办部室收集汇总议题后报党委书记审批；针对重大议题，党委书记应当在会前与党委副书记沟通（一般要召开书记专题会）。

议题应当一事一议，不得将多个事项混杂在一个议题中。

3. 明确会议讨论规则

党委会对议题进行逐个讨论审议。党委会主持人要秉持公正，维持会议秩序，确保会议正常进行。

党委会由主办部门负责人汇报议题情况，主办部门分管领导发表意见。在集体讨论和决定问题时，每位参会的领导班子成员必须发言，发言应客观公正、有理有据、充分发表个人意见。非党委委员领导班子成员可就议题发表意见或就有关事项进行解释说明，作为党委决策参考，注意，非党委委员领导班子成员没有表决权。参会人员和列席人员不得干扰他人发言，不得进行人身攻击。

在讨论重大问题时，实行"一把手"末位表态制。党委书记应当在听取其他领导班子成员意见后发表意见，对讨论情况进行归纳集中，提出决定的初步意见，并提请表决。

4. 明确会议表决方法

经充分讨论，党委会可对议题进行逐个表决。党委会表决可采用口头表决、举手表决等方式。参会党委委员应当发表同意、不同意、缓议等明确意见。

党委会实行一人一票的表决制度，应当坚持少数服从多数、集体决策的原则。赞成票超过应到会党委委员半数为通过，未到会党委委员的书面意见不计入票数。

审议重大问题时，若发生争论且双方人数接近，除在紧急情况下必须按多数意见执行外，不得强行通过，应当暂缓作出决定，待进一步调查研究、交换意见后，下次会议再次讨论表决。

针对领导班子成员的不同意见，会议应当认真考虑。若讨论中发生分歧，既要认真考虑少数人的意见，又不可议而不决、耽误工作。对所议事项，领导班子成员可保留不同意见，也可向上级党组织报告。

党委书记对表决情况进行归纳集中，作出会议决定意见。

6.2.4　党委会的决定、执行

领导班子成员必须坚决执行党委会决定，按照职责分工，积极抓好落实，如有不同意见，可以保留或向上级党组织报告。

决策执行过程中需要进行重大调整的事项，应当提请党委会决定。在党委会作出新的决定之前，除执行决定会立即引起严重后果等紧急情况外，不得拒不执行或擅自改变党委会决定，也不得在言论上和行动上有任何消极行为。

党委书记或党委办公室应当在会后及时向请假的领导班子成员通报会议决定。党委会形成的决定，由相关部门（党委办公室）负责督办、贯彻落实，并及时收集、反馈党委会决定事项的落实情况。

如果针对党委会形成的决定，相关部门未能及时进行督办，或未能及时收集、反馈落实情况，让党委会的决定不了了之，会严重影响党委会决定的权威性。

6.2.5　党委会的组织原则

党委坚持集体领导制度，不允许用其他形式的会议代替党委会决定事项；不允许以传阅签批、个别征求意见等形式代替集体议事和会议表决；不允许任何个人或者少数人擅自决定、改变党委集体作出的决定。

遇重大突发事件、抢险救灾等紧急情况，不能及时召开党委会时，领导班子成员可临机处置，事后应当及时向党委会报告。

领导班子成员应当在坚持党性原则的基础上维护团结，互相信任、互相谅解、互相支持、互相监督。党委书记应当带头执行民主集中制，充分发扬党内民主，不能独断专行，不能搞"一言堂"，甚至"家长制"。其他领导班子成员应当支持党委书记开展工作，自觉接受党委会对其工作的督促检查。

领导班子成员代表党委讲话、报告，或者署名发表、出版同工作有关的文章、著作、言论，应当事先经党委会审议或者党委书记批准。

领导班子成员及其他列席人员应当严格执行回避制度。党委会议题涉及参会人员、列席人员本人及其亲属的，本人应当回避。

党委会所列议题、讨论表决情况、个人发言及其他事项要严格保密，任何参会人员和列席人员不得对外泄露。党委会作出决定后，在正式公布执行之前也不得对外泄露。

6.2.6 党委会的记录、纪要

党委办公室应当安排专人负责党委会会议记录，如实记录会议内容。党委会结束后，应及时印发党委会会议纪要，由党委副书记审核，党委书记签发，要根据工作需要确定印发范围，掌握信息公布时机，保证工作的顺利推进。

党委会的相关材料要按规定及时归档，永久保存。查阅党委会材料应当经党委书记或其委托的人员审批同意。

关于党委会的职责范围、议事范围、议事准备、决定及执行、组织原则，以及记录和纪要的撰写要求，以上讲的只是一般的、普遍的情况，不一定完全适用于大家所在的单位。每个单位都有明确的议事规则和决策制度，大家在工作中一定要认真学习。千万不要小瞧工作流程的重要性，否则工作时很可能会有事倍功半的情况出现，甚至踩到雷区。

做好会务工作是加分项

做好会务工作是文秘人员的加分项。会务管理是一个系统工作，不仅涉及方方面面、需要按照严密流程执行，还要能够根据情况变化进行调整优化、对相关事务性工作作出快速反应与决断，确保会议按照程序召开。"没事就是本事，摆平就是水平"，将会务工作做得万无一失、滴水不漏，并不是一件容易的事。接下来，分会前、会中、会后3个阶段为大家介绍相关经验，供大家参考。

6.3.1 精心做好会前筹备

做好会前筹备，需要关注3个"明确"、5个"确定"、5个"准备"。

1. 关注3个"明确"

筹备会议之前，负责会务工作的文秘人员要对以下3个事项加以明确。

（1）明确会议流程。要对各种会议进行分类，并对各环节进行梳理细分，如大型综合性会议可划分主线、支线，以及不同板块，形成完整的流程图。负责会务工作的文秘人员要对不同会议的会议流程做到心中有数、胸有成竹。

（2）明确首问人员。在具体的会务管理中，首问负责制被广泛接受。实行首问负责制,即指定一人由始至终负责、主动开展工作,其他人员听从指挥、辅助配合,负责同志全面掌控进度,辅助同志不得随意干预、插手。

(3)明确职责分工。会务工作包括会场协调工作、设备调试工作、材料准备工作等,均需要具体人员负责推进,每个人都要明确自己的职责和应该做的事情。

2. 关注5个"确定"

筹备会议时,负责会务工作的文秘人员要尽快确定以下5个会议要素。

(1)确定会议主题。接到办会任务后,需要立刻着手确定会议主题和内容,梳理会议议程,必要时制订详细的会议方案,尽快向领导请示确认。若需要向上级单位请示,要及时上报;若有多个议题,要按照合理的顺序进行安排。

(2)确定会议时间。第一时间向领导请示确认具体的会议时间(具体确认到分钟),以免耽误会议筹备工作。针对具体事项的会议,时间安排要结合领导的工作日程确定;常规会议,时间安排要相对固定。

(3)确定会议地点。根据会议类型和规模选择会议地点,尽量按照就近原则安排会议室,并及时预订会议室。如果需要在外召开现场会或者进行调研,要提前做好沟通协调工作,必要时提前到场核实会场布置等相关情况。如果会场需要悬挂横幅或者增设电子屏幕,要提前安排并做好衔接。

(4)确定参会人员。根据会议主题和内容,尽快列出参会单位或人员的名单,向领导请示确认。在确认参会单位或人员名单时,要结合会议主题和内容,仔细核对,凡是涉及的单位和人员,均要纳入参会范围,避免临时补充通知等尴尬情况的出现。与此同时,要精准把关,不相关的单位和人员,没必要通知参会,避免出现陪会等情况。

(5)确定会议材料。在会议通知中明确或者电话通知汇报部门落实会议材料。会议材料需要由多个部门准备时,及时跟进、收集、汇总;需要呈批时,抓紧时间按程序呈批。送给领导的会议材料一定要经过仔细检查,避免出现错页、漏页等情况。

3. 关注5个"准备"

会议开始之前,负责会务工作的文秘人员要做好以下5个准备工作。

(1)摆位准备。至少提前20分钟到达会议室,提前确定座位图并落实座位安排,特别是领导的座位安排,要精准到位。

(2)材料准备。要将主持词、会议材料,以及相关参阅材料、笔记本、笔等整齐地摆放在领导座位对应的桌面上。领导会用到的材料,要从头到尾翻阅一遍,避免出现错误。

(3)设备准备。要提前对话筒进行检查。需要录音或者使用多媒体设备时,要提前对相关设备进行调试和检查。

(4)签到准备。认真做好签到工作,签到表要作为会议材料归档。若有会前没有来得及签到的参会人员,负责会务工作的文秘人员要在会中或者会后找到对方,补充签到。

(5)引导准备。如果会前10分钟还有参会人员没有到达现场,要及时与其进行联系确认;如果会前5分钟还有领导没有到达现场,要及时做好提醒工作。参会人员到齐之后,要及时向主持会议的领导报告,并引导对方到达现场。

6.3.2 用心做好会中工作

在会议召开过程中,负责会务工作的文秘人员作为工作人员,要扮演好5个角色,如下。

(1)"记录员"角色。在会议召开过程中,专心做好会议记录是最重要的工作。要认真听会记录,切忌因津津有味地听会而忘了本职工作。会议记录要做到完整、准确、全面。"完整",要求忠实记录发言者的口述内容,原汁原味、不增不减;"准确",要求听清、记住、写准,特别是对特定名词和关键表述,记录要准确无误;"全面",要求全面记录发言者的观点,特别是前后观点不一致的时候,要按照先后顺序记录,不得擅自调整。

(2)"服务员"角色。在会议召开过程中,要眼观六路、耳听八方,贴心做好服务员的工作。如果话筒声音不稳定或太小,要及时提示发言者适当提高音量;如果室内温度太高或太低,要及时调好温度;如果领导忘记带眼镜、衣物或笔记本,要及时转达有关工作人员、协调处理相关问题。

(3)"调度员"角色。在会议召开过程中,要留意会场动向,特别是领导的转头、眼神或招手示意,及时落实领导临时交办的任务。如果领导要求补充通知有关单位人员参加会议,要立刻落实通知并及时反馈;如果领导根据会议讨论情况作了批示、指示,要立即转达给有关人员,及时办理;如果汇报人员汇报时间超时,要用传纸条、指手表等适当方式予以提醒。

（4）"材料员"角色。在会议召开过程中，要贴心做好材料员。如果领导在会中提及需要核实的事项或数据，要立刻落实、查证，并及时反馈给领导；如果领导需要查阅相关法律法规、制度规定，要立刻配合查阅，供领导决策参考；如果领导需要补充相关文件或者其他材料，要能够及时拿出来。

（5）"维保员"角色。在会议召开过程中，要认真维护会场秩序，排除各类干扰，确保会场环境安定有序。如果会场（特别是视频会议分会场）有人走动或者打电话，要加以制止；如果现场参会人员交头接耳、寒暄聊天，要及时劝阻（确实有要事需要商议的，可请其到会场外商议）；如果发现有人将违规录音设备带入会场录音，要明确告知会议纪律，请其当面关闭录音设备并寄存在外柜；如果会议涉及重大敏感话题或者临时需要召开闭门会议，要及时请示领导是否需要清场，礼请不相关人员暂时离开会场；如果涉及回避事项，要及时提醒相关人员进行回避。

6.3.3 尽心做好会后管理

凡事都要有始有终、善始善终。散会并不意味着会议管理的结束，会后管理也是会议管理的重要组成部分。做好会后管理，需要重点关注以下事项。

（1）会场整理。会议结束后，要立刻对会场进行巡查整理。一方面，要回收和清点会议材料，特别是不适宜对外公开的会议材料，要全面、完整、及时地回收，防止对外泄露，如果发现参会人员带走了相关材料，要立刻告知会议纪律并及时追回相关材料。另一方面，要对会场进行盘查清点，如果发现参会人员遗忘了个人物品或者文件，要保管好并及时联系失主。

（2）纪要起草。撰写会议纪要是会议管理的核心工作之一。写好会议纪要的关键是正确领会和准确把握领导决策意见，前提是完整、准确、全面地做好会议记录，基础是会前认真研究相关议题，诀窍是多听、多记、多练。文秘人员要在规定期限内写好会议纪要并按程序呈批，会议纪要及相关会议材料要及时整理归档。

（3）跟进督办。要对相关会议议定事项进行汇总、列表，定期跟进并汇报落实情况，确保议而能决、决而能行、行而能果，形成闭环管理。如果涉及重大事项，要按程序纳入督办事项进行专项督办。

第 7 章

如何写好信息稿件

- **7.1** 全面了解信息稿件 / 205
- **7.2** 写好信息稿件的锦囊妙计和案例分析 / 208
- **7.3** 注意"低级红"和"高级黑"问题 / 244

本章所讲的"信息稿件"以新闻宣传文书为主，是体制内文秘人员日常工作中经常要写的稿件之一。现在，很多单位需要在官方网站、官方微信公众号、企业微信等外部媒体平台、内部信息平台上披露和刊载新闻信息，便于上级单位和领导掌握本单位的工作情况，并向外展示本单位的工作情况、打造良好的社会形象。这些媒体平台、信息平台刊载的新闻宣传信息多由文秘人员撰写，这类信息的写作要求和写作手法与法定公文截然不同，与领导讲话稿、工作总结、调研报告等带有权威性、指导性的"应用文"也完全不一样。

7.1 全面了解信息稿件

写作分为"个人写作"和"为公写作"两种形式，前者主要是个人写日记、写留言、写字条，或者文学创作（散文、小说等），后者则主要是代集体、代领导立言，大多因工作需要而写，作品用于处理公务。

"为公写作"就是文书写作，又称实用写作，与"个人写作"完全不同。一般来说，文书写作的写作动机不是作者自发形成的，而是源自上级授意、职责所在。虽然文书的写作者是个人，但为文书承担责任的一般是集体。一般来说，文书发布之后，会产生行政效力，这种效力是法律赋予的。基于这种权威性，文书一般具有明显的实用性，能有针对性地解决实际问题。文书自带的依据和凭证作用、宣传教育作用、信息沟通作用，能保证日常工作的正常推进。

7.1.1 信息稿件和其他公文的区别

一般来说，文书可以分为党政机关公文、行政事务文书、新闻宣传文书、司法文书、商贸文书等几大类，其中以党政机关公文、行政事务文书、新闻宣传文书使用最为广泛、最为频繁。

狭义的"公文写作"指撰写党政机关公文，即撰写包括通知、请示、报告在内的15种法定公文。广义的"公文写作"指"为公家写文"，即撰写包括法定公文及信息稿件等非法定公文在内的所有文书。法定公文与信息稿件的区别见表7–1。

表7-1 法定公文与信息稿件的区别

区别点	法定公文	信息稿件
语言风格	庄重、典雅、规范,略显枯燥	可参考新闻稿的语言风格,用特殊的表达特点和表达风格吸引受众,文风相对生动,可读性强
功能	传达政令政策、处理公务,使工作正确、高效地推进	便于上级单位和领导了解本单位的工作情况,对内动员,对外宣传
文体	决议、决定、命令(令)、公报、公告、通告、意见、通知、通报、报告、请示、批复、议案、函、纪要	消息、特写、采访札记、调查报告、新闻评论等
写作主体	以文秘人员为主	所有人都可以写,由负责信息宣传的文秘人员核改

简单地说,信息稿件是反映党政机关、企业、事业单位、社会团体、经营主体重要工作动态的一种形式。发生的重大事件、取得的重要经验,以及最新举措与做法、突出问题、重要建议与打算等,都可以作为信息稿件的写作内容。信息稿件是一种特殊稿件,与法定公文、调研报告、总结材料、领导讲话稿、新闻报道相比,既有相同点,又有明显的不同点。信息稿件与其他应用文的异同见表7-2。

表7-2 信息稿件与其他应用文的异同

类比对象	相同点	不同点
法定公文	都带有一定的政治性、政策性	语言风格、功能、文体、写作主体等均不同
调研报告	都需要进行大量的调查研究和收集整理	在使用素材、分析问题、提出对策建议等方面,信息稿件比调研报告更加简练,且观点更加明确
总结材料	都需要对工作进行总结、概括和提炼	总结材料往往要面面俱到;信息稿件侧重反映某一个或某一方面的问题
领导讲话稿	都能反映本单位工作情况、工作动向、工作计划	领导讲话稿的选材更严肃、更典型、更重要,研究讨论的问题影响更大、更深远;信息稿件有更集中的主题,侧重一个方面,不是"大而全"的、面面俱到的
新闻报道	都讲究新闻敏感性,要及时反映工作中的新情况、新经验和新问题	侧重点和体裁不尽相同。新闻报道主要是引起公众的关注,反映社会关注的热点,并且向社会公开;信息稿件主要是反映领导和群众关注的问题,更多的时候是内部公开

如果都是写新闻类信息，文秘人员写的新闻宣传文书可以向报刊记者写的新闻报道看齐吗？当然不可以。写新闻宣传文书的文秘人员，职责定位与记者是完全不同的。写新闻宣传文书的文秘人员与记者的区别见表7-3。

表7-3 写新闻宣传文书的文秘人员与记者的区别

区别点	写新闻宣传文书的文秘人员	记者
侧重点和关注点	让受众看到本单位的工作进展、经验教训、困难、挑战、业绩（政绩）等情况，起到宣传、协调、交流、引导等作用	反映社会热点、难点、痛点问题
功能	加强宏观指导、推进经验交流、促进工作落实、宣传单位形象	反映社会百态
定位	新闻人＋本单位工作人员	纯粹、中立的新闻人

7.1.2 信息稿件的特点

一般来说，信息稿件有以下3个方面的特点。

1. 服务性

信息稿件是各级组织部门进行科学决策的基础和依据，通过下情上报，信息稿件可以为上级机关和领导了解情况、进行决策服务，可以说是上级机关和领导决策的"情报部"、工作进度的"显示屏"、大局趋势的"晴雨表"、问题的"预警器"。

2. 指导性

信息稿件是上级机关加强宏观指导、推进经验交流、促进工作落实的重要信息来源。这就要求下级单位定期或不定期向上级机关报送信息，供上级机关了解相关工作情况、供同级单位学习相关工作经验。办公室等文秘部门对下级单位报送的信息进行筛选、核改后呈交上级机关和领导，或是下发更多下级单位学习交流，是办公室等文秘部门参与政务、发挥参谋助手作用的体现。

3. 针对性

文秘人员撰写或编发信息稿件一般都有明确的目的性和针对性，着眼于反映本单位领导关注的某些情况或推动某项工作的落实，这就要求信息工作要围绕中心任务和重点工作开展，讲求时效性，所撰写或编发的信息稿件要有一定的可读性。如果撰写或编发的是非涉密信息稿件，还可以发布在各类宣传渠道上，扩大社会影响。

7.1.3 信息稿件的写作要求

信息稿件的总体写作要求主要是以下4点。

1. 快：及时高效，快速出手

有新动态出现，立刻撰写信息稿件，尽快传递信息。紧急情况随时发生随时报送，确保信息的时效性。

2. 准：实事求是，准确到位

准确无误地收集、整理信息，不道听途说，不捕风捉影。信息稿件的内容一定要真实，在语言表达上必须实事求是、准确到位，不能有虚构、夸大或弱化的情况出现。

3. 精：结构严谨，内容简明

信息稿件的结构要合理、严谨，要有内在的逻辑联系，文字要简练，文风要朴实，要能用最少的语言把事情说清楚。

4. 深：归纳提炼，分析综合

内容要有一定的深度，力求通过陈述一件具体的事情反映某种现象，并透过这种现象反映事物的本质或发展规律。

7.2 写好信息稿件的锦囊妙计和案例分析

写信息稿件，一般要经历七大步骤：一是选题；二是准备素材并进行调查研究；三是取标题；四是设计文稿结构；五是撰写文稿；六是查漏补缺并美化文稿；七是"推销"文稿。

接下来，分别对这七大步骤进行详细介绍，希望对大家写信息稿件有所帮助。

7.2.1 选题

俗话说,"文以意为先",这里的"意",说的就是立意和选题。

如果大家写一篇信息稿件,没有找好站位,没有聚焦关键问题,没有展示独特个性,没有给出吸引受众"眼球"的理由,那么,这篇信息稿件就很难脱颖而出。

好的选题有两个标准:第一是站位高;第二是靶位准。

写信息稿件,不能仅考虑本地、本单位宣传工作的需要,如果大家能学会用领导的眼光、头脑去观察、分析、判断问题,自觉地站在更高点,甚至从全党、全国的高度着眼审视本单位的工作,所写信息稿件的格局自然会大很多。此外,写信息稿件的时候,要带着清醒、睿智的头脑,要有政治敏锐性,尽量围绕着上级机关或领导关注的热点、难点、重点问题展开,尤其要将本单位的工作实践与上级机关的重大决策部署紧密结合,力争所写信息稿件能参到关键处、谋在点子上。

写信息稿件时,不要只顾着埋头写稿子,有什么就写什么,要善于"找靶位",重点围绕3个方面精准选题:第一是上级机关和领导应该知道、感兴趣,但暂时不知道的事;第二是上级机关和领导重视的工作有何进展、存在哪些问题,以及有哪些解决问题的思路和举措;第三是工作完成后,取得了怎样的成效和工作经验。

很多文秘人员知道"怎么写",但不知道"写什么",问题就出在不会选题上。

2022年8月,重庆市北碚区突发山火。经各方共同努力,重庆森林火灾各处明火很快被扑灭,重庆人民用血肉筑成一道道"防火长城",牢牢守住了自己的家园。针对这件事情,可以找到很多写信息稿件的角度。

聚焦外国人参与山火救援工作的行为,大家可以从"中国人的集体主义精神会传染"的角度入手写一篇信息稿件;聚焦消防员向火场逆行的壮举,大家可以从"责任担当、奉献付出"的角度入手写一篇信息稿件;聚焦志愿者和主动上山灭火的民众,大家可以从"团结齐心""家国情怀""骨子里的侠气"等角度入手写一篇信息稿件;聚焦一只躲在一棵被烧焦的松树树干里的小蝙蝠,大家可以从"顽强的生命力"的角度入手写一篇信息稿件;聚焦随后的植树活动,大家可以从"修复森林生态、优化生存环境"的角度入手写一篇信息稿件。由此可见,面对一个社会事件,写信息稿件的角度是很多的,文秘人员只要足够用心,总能找得到写信息稿件的好角度。

同样是文秘人员,各单位做的工作大同小异,每个人能接触到的消息来源差不多，为什么有的文秘人员可以写出很漂亮的信息稿件，而有的文秘人员写出来的信息稿件乏善可陈呢？说到底是会不会选题、选题选得好不好的问题。

选题方法有很多，接下来，给大家献上4个"锦囊"。

1. 锦囊一：求新求异找不同

新闻界有个说法，即要善于发现"人咬狗的新闻"。哪些新闻是"人咬狗的新闻"？说得直白一点，就是平常人做不平常的事、不平常的人做平常事、不平常的人做不平常的事等新闻。

比如，一个团队中的几个人，数年如一日，每天坐船上下班，去远离陆地的海岛为当地群众排忧解难，就是"平常人做不平常的事"，值得书写一番。又如，全国劳动模范××每天在平凡的岗位上奉献青春，就是"不平常的人做平常事"，也值得书写。再如，高管深入一线体验一线工作，直接面对群众，就是"不平常的人做不平常的事"，同样值得书写。

某些事是偶然发生的，但有心人可以从中找到写信息稿件的角度。比如，某集团当年的利润增长率比往年低了两个点，该集团的文秘人员就可以针对这个现象写一篇信息稿件，探寻问题出现的原因。

大家在做同样的工作，谁做得更典型，就可以把这个典型情况挑出来写一写。比如，台风过后，某银行的营业网点最早恢复营业，还成立便民服务点，通过自行发电免费为市民提供手机、电瓶车、照明工具等物品的充电服务。别的银行都没做到，该银行做到了，做得比别人早，做得比别人好，做得比别人有特色，做得比别人有成效，就是典型。

很多时候，大家不一定要被动地等事情发生。绝大多数文秘人员每天接触的是非事件性新闻，比如，前天开了个会、昨天办了个活动、今天组织了个培训、明天领导要去某地视察……这些事，好像都是司空见惯的事。有些文秘人员面对这些事，不知道应该怎样把信息稿件写出新意，写得"入领导法眼"，接下来我们就具体谈一谈。

比如，××机关××年××月××日召开了××会议，如果写成"××年××月××日，××机关召开了××会议，××领导作了一个工作报告，××出席，××参加，××领导在台上提出了××要求……"，那就是典型的"信息八股"，毫无新意。如果会选题呢？可以去查一下××领导作的报告，看看与往年相比有哪些不同，报告中有没有提及让人眼前一亮的具体数据或业绩，从这个角度切入，总结单位最令人瞩目的成绩、所取得的经验，并对经验进行挖掘、梳理、展示。这样的信息稿件，比单纯报道会议的信息稿件更受欢迎。

想找好选题，需要文秘人员培养自己的新闻热情，平时要善于观察、善于琢磨，明确新闻的价值所在，一发现目标就像老虎发现猎物一样立刻追赶，不捕捉到新闻不罢休。

信息稿件一般分为动态性信息稿件、经验类信息稿件、问题类信息稿件、综述性信息稿件、述评性信息稿件，每种信息稿件的选题方法是不同的。

动态性信息稿件主要围绕上级部署工作、召开会议，以及发出文件后的落实情况展开；经验类信息稿件主要体现特点、特色，争取让稿件"鹤立鸡群"；问题类信息稿件可以从正视问题、解决问题的角度提出建议；综述性信息稿件写作时要善于运用统计分析结果，既可以与以前的情况进行比较，也可以对现状进行全面的综合、概括，提炼亮点、特点；述评性信息稿件的写作关键在"评"，可以用夹叙夹议的方式，从特别的角度入手提出观点和看法。

值得一提的是，不是所有选题都值得写。大家确定信息稿件的选题时，要重点把握以下3点原则。

一是选题应该围绕上级机关、领导、基层员工、群众想知晓的、应该知晓的事项确定。如果选题方向是本单位有多少人不爱在家做饭，别人未必感兴趣。

二是选题要有前瞻性。反映的事情，最好是将来不会出问题的事情。有些决策明显有违规风险、有些安排明明有"猫腻"，如果还写信息稿件去吹捧，说不定将来会被"打脸"，很尴尬。

三是选题一定要有人文意识。好的选题，应当融入忧患意识和人文情怀，不必一直围绕着领导动向转，可以适当将关注点下移，反映基层员工和群众的呼声。

案例 7-1

曾三次出现在总理记者会上的热词"雾霾"，
为何这几年消失了？（节选）

在今天的全国两会总理记者会上，国内外媒体记者向总理提出了诸多问题，涉及国内经济发展情况、就业问题、疫情防控工作等。但自从"雾霾"一词在2017年全国两会总理记者会上出现之后，总理记者会上再也没有出现过类似问题。为什么"雾霾"话题在2017年以后淡出了媒体记者的视野？

……

生态环境部发布的《2021中国生态环境状况公报》显示，2021年全国生态环境质量主要指标顺利达标，生态环境质量明显改善。在大气环境方面，2021年，全国339个地级以上城市平均优良天数比例为87.5%，同比上升0.5个百分点；PM2.5平均浓度为每立方米30微克，同比下降9.1%；臭氧平均浓度为每立方米137微克，同比下降0.7%。其中，京津及周边地区"2+26"城市平均优良天数比例为67.2%，同比上升4.7个百分点；PM2.5平均浓度为每立方米43微克，同比下降18.9%……

解析：案例信息稿件主要介绍生态环境部在保护生态环境方面的工作和成绩，文秘人员的选题角度是"曾三次出现在总理记者会上的热词'雾霾'，为何这几年消失了"，这个角度比针对会议论会议、针对工作论工作新颖很多，更容易引起受众的关注。

案例 7-2

××湖上党旗红——××县探索湖区党建工作新路子（提纲）

一、把党支部建在水面上

二、把党小组建在码头上

三、把党员责任岗建在服务链上

四、把支部委员责任区建在湿地上

解析：案例信息稿件提纲看起来很有地域特色。当地是湖区，文秘人员将党建工作与当地的地理特色融合起来写，让人感觉很新颖。写信息稿件，不要求面面俱到，大家都落实的一般性措施少写一点，能突出本地区、本单位特色的措施多写一点，只要抓住了一个"特色点"，选题就成功了一半。

2. 锦囊二：切入角度小而妙

透过小的事物，可以看见大的世界。

信息稿件，是对工作进行集中概括的稿件，可以"以小见大""见微知著"，可以以个别反映一般、以横切面反映整体。大家选题时，可以从小处着眼，努力做到"窥一斑而见全豹"，以有限的篇幅反映无限的内容。医生动手术，刀口不是越大越好，同样，大家写信息稿件，也要学会"大题小做""窄题深写"。

传言宋徽宗赵佶曾经主持一次美术考试，出了一个题目：深山藏古寺。这个题目，要画好并不容易，难就难在一个"藏"字。有的考生在山腰画了一座古寺，有的考生把古寺画在丛林深处；有的考生把古寺画得很完整，有的考生只画出古寺的一角或古寺的一段残垣断壁。最后脱颖而出的画是怎样的呢？那位高明的画师根本没有画古寺，而是画了一个老态龙钟的和尚去瀑布下的山泉边挑水。这么一个挑水的老和尚，把"深山藏古寺"这个题目的意境表现得淋漓尽致。老和尚为什么会在那里挑水？说明那附近有寺庙。和尚已经年迈，还得亲自挑水，说明这座寺庙可能是一座有点破败的古寺，人丁并不兴旺。古寺在深山中，画面上没有，但"深山藏古寺"的主题得以完美表现。

大家写信息稿件，也要善于使这种巧劲，学会以小见大、纵向深挖。**写大的主题，选择的内容不一定是大事。从小角度切入写小事件，也可以挖掘出意义深远的"大题材"。**

举个例子，《山西日报》曾经刊登一篇名为《别了，白家庄矿》的新闻作品，这篇新闻作品由《山西日报》记者张临山、冷雪采写，由时任《山西日报》总编辑的丁伟跃亲自编辑，发表于《山西日报》2016年12月28日3版，摘得第二十七届中国新闻奖文字通讯一等奖。在全国煤炭去产能的背景下，作者以供给侧结构性改革为宏观背景，关注"关闭煤矿后，人往哪里去"这一问题，以在煤矿工作半生的矿工的去向为切入点，通过小切口反映大事件，让"矿的新生"和"人的新生"交相辉映，体现了"去产能"的重大历史意义。

再举一个例子，一个记者偶然得知本地一个和奶奶相依为命的孩子顺利入学所居小区对面的公办幼儿园，学费不贵，接送方便，便以此为切入口进行了深入采访。深入采访后，记者回眸当地教育高质量发展的10年，关注幼儿教育优质普惠、义务教育均衡发展、"双减"政策落地实施等问题，反映了我国的教育改革现状。选题切口虽然小,但是接地气,能倒映时代大变革、大主题,这样的信息稿件更易获得好评。

实施"聚光亮灯"工程,解决机关党建"灯下黑"问题(节选)

近年来,××市××县县级机关工委强化问题意识,突出问题导向,聚焦机关党建"灯下黑"问题,实施"聚光亮灯"工程,将解决机关党建"灯下黑"问题列为党建"书记项目",坚持抓基层打基础,补短板强弱项,夯实机关党建基础,提升机关党建质量,推动机关党建全面进步、全面过硬。

一、明确任务压责任,破解"常不亮"问题

……

二、聚焦问题抓整改,破解"不常亮"问题

……

三、把握关键促提升,破解"亮不长"问题

……

解析:总结党建工作,有很多角度可选,本案例聚焦党建"灯下黑"问题,在信息稿件中反映了本单位实施"聚光亮灯"工程的概况,选题角度比一般的党建信息稿件的选题角度新颖、生动,能给受众留下深刻印象。

案例 7-4

干群一心,全力解决饮水问题(节选)

"终于可以在家门口喝上干净水了。"3月27日晚10点,看着从水管里哗哗流出的清澈自来水,××县××镇××村××片区的村民××开心地笑了。

说起××县××镇××村××片区群众饮用水的故事,可以说是"一波三折"。

……

"其实,帮助村民解决饮水问题只是驻村扶贫工作的缩影,在开展脱贫攻坚工作的过程中，我们深入贯彻落实中央、省、州关于脱贫攻坚工作的要求，不仅要求自己做好纪检监察兵，时刻履职尽责，还要求自己时刻站在群众的角度考虑问题，重点解决百姓的痛点、难点问题，想方设法带动村民增收致富。"今年已经在××村驻村工作3年的纪检监察干部××说道。

目前，××县纪委监委已经选派××名干部到××村开展驻村扶贫工作，共发展了刺梨种植××亩（××平方米）、葛根种植××亩（××平方米）、金银花种植××亩（××平方米）、海花草种植××亩（××平方米）等，通过落实危旧房维修、村组道路优化、发展产业等扶贫措施，带动当地群众全部脱贫。

……

解析：讲驻村扶贫工作，有很多角度可选，本案例从一个小故事入手，讲述了村民××历尽波折终于喝上干净水的故事，穿插介绍扶贫干部在其中起到的作用、作出的贡献，并引出该县纪委监委的驻村扶贫工作成果，比一上来就干巴巴地讲业绩要生动得多，且有更强的可读性。

3. 锦囊三：逆向思维防老套

在写信息稿件的过程中，很多文秘人员有思维定式化、思考简单化、思想同一化的问题，导致大家写出来的很多信息稿件立意雷同、选材雷同、结构雷同，毫无新意。

这种时候，大家可以尝试用逆向思维选题。所谓"逆向思维"，指遇到事情倒过来想一想，把看起来平面、单一的事情想得立体一点、复杂一点的思维。

早些年，某作者写过一篇名为《穷则兼善天下，达则独善其身——浅谈如何开展廉洁从业教育》的文章，很多人看到文章标题会想：是不是写错了？这话不是应该反过来说吗？

"穷则独善其身，达则兼善天下"出自《孟子·尽心章句上》，意思是一个人在不得志的时候，要洁身自好，注重提高个人修养和品德；一个人在得志显达的时候，要想着把善发扬光大。整体而言，有惩恶扬善之意。

《穷则兼善天下，达则独善其身——浅谈如何开展廉洁从业教育》一文的作者想表达的观点是：穷的时候、地位卑微的时候，我们要心怀天下，要为和自己一样的人四处奔走、争取利益，反正光脚的不怕穿鞋的；富裕的时候、位高权重的时候，我们要明白"君子慎独"的道理，要独善其身，不要被不良风气腐蚀。如此一看，没有什么问题，用一些独具特色的化用，成功地达到了吸引关注、提高观点传递效率的目的。

相传，李嘉诚说过："人穷的时候，要少在家里，多在外面；富有的时候，要多在家里，少在外面。"在这个问题上，该文作者思考的角度和李嘉诚是一样的，他这么一写，让自己的这篇述评性文章在同主题的信息稿件中脱颖而出。

如果大家在研究问题时，发现解决问题的某个途径受阻，可以迅速转换途径，从另一个思考角度入手进行思考，或许能使问题得到顺利解决。比如，大禹的父亲用堵的方法治水，结果洪水反而泛滥，大禹治水改用"疏"法，很快消除了水患。又如，司马光砸缸救落水儿童时很懂得要另辟蹊径，儿童时期的司马光个子太矮，不可能爬上大缸去捞人，于是选择破缸救人，顺利解决了问题。

此外，找选题时，可以试着使用"把坏事往好里想"的方法。辩证法告诉我们，任何事物都是一体两面的。否极泰来，遇到不利因素，未必要想着去克服，可以找角度对其加以利用，化弊为利。

案例 7-5

刁钻的客户是块宝（节选）

……

我认为，服务好刁钻的客户，多给他们一些尊重，一来可以帮助集团提升自己的服务质量，二来可以帮助集团稳稳地留住一批老客户。

看到集团每月下发的电话客服中心月报，我们发现，某些投诉的客户挺"刁钻"的，排队久要投诉、接电话时不称呼"您好"要投诉、主动挂电话要投诉、方言不通也要投诉等。也许大家会对这些因为小事被投诉的情况表示愤怒、不理解，但是转念想一想，见微知著，这些客户的态度，正是我们服务质量好坏的"晴雨表"。客户满意，说明我们的服务质量是过关的；客户有微词，说明我们的服务是有欠缺的，这会促使我们寻找原因，改正不足。因此，我们应该把刁钻的客户当块宝，并且好好利用这块宝不断完善自己，改进服务质量。

……

我认为，要让刁钻的客户成为满意的客户，进而成为忠诚的客户，不妨从以下几个方面着手。

一、完善机制，有效测评

……

二、及时跟进，承担责任

……

三、细微着手，表达关怀

……

解析：这是一篇述评性信息稿件。大家看到稿件标题的时候，很可能会想："刁钻的客户不是很难缠的客户吗？怎么可能是块宝呢？"这个选题角度，明显比单纯述评"如何降低客户投诉率"更新颖，据此写出的信息稿件自然拥有更强的可读性。

4. 锦囊四：用热点吸引眼球

想吸引眼球，有一个好方法是密切联系热点。学会密切联系热点之后，大家会发现，新闻无处不在。

有的文秘人员写信息稿件时特别善于联系热点。比如，写有"世界那么大，我想去看看"的"史上最牛辞职信"出来的时候，有的文秘人员能立刻跟本单位的文化建设联系起来，写信息稿件探讨"一个企业有怎样的文化，才让一个辞职者敢这么大胆又文艺地提出自己的辞职诉求"，有的文秘人员则会从人力资源工作的角度入手，探讨单位应当如何对待离职员工。又如，全国性、全省性的重要会议、活动一结束，自然灾害、热点新闻事件一出现，有的文秘人员就能跟本单位工作实践联系起来，及时撰写信息稿件。当然，这里说的"热点"只是一个"引子"，落实到具体的信息稿件撰写工作，大家最好在通过热点切入选题后，将大部分笔墨放在反映本单位具体的工作情况上。

平时大家写信息稿件，不仅要善于联系社会热点，还要善于围绕本单位的"工作热点"行文。所谓"工作热点"，即本单位的年度工作安排、领导在大会上作的工作总结和工作部署等，围绕这些内容寻找宣传点、工作亮点，撰写活灵活现的信息稿件，将上级机关、领导想要传达的内容以受众欢迎的方式及时传达出去，提高信息稿件的可读性、被认可程度和影响力，是每一个文秘人员都应该不断提高的能力。

好的选题是什么样的？综合来讲，有以下3个特点。

一是从小处入手。选题越"小"，越便于展开，且不容易离题。

二是角度新颖，让人看了以后觉得有新鲜感。

三是针对性强，能解决实际问题，有现实意义。

案例 7-6

积极开展"断卡行动"，将反诈进行到底（节选）

近日，首部以揭露境外诈骗全产业链内幕为题材的电影《孤注一掷》全国上映。影片中，诈骗团伙精密分工的诈骗手法让人倍感震撼和恐惧。比如，诈骗团伙诈骗获得800万元以后，为尽快将赃款提取出来，上下游迅速行动，赶去距离最近的提款机提取现金，10分钟之内，800万元即被分散提现。

利用非法银行卡获取并快速分散转移受骗人员资金，这是电信网络诈骗犯罪最关键且绕不开的一环。为打击治理电信网络诈骗犯罪，我国在全国范围内多管齐下开展"断卡行动"，依法清理整治涉诈电话卡、物联网卡及其关联的互联网账号，斩断诈骗分子的信息流和资金流。

打击治理电信网络诈骗犯罪、开展"断卡行动"，不仅是经济管理行为和行业规范行为，更是政治行为和法治行为，××银行责无旁贷。实际上，由于当下诈骗犯罪高发，××银行的反诈工作已经进入常态化，除了日常加强存量个人账户排查、加强与反诈中心和监管部门的横向联络及协作、组建专业治理管控队伍、加大宣传提升公众反诈意识，还通过严格开户、实名认证、降额等方式筑起了"防火墙"，甚至将高科技"狠活"应用在了反诈领域，开发了大数据监测系统，为可能为诈骗动态的资金变动进行预警。

……

解析：在首部以揭露境外诈骗全产业链内幕为题材的电影《孤注一掷》热映期间，该案例迅速切入热点，介绍本单位的反诈工作，非常吸引眼球，传播效果良好。

类似的"蹭热点"写作，不仅能提升受众对信息稿件的关注度，还能提升信息稿件的可读性。但是，需要注意的是，不是所有"热点"都能"蹭"。比如，某银行在某消防员牺牲后制作了一张海报，内容是该银行可以免除在火灾中牺牲的烈士的信用卡未还清款项，海报一经传播，该银行立刻被批判有亵渎英烈之嫌，遭到网友的一致声讨。

7.2.2　准备素材并进行调查研究

解决了"写什么"的问题后，接下来讲怎么准备素材并进行调查研究。写信息稿件的第一步，不是提笔行文，而是"输入"。怎么输入？当然是准备素材并进行调查研究。

俗话说，"台上一分钟，台下十年功"。写信息稿件前的准备素材、调查研究等工作，就是这"十年功"。

不仅没有调查就没有发言权，没有全面、详细的调查，也没有发言权。

那么，如何进行调查研究？最重要的是了解清楚6个点：何时、何地、何人、何事、何原因、何结果。

在写有深度的信息稿件的时候，要尤其注重对何原因、何结果的深度挖掘，立体、全面地陈述事实。遇到选题的时候，文秘人员要像记者一样不停地追问：发生了什么事？事情现在怎么样了？相关各方是谁？他们都是干什么的？为什么会发生这样的事？是否有关联事件与关联情况？背后的原因是什么？是否还有其他原因/更深层的原因？……

对很多单位而言，绝大多数事件是有组织、有计划、有准备地发生的。换言之，这些事件大多是计划中的，不是突发的。大家可以结合本单位工作职能，通过提前了解单位近期的工作安排和工作重点、主动查阅单位的会议纪要、主动了解单位领导的活动等方式，找到有价值的信息，有意识地提前准备素材并进行调查研究。

本书作者之一郑文德写过一篇介绍某历史文化展厅落成工作的信息稿件，全文大概五六千字，只用了两个小时就写好了，但用在搜索资料、调查研究、采访记录等事情上的时间是两天半。如果没有那两天半的准备，用两个小时写一篇五六千字的信息稿件是"不可能完成的任务"。

案例 7-7

插上科技的翅膀腾飞
——××集团并表集中度信息管理系统应用效果初显（节选）

近日，在集团的全力推动和上下共同努力下，经过两年多艰难的研究和探索，集团并表集中度信息管理系统（以下简称"集中度管理系统"）首次实现与子公司系统对接及数据"T+1"日入库，集团风险管理数字化转型取得新突破。

集中度管理系统首次覆盖集团本部及××家具有投资业务的子公司，实现了子公司、投资业务、合作客户、持有资产4个全覆盖，搭建起了"集团+子公司"两级"穿透式"事前、事中、事后全流程管理的风险治理架构，建立了业务、客户、SPV、集团客户、共同客户5大信息库，并支持各类信息库之间的交叉、穿透查询。此外，与子公司业务系统"T+1"日数据对接的方式有效保证了集中度数据的全面性、及时性和准确性。

经过一段时间的磨合和适应，新系统已成功应用到相关业务领域，其卓越的性能已初步显示了集中度管理系统具备的巨大潜力。我们对相关业务部门的负责人和业务骨干进行了访谈，现将我们了解到的情况介绍如下。

一、小荷露出尖尖角，新系统优势初显

"更高效，更专业，更精细"是相关业务部门"尝鲜"集中度管理系统后的一致感受。集中度管理系统建立了集中度风险驾驶舱，形成了全量、穿透式、多维度、动态性的投资业务图谱，构建了集团投资业务整体风险画像及单个客户风险画像，可为集团经营决策、风险管理、业务协同提供有效的信息支撑，并赋能子公司提升风险管理水平。

（一）集中度管理系统三大技术优势，让"科技之花"结出产业硕果。

……

（二）集中度管理系统点燃了业务创新与拓展的火种。

……

（三）集中度管理系统铺就了流程优化、效率提升之路。

……

（四）系统风险上移，催建风险治理新格局。

……

二、执着的脚步，踏碎磨合的"阵痛"

集中度管理系统对××集团而言，是一个新生事物。新生事物的出现和发展过程中难免产生诸多矛盾、困惑，乃至"阵痛"。集中度管理系统上线运作至今，在项目组的努力下，各项功能不断改进和完善，现能基本支持日常业务的正常开展，但仍存在部分问题待处理。（略）

……

数据的积累何时可以支撑对业务信息的挖掘、应用过程中还存在什么问题、现有操作方式能否满足不断扩张的业务的需求、如果不再满足需求应该进行何种调整等，这些问题都需要时间来解决，不能一蹴而就。

三、放眼未来，求索之路无止境

……

××部总经理××谈起集中度管理系统在××部的应用情况时，颇为感慨地说："集中度管理系统上线已有数月，由最开始适应磨合的烦琐到现在初步找到门路的欣喜，我有很多应用心得想分享。集中度管理系统刚被应用的时候，给我们带来了较大的工作量，但长远看，规范准确的数据、科学合理的流程等将会给我们带来巨大的无形资产和收益。既然集中度管理系统已经顺利上线并稳定运行了，摆在我们面前的路只有一条，那就是尽量缩短磨合期，练好内功，充分利用集中度管理系统的技术优势为集团创造效益。其实，技术引领业务创新并不是一件遥不可及的事情，最需要的是有执着的追求，有勇往直前、勇于探索的精神。"

是的，历史总是在欲扬先抑中前行，尤其是新事物以试探的姿态挤进旧事物的生存空间中时，总会引起一定的非议，甚至是阵痛，这是无论何种形式的进步都不得不付出的代价。集中度管理系统是一个全新的系统，上线过程曲折艰辛，应用过程是一个慢慢适应的过程。也许，我们应当多关注集中度管理系统高效的性能，而非过多关注它的烦琐。从另一个角度来说，集中度管理系统的上线给我们提供了一个检查自身、提升自我的机会，这些都是集中度管理系统带来的附加价值。新旧系统切换的磨合期一定存在，我们必须用正确的心态去对待它。从项目开始落实，我们就应该对集中度管理系统有合理的期望，客观地看待问题。任何新事物的成长都不会是一帆风顺的，如果一开始期望太高、太理想化，不仅会给项目建设团队带去太大的心理压力，还会影响广大员工对集中度管理系统的信心。需要特别强调的一点是，集中度管理系统上线不是单纯的技术革命，而是思想、观念和管理方式的重大革命，是对传统思维方式、管理理念的挑战。我们不能寄希望于集中度管理系统扫除集团改革发展中遇到的所有障碍，而不考虑管理、业务、制度等配套的发展。现在，集团还有很多技术难关要攻克，还有很多业务流程和岗位职能要调整和优化，还有很多经营理念和服务方式要尝试，我们相信，凭着大家坚持不懈的毅力、勇往直前的决心和顽强拼搏的精神，集团一定能用好科技这双强韧的翅膀，飞向更广阔的天地。

解析：案例信息稿件的原文大概有一万字，详细介绍了集中度管理系统的应用效果——先详细介绍该系统在技术上的优势、对业务创新和拓展的助力、对流程优化和效率提升的帮助、给风险治理格局带来的改变，再分析使用该系统的过程中存在的种种问题，最后做思想动员。案例信息稿件涉及的所有内容，都在为中心工作服务——前两个部分，把领导关心的集中度管理系统应用效果问题、基层想向决策层反映的集中度管理系统存在的缺点和问题、集团员工使用集中度管理系统的思想顾虑等都阐述清楚了，第三个部分，起统一思想、坚定信心、加油鼓劲的作用。大家可以想象，作者在写案例信息稿件前一定做了大量的调研、采访、搜索资料等工作，不然不可能把案例信息稿件写得如此流畅，不可能把一个信息系统的应用效果用"外行人"都能听懂的话讲清楚。

7.2.3　取标题

取个好标题是文章成功的一半。

小品《一句话的事》里有这样一句台词："一句话能成事，一句话能坏事。"标题其实就是"一句话的事"。选题的方向影响着文章的质量，但真正统领全文的是标题，因为人们看一篇文章，第一眼看的不是文章的内容，而是文章的标题。如果标题不吸引人，很多人不会有兴趣继续阅读文章。标题取好了，信息稿件更可能脱颖而出；标题取不好，信息稿件的内容写得再好，也可能无人阅读。因此，写信息稿件的时候，一定要取一个好的标题，就如同给自己的孩子取一个好的名字一样。

一个好的标题，应该有引起受众注意、让受众产生阅读冲动，且概括整体内容的功能。

信息稿件的标题，越直白越好。

有陈述式标题，比如《市生态环境局全力打好"蓝天、碧水、净土"保卫战》，直接传达信息，受众一看就明白了。

有悬疑式标题，比如《"宅经济"走红，文化产业如何接招？》，引发受众思考，带受众在问题的引导下阅读文章。

有总结式标题，比如《这个派出所真的不一般：民警上班如同"出差"》，不一般在哪里呢？大多数民警每天上下班车程超过100千米，成了名副其实的"出差一族"，作者在标题中就对这个派出所的不一般进行了总结。

还有爆炸式标题。互联网上，吸引人眼球的爆炸式标题或让人读之觉得不可思议的标题往往非常受欢迎，比如《捡破烂3年，他成为当地首富》，能快速吸引受众的注意力。不过，写信息稿件的时候，不建议取这种标题，有哗众取宠之嫌。

大家取标题的时候，切忌做"标题党"。什么叫"标题党"？就是文不对题，为了博眼球而极尽夸张之事。比如，有个文秘人员写了一篇名为《弘扬娘子军革命精神，永葆新时代巾帼本色》的信息稿件投送，审稿领导一看标题，以为是这个单位的"娘子军"获得了"三八红旗手"之类的称号，或是在工作中有极其出色的成绩，结果点开信息稿件一看，该文秘人员写的是妇女节活动——单位组织女员工去爬山。妇女同志享受节日福利，怎么都没法往"娘子军革命精神""新时代巾帼本色"方面靠，这就是典型的"标题党"。

同样主题、同样内容的信息稿件，如果标题中都是空话、套话，会让人觉得写稿的文秘人员对待信息工作很敷衍；如果标题是精心打磨出来的，传递给受众的感觉会大不一样。因此，标题取得好不好，不仅事关能力问题，还事关工作态度问题。

部分信息稿件标题修改前后的实例见表7-4。

表7-4 信息稿件标题修改前后

修改前	修改后
《全力推进党建档案管理工作》	《管好用好红色档案，谱写"档心向党"新篇章》
《加强基层党建工作，实现中国梦》	《点燃基层党建"红引擎"，下好基层党建"一盘棋"》
《严抓服务促发展，多措并举见实效》	《用好服务"直通车"，铺就发展"快车道"》
《严格责任追究，狠抓命案侦破工作》	《热血智勇写真诚，命案必破显真功》
《推进扶贫攻坚工作，助农民增收》	《啃扶贫攻坚"硬骨头"，造农民增收"金钥匙"》

好标题的要件是言之有物、高度合理，因此，大家最好在取标题的时候就努力挖掘平凡工作中的不平凡意义，并对其进行适当拔高，取出让受众感觉耳目一新、内涵深刻的标题。

7.2.4 设计文稿结构

有一首很欢快的歌，名为《冰糖葫芦》，其中有一句歌词是"糖葫芦好看，它竹签儿穿"，我们想把信息稿件写好，也需要一根竹签儿。设计文稿结构，就是找到一根竹签儿，串起散落的糖葫芦（素材）。

一般来说，文稿结构有以下 6 种。

1. 纵式结构

纵式结构，即文稿层次主要以纵向形式展开。比如，按时间顺序展开、按事情发展顺序展开、按作者的情感起伏顺序展开、按逐层深入的论证顺序展开等。

按时间顺序展开是最常见的纵式结构。比如，写会议信息稿时，可以按会议先听取了什么汇报，再讨论了什么议题，最后达成了怎样的共识、形成了怎样的决议的顺序写。

如果大家写的是参观考察类信息稿件，按时间顺序展开也很合适，可以按刚听说的时候感觉如何、实际参观考察时感觉如何、了解背后的故事后感觉如何、参观考察结束后有怎样的感想的顺序写。

此外，还有一种纵式结构很常见，即按从现象到本质、从因到果等逻辑关系逐层深入展开。比如，典型的"提出问题→分析问题→解决问题"三段式结构：先提出问题，再剖析、研究问题，找到原因，得出结论，最后提出解决问题的办法或建议。

2. 横式结构

横式结构，即文章层次主要以横向形式展开。

大家可以按文稿内容的分类划分文稿的结构和层次。比如，写科技工作，可以依次写软件方面怎样、硬件方面怎样、领导如何重视、各方如何支持配合、应用效果如何等，分门别类地写。

大家还可以以空间为序。比如，写本单位落成某项工程，可以分别介绍这个区域怎样、那个板块如何等。

3. 纵横式结构

纵横式结构，即文章层次以纵向和横向相结合的形式展开。

纵横式结构的使用对写作者的逻辑能力、分析规划能力的要求比较高，处理不好很容易写得混乱，需要大家平时多积累、多学习、多练习使用。比如，《为了六十一个阶级弟兄》这篇长篇通讯，既用纵式时间顺序交代了事情的发展过程，又剪辑了不同空间内发生的事情，用横式空间顺序写了各条线的营救行动，悬念迭起，看得人心潮澎湃。

4. "蒙太奇"式结构

"蒙太奇"在法语中是"剪接"的意思，一般包括画面剪辑和画面合成两方面。用于设计文稿结构时，大家可以省略一切对过程的叙述，只突出事情最主要的部分，对其进行戏剧式的一幕幕呈现。比如，刘白羽写的《横断中原》，以历史为经，以画面为纬，再现了解放军南下的壮烈行动。

5. 对比式结构

对比式结构写作多为明暗线结合写作，通过让事物矛盾对立的两个方面形成鲜明的对比，歌颂英雄和先进人物，鞭挞自私自利、见利忘义的思想和行动，起到惩恶扬善的作用，或总结出成功的经验、失败的教训。比如，同样是写上海外滩的"万国建筑"，可以写它是殖民文化的遗留，是中国耻辱历史的见证；也可以写它是世界建筑艺术的结晶，中国对它的保留和保护，体现了中国正视历史的勇气、海纳百川的胸襟。

6. 倒叙顺承的悬念式结构

倒叙顺承的悬念式结构，即先在文稿的开头提出问题、摆出矛盾、布下悬念，以其引起受众的关注，吸引受众往下看，再依据客观事物的实际发展，"顺承"地写，最后消除疑团与悬念，让受众释然。

比如，《××县公安局原政委因女儿顶替他人上大学被刑拘》一文，开头写："最近，××县公安局原政委王××的女儿王××以同学罗××的名义读大学的事件有了最新进展，××省××市××县组成的罗××事件联合调查组今天对外公布,核心人物王××的父亲王××已经被公安机关刑事拘留。现在,王××和罗××两人当年的高三班主任张××也被××县纪委实施'双规',他是怎么被牵扯进这件事的呢?"如果直接写事件发生的原因,不仅很难用一言两语说清楚,而且很难吸引受众往下读,作者的处理是在文稿开头抛出谜团,引导受众去揭开谜底,文稿结构由此显得特别,文稿的可读性也大幅提高。

案例 7-8

提高会计报告质量,重在提高3个"性"和抓常态

如果按照制作主体分,××系统的会计报告大致可以分成内部制作的会计报告和第三方制作的会计报告两大类。研究这两大类报告,我发现不同程度的存在以下"通病"。

一是"粗"。分析、评估粗放,内部制作的会计报告基本以罗列数据为主,缺乏对数据的研究和分析;第三方制作的会计报告则"格式化"严重,基本为"放之四海而皆准"的样本报告。

二是"空"。缺乏对市场、对客户、对产品的针对性、精细化研究和分析,对公司决策控制财务成本、改善经营策略提出意见和措施的可操作性低。

影响会计报告质量的因素主要有部门欠整合、信息欠共享、分析欠宏观、评估欠深度等。针对以上各种制约性因素,我认为,要提高会计报告质量,必须重视以下工作。

一、提高会计报告的3个"性"

(一)提高系统性。

要坚持跳出业务看业务,提高宏观思考能力,既要把握上级政策定向,又要把握区域市场趋势,摆脱业务本位思维局限,通过整合各业务部门的工作和信息资源、结合区域经济和市场趋势对财务与资产进行分析、评估,形成更具市场导向和参谋作用的综合性会计报告。

(二)提高前瞻性。

制作会计报告,不仅要做好状况分析,还要加强趋势分析,要提高中长期预测、规划意识和能力,善于综合区域经济走势、市场及政策变化趋势、区域产业和城镇

化驱动下客户群体及其生活方式的变化，对企业发展思路、经营策略提出调整和优化对策措施，让我们的经营管理能更科学、合理地与市场和客户对接，使报告献策更具前瞻性。

（三）提高预警性。

要通盘考虑区域经济和市场对各种经济政策的对接、响应情况，特别是针对新出台经济政策引发同质化竞争的风险，会计报告要进行预警性评估和研判，使风险分析不局限于业务风险，而是延伸到市场风险；不局限于局部风险，而是扩展到系统风险，对我们规避风险、改善经营、加快转型起到"风向标"作用。

二、提高会计报告质量，重在抓常态

（一）整合部门，形成体系。

要以部门整合为抓手，进一步明确、提升财务部门的综合性部门定位和职能，建立有效的部门协调机制，形成以财务部门为龙头，其他相关业务部门密切配合的工作机制，使会计管理工作形成系统，有效整合各部门业务资源，形成既分工又合作的会计管理工作体系。

（二）拓展思维，宏观思考。

要坚持宏观思考，跳出财务看经济、跳出业务看市场，以企业经营质量和效益为中心做好会计报告制作工作，既要重视财务成本控制，又要重视以市场为导向、以客户为中心分析业务发展状况和趋势，把握市场开拓重点方向，为我们调整经营思路和完善产品体系提供有益的决策参考。

（三）广采数据，深度发掘。

要培养大数据思维，建立覆盖各业务部门的数据库，广泛采集区域经济、市场和公司财务、业务、资金等各方面的数据，通过数据比对分析，深度发掘数据的价值，找出数据关联反映出来的趋势性变化和风险性苗头，科学预测形势、预警风险，提出更具针对性且操作性强的对策建议。

（四）充实人才，提升能力。

会计报告制作团队的素质和能力直接影响会计报告的质量和水平，进而影响会计报告在支持企业经济决策方面的效果和作用，因此，必须重视会计人才队伍建设，鼓励员工考取会计职业证件，加强会计人才培养和储备，提高现有会计管理人员的市场分析、风险管理能力，尤其是要培养会计管理人员的宏观思维并提高其中长期规划能力,进而提高会计报告的质量和水平。此外,要注重提高各基层单位、业务部门会计人员和相关工作人员的会计管理工作水平,为提高整体会计管理工作水平打下坚实基础。

解析: 这是一篇述评性、策论式信息稿件,文稿结构是纵横式结构。第一部分开门见山地提出问题、分析问题,接下来解决问题。"解决问题"部分分微观层面(制作会计报告)和宏观层面(形成支撑高质量会计报告的工作体系)表述,二者既是并行关系,又是递进关系。文稿结构合理、层次清晰。

案例 7-9

像烹饪粤菜一样,打造新时期××集团企业文化(提纲)

一、选材——打造良好的用人机制
二、口味——坚持原汁原味的经营理念
三、烹制——制度是器具,执行力是火候
四、调料——各种企业文化活动

解析: 根据提纲可以判断,案例信息稿件的文稿结构是纵式结构。作者将"打造新时期××集团企业文化"比喻成"烹饪粤菜",将"选(食)材"比喻成"打造良好的用人机制",将"(定)口味"比喻成"坚持原汁原味的经营理念"。"烹制"过程中,制度是"器具"、执行力是"火候",最后放入的"调料"是各种企业文化活动。作者按烹饪粤菜的顺序梳理了打造新时期企业文化的步骤,这种结构安排能给人眼前一亮的感觉。

案例 7-10

"点""石""成""金"4个字
助推××市玄武岩新材料产业高质量发展(节选)

"许逊,南昌人。晋初为旌阳令,点石化金,以足逋赋。"汉代刘向在《列仙传》

中讲述过这样一个神话故事，后被引申为一个成语：点石成金。如今，这种美好祈愿逐渐变成现实。

××月××日，××市举行新材料产业发展国际峰会，来自海内外的数十名专家学者、高科技人才齐聚盛会，为××市玄武岩新材料产业高质量发展建言献策。

"因为玄武岩纤维呈金褐色，所以生产过程被称为'点石成金'。"峰会上，市委书记××用"点""石""成""金"4个字向大家推介玄武岩新材料产业。

"点"，即政策支持落点精准。（略）

"石"，即矿石资源优质丰富。（略）

"成"，即核心技术取得成效。（略）

"金"，即"金（经）"济效益前景广阔。（略）

……

解析： 案例信息稿件的作者是帮市委书记写讲话稿的文秘人员。作者化用成语"点石成金"及相关典故，巧妙地将××市玄武岩新材料产业的发展热点与"点""石""成""金"4个字结合，令人耳目一新。全文脉络清晰、易懂易记，文稿结构是横式结构，且有递进关系，结构设计比较别致。

7.2.5 撰写文稿

文稿结构设计好以后，就可以正式撰写文稿了。

撰写信息稿件的第一步是写导语。比起消息，述评性、综述性信息稿件比较长，如果标题和导语写得不好，很难吸引受众读下去。

一般来说，导语是信息稿件的必备内容，要起到吸引注意、概括内容、陈述背景、表达态度等作用。好的导语要做到"抢耳""抢眼"，用最凝练的文字，一语破的，最好有开门见山、立竿见影的效果。

导语的写法有很多，接下来简要介绍9种，供大家参考。

1. 一语道破式

一句话导语，比如"日本投降了！"。

2. 设置悬念式

以发问的形式引导受众往下看，比如"科学家究竟是否找到了暗物质？"。

3. 欲擒故纵式

使用先扬后抑或先抑后扬的方法制造"矛盾"，比如"××总统说经济复苏就在眼前，可一项调查数据显示，该国失业人口达到××万"。

4. 数字对比式

使用具有说服力的数字引导受众思考问题，比如"如果有一个案件出现问题，对司法部门来说可能只是1%的差错，但对当事人来说是100%的不公平"。

5. 速写勾画式

将导语写得有画面感，让受众如临其境，比如"人民大会堂北大厅通道是著名的'部长通道'，两会期间，在该通道迎来一位又一位代表时，伴随着照相机的'咔嚓'声，守候在此多时、希望获得'猛料'的记者们纷纷抛出一个个'问号'"。

6. 巧用背景式

在导语中巧妙地使用背景材料引出正题，比如"数百年前，北宋大文豪苏东坡在惠州购地数亩，自己设计和筹建新居。后人将其故居改为祠堂，以为纪念。如今，苏东坡祠正在重修，并将与周边历史文化街区衔接，成为惠州文化地标"。

7. 对话开头式

在导语中使用对话引出相关信息，比如"'为什么由××银行代政府发放生活补助金和抚慰金呢？'当记者向××银行董事长××提出这个问题时，该董事长回答：'因为××银行在这里是灾后恢复营业最早的银行。'"。

8. 警句开头式

在导语中使用警句震撼受众，比如"正所谓'欲让其灭亡，先让其疯狂'，从2019年开始，××编造假项目，疯狂集资，坑骗了上千人，涉案金额达××亿元"。

9. 写景开头式

在导语中通过写景将受众慢慢带入正文场景，比如"××河畔，人头攒动，流光溢彩，各式彩灯洋溢着浓浓的年味，热闹非凡……首届大型迎春游园灯会将在这里举办"。

究竟使用什么方法写信息稿件的导语，要从信息稿件的整体构思、中心思想出发进行衡量，找到最佳切入点，争取将导语写得新鲜、有趣，给受众留下深刻的印象。

案例 7-11

浅议大数据时代的客户需求挖掘（节选）

在营销培训中，有一个"卖梳子给和尚"的经典案例。

一个销售人员去寺庙推销，想把梳子卖给和尚，和尚说："我们真的不需要，我们都没有头发。"

销售人员说："梳子是善男信女的必备之物，尤其是女香客，经常将梳子带在身上。如果大师能购入梳子，打造为供香客选择的纪念之物，扬我寺庙之名，岂不是天大的善事？大师岂有不做之理？"

经考虑，寺庙购入大量的梳子，取名为"积善梳""平安梳"，竟十分受欢迎。

面对这个经典案例，不同的人有不同的看法。我认为，我们应该学习的是该销售人员的底层逻辑——挖掘客户需求，进行精准营销。

一、客户到底需要什么？

……

二、客户需求从哪里来？

（一）知己——我们已掌握哪些数据。

……

（二）知彼——基于数据的特征分析。

……

1. 纵向分析——客户个体特征分析。（略）
2. 横向分析——客户类型对比分析。（略）

3. 网状分析——客户信息与其他信息的匹配分析。（略）

三、欲善其事，先利其器

（一）数据收集。

……

（二）系统支持。

……

（三）人才储备。

……

四、未来客户需求的蓝海在哪儿？

（一）打造全方位咨询服务平台。

……

（二）实现产品模块化。

……

（三）精准营销的终极目标是创造需求。

……

解析：案例信息稿件是述评性信息稿件，以"卖梳子给和尚"的销售案例为导语，一下子就能抓住受众的眼球，吸引受众往下看。

导语部分后面是主体部分，需要用较多的笔墨阐述事实、描述事件全貌。人们常说，写文章要有凤头、猪肚、豹尾，主体部分就是"猪肚"，"猪肚"的特点是"有料"。因此，在写信息稿件的主体部分之前，大家需要收集大量质量较高、内容较丰富的素材，并将必要的、重要的、典型的素材筛选出来进行加工，做到言之有物、持之有据。

一般来说，大家可以按照事情的起因、经过、结果的顺序安排素材，也可以按照事物的因果、主次、点面等逻辑关系安排素材。

信息稿件主体部分的写作最忌积累不足、空洞无物。写信息稿件，需要文秘人员大量收集、积累素材，不可随意拼凑内容，不然很容易把信息稿件写得平淡、枯燥，甚至假、大、空。当然，写信息稿件时也不能堆砌素材，而是要学会去芜存菁。比如，写记叙文要写清楚主次，写说明文要注意详略得当，写议论文要少一些说教式内容，多一些典型事例和理论依据……

案例 7-12

新征程，做好"以文化人"这篇文章（节选）

文化，有"以文化人"之意。《周易》中有这样两句话："观乎天文，以察时变。观乎人文，以化成天下。"可以说，这两句话精准地概括了文化的内涵和文化发展的意义。所谓"以文化人"，就是用文化教育人、熏陶人、感染人，让文化用潜移默化的方式影响人的思想意识和言行举止，提升人的思想觉悟、道德修养、精神境界和综合素质，促进人的全面发展。

"以文化人"的"化"，有点化、教化、感化之意，是一个系统、复杂的过程。我们研究甲骨文，会发现甲骨文中，"比""从""北""化"这4个字虽然字形各异，但是都由两个"人"组成。把"比""从""北""化"这4个字的意义连起来思考，就是一个人从小到大、从懵懂到清醒、螺旋式进步的成长历程，其中，"化"是最高境界。

"比"的甲骨文写法是两个人站在一起。两个人站在一起，可以引申为任何两个事物放在一起。如此，就可以进行比较，在比较中明辨是非曲直，这是准确理解和认识事物的一个简便且有效的方法。

"从"的甲骨文写法是两个人一前一后，就像一个人在前面走，另一个人在后面跟着（还有一种写法是一排三人，此处暂略去不提），即跟从、随从、服从，也就是我们经常说的"向先进学习、看齐"。

"北"的甲骨文写法是两个人相背而立。正所谓"道不同，不相为谋"，发现假、恶、丑的东西，要避而远之。

"化"的甲骨文写法是两个人在一起，一个人头朝上，一个人头朝下，像太极图。相反的东西融为一体，即为"化"；潜移默化、融化，均为"化"；循环往复，正面与反面的经历、思考不断反复，实践与认识不断提升，亦为"化"，即逐渐进入"化"的境界。到了"化"这个阶段，人们看世界的角度不再单一，没有了对比的求胜心，而是倾向于求和。

"文化"载文以道、以文化人，最高境界是"求和"。有人说管理有三重境界，最低境界靠人力，一般境界靠制度，最高境界靠文化。正所谓"上下同欲者胜"，对××集团而言，做好"以文化人"这篇文章很重要。文化兴，则事业兴；激情足，则干劲足。只有建立一种全体员工认同的企业文化,才能凝聚人心,能在市场的激流中立于不败之地。

......

解析:为了说明"以文化人"这个主题,案例信息稿件从甲骨文中"比""从""北""化"4个字的写法入手,探析了"以文化人"追求的到底是怎样的目标。从这个新颖的角度切入阐述这个问题,比较容易引起受众的兴趣。该信息稿件的主体部分详细阐述了4个字的字形、字意,结构和篇幅安排是合理的,因为写信息稿件的主体部分最忌头重脚轻、只摆问题、不作分析、不提建议、不表态度,头重脚轻的信息稿件,效用很低。

说完"猪肚",再说"豹尾",写信息稿件的结语部分,可以自然顺畅地交代结果,可以画龙点睛地列明重点,也可以呼应开头、启发联想、感慨抒情,总之要尽量做到延伸主题、紧扣重点、令人回味。

案例 7-13

大数据时代,××集团应当如何开启精准营销之路?(节选)

广告界有句名言:"我知道我的广告费至少浪费了一半以上,但我不知道究竟浪费在哪里。"这句名言道出了很多广告主的心声,也道出了传统营销一直以来的问题。

随着大数据时代的到来,庞大的数据资源促使营销出现科学性转变,精准营销成为当下绝大多数广告主的追求。精准营销,通俗地讲,就是在合适的时间、合适的地点,用合适的方式将合适的产品推荐给合适的人。我现在针对大数据时代××集团应当如何开启精准营销之路提出几点建议。

(一)整合多渠道营销。

......

(二)壮大营销队伍。

......

(三)开拓数据分析渠道。

......

（四）推广精准服务。

……

在信息瞬息变幻的今天，机会稍纵即逝，我们要加紧步伐，用"小步快跑"的节奏，加强风险把关，稳稳当当地踏上大数据时代为我们开启的精准营销之路。

解析：案例信息稿件的结尾部分用的是自然顺畅的总结式写法，不仅点了"精准营销"的题，还对受众进行了号召。写结尾，最忌老套，比如堆砌公式化、概念化或不疼不痒、千篇一律的套话、空话，或者故弄玄虚、含混模糊，抑或者画蛇添足，把结尾写得重复、拖沓、冗长，造成信息干扰。

信息稿件的写法是多种多样的，没有固定模式，以上不过是介绍了几种常见的写法，仅供参考，写作时要根据内容需要恰当使用，不能生搬硬套。究竟使用什么写法写开头、主体和结尾，要从信息稿件的整体构思出发考虑，通篇安排、整体设计。

7.2.6　查漏补缺并美化文稿

写信息稿件的第六个步骤，是查漏补缺并美化文稿。简练、流畅、准确、优美，是信息稿件对语言风格的基本要求。语言修饰得好不好，不仅会直接体现文秘人员的写作功力和水平，还会影响信息稿件的表达效果。

关于查漏补缺并美化文稿，本书前三章有详细介绍，本章不再赘述。这部分内容其实是比较难传授经验的，因为天赋起着很大的作用。比如，有的意思用某种方式表达会显得很不对劲，但有的文秘人员在检查的时候就是发现不了。又如，上下文转折时，通常需要写一些承上启下的过渡段，将上下文的"连接处"处理得顺滑一些，这种过渡段由不同的人写，效果截然不同，有的人写得非常流畅，如神来之笔；有的人却怎么都写不好，写出来的过渡段读起来非常生涩，甚至怪异。

天赋是"可遇不可求"的东西，我们不可能要求每个写信息稿件的人都有写作天赋，但通过后天训练，在美化文稿方面，每个人都可以取得进步。

美化文稿，需要勤学、多练。勤学，就是大量阅读，这是提高语感的必经之路，不必多说；多练，是进阶之路，建议大家平时多留心，先观察别人怎么写，再不断模仿、提高。

美化文稿能力的提高,没有捷径,需要长期练习、提高语感、夯实基本功。

很多优秀的文秘人员特别喜欢看几大重要报刊每年的新年献词(元旦社论),看这些文章是如何对过去一年的国家发展成就和社会热点进行梳理盘点的,又是如何描绘新一年的社会宏观图景的。接下来,给大家展示两篇《南方周末》刊发的新年献词,供大家品读、学习。在阅读的同时,建议大家关注这些新年献词的遣词造句、语言风格,并加以理解、内化。

案例 7-14

总有奋不顾身的相信,总要坚韧恒久的勇气
(南方周末 2023 新年献词)

"大疫不过三"?此刻的我们正站在世纪疫情的关口,听百年变局的呼啸。

这一年,时间有过保质期。棉签落入试管,明天在小程序里摆荡。全民长队的雨夜,困在算法里的骑手,南腔北调的喇叭……光阴曾在试剂中显现。

这一年,空间有过封冻期。无数个远方,从"想去"止于"能去"。划定边界的水马,困住脚步的封条,安置陌生人的台球厅……箭头可以下线,历史无法留白。

每刻,我们被不确定的经纬牵动,而时空的交错也创造着重新连结的可能,让不可见成为可见。

我们看见冬奥赛场的谷爱凌,也看见超高温夏天的户外劳动者;我们看见空间站的航天员,也看见风雪中的牧羊人;我们看见外滩两岸的天际线,也看见小蛮腰下康乐村的握手楼;我们看见返乡路上的富士康人,也看见重庆山火中的消防员;我们看见朋友圈里的"两道杠",也看见业主间传递的布洛芬……身前的影,背后的光,看见是共情的起点,那些火与冰、笑与泪,让世界如此参差与真实。

世界,也在新的坐标系下裂变。

中共二十大筹划未来,中国式现代化提速;G20 峰会求同存异,世界杯首次在年尾开球;第 80 亿个婴儿呱呱坠地,COP27 为全人类构建气候预警;俄乌鏖兵令核危机信号闪现,北溪二号爆炸加速能源紧张,美联储加息催动滞胀预期,东航客机没能按时抵达,梨泰院的夜晚凝固于巷道……谁在推倒牵动格局的多米诺骨牌?谁在演进新旧交叠的周期?历史不会浓缩在一个晚上,历史又常在一夜间

被改写。

这一年，这三年，变局加速。应然变成竟然，当然变成居然，一切都在打破，一切又在重建，一蔬一饭，寒来暑往，"新的历史特点"浮现日常生活的基本面。我们随波逐流，我们跌宕起伏，我们被重新定义，我们被不断提醒：疫情前的世界正在加速远遁，从田园牧歌快进到沧海桑田仿佛一日百年。

这是2022年的深冬，我们在回望中走向未来。每个人的生活都被深度重构，却也令一些坚守在打破中愈发牢固。它让我们在离别与挣扎中仍憧憬美好，在无奈与辛酸中仍绝地求生，它希声无形，却化作直播间的吆喝、摄像头前的网课、后备箱里的烟火……像穿过一条时光隧道，一边踉跄前行，一边重整旗鼓。

直面人生少有之困境，总有一些东西不可被击败、无法被战胜、不能被征服。三年疫情，冷凝百年变局的凛冽，我们困缚于巨变与惶惑之际，是勇气驱动我们不甘于麻木与注定。人类的悲欢并不相同，人类的悲欢如此相通。是彼此的相信，让原子化生存的陌生人，开始相识、鼓励与接力，在那些静默的日子里，有多少社群和楼宇曾经化身方舟！

裂土重建，谁让人间值得？凛冬守夜，谁在点燃篝火？深陷险地，为陌生人的不幸悲伤；经受不公，为更弱者的折辱奔走。是根植内心的勇气，是对抗宿命的相信。

勇气，是生命在艰难时间奋不顾身的相信。相信，是时间赋予生命坚韧恒久的勇气。

人或者存在，或者不存在，没有中间项。世界与世界观从未完全一致，我们所做的不过是用勇气追问合理，用相信破解无序。熵增定律固然揭示了万物演化的普遍法则，某个区域内依然能够实现小范围的熵减。这是勇气的价值，也是相信的意义。这是义无反顾的壮怀，也是人间悲喜。

一沙一天地，极微即无穷。人是世界的量器，世界是人的容器。没有无数肉眼难见的微尘，这个世界才会真正荒芜。相信，是相信每个人都是完整的世界，每个人都是意义和目的。坚守勇气，选择相信，软肋亦是脊骨，撑起那些与失望的周旋、对希望的执念。坚守勇气，选择相信，当你我眼神相会，那光芒是地上的一星火，地球是天上的一颗星。

相信并非虚妄，确信不可见的真理，才能守护历历在目的当下；眺望尚未定型的将来，才能聚拢掌心跃动的火光。选择相信，是80亿人同在，14亿人共赴；选择相信，是相信命运从来是一条线，不是一个点，你我命运的曲线相交，便是世界的经纬。

相信有深刻的旨归，尊重常识。常识里有我们作为人的尊严与品格，有我们微观生活的价值和边界。相信常识才能保卫常识，才能消弭悖逆科学、违背人性的谬误。疫情终会消散，巨变终归平静，常识更显珍贵，每一滴暗夜凝结的露珠，终将折射晨光。

相信有笃定的指向，尊崇法治。法治是全社会的最大公约数，是守护民族复兴和改革开放的基本共识。法治超越地域、阶层、年龄，法治不分阴性和阳性。以法治为准绳，才能永固确定性、安全感，把权力关进笼子，让权利得以伸张。

相信是外向的，走近他人。你我是不同的，也是相同的。他人是桥，也是岸，是单数，也是复数，是倾听者，也是诉说者。他人是一种境遇，也是一个镜像。他人是我的延长线，也是我们撬动共同命运的支点。

相信是内向的，重拾自我。无论正陷于沮丧，还是历劫重生，无论拥有幸福的恩赐，还是踽踽前路漫漫，自己，都应努力去成为那最小单位的常识和正义。

未来终将到来，相信让未来与我们有关。从现代化的百年追寻，到大疫后的秩序重建，我们相信，他们相信，不是因为未来值得相信，而是因为未来必须相信；不是美好已在前方等待，而是相信撬动了向往。春天终将回馈每一个在冬天里的抱薪者、坚守者、发光者，在现在与未来间，是跳动、更新、寓瞬息于无穷的光焰。

亲爱的读者，多年之后，当你回望这一年，当你回忆那三年，当你回想这一切，你会如何定义这一场辞旧迎新？当你在未来的某个黎明或午后，当你与至爱亲朋诉说起那些曾经跨越瘟疫与巨变的勇气，我们就会知道，你的相信从未改变，一如从大地遥望的那些光年之外的繁星，光芒温暖，坚韧永恒。在这个特别的岁末年初，让我们告别昨天，以今天和明天之名，祝你新年快乐！

案例 7-15

守住不惑的底线，选择做最值得的自己
（南方周末 2024 新年献词）

2024 年的第一束阳光正在深处积蓄，我们——生于 1984 年的南方周末也即将

迎来创刊四十周年。按照最新一次人口普查的结果，中国人的平均年龄也大约四十岁。

"四十"而"不惑"，前者是这份新闻纸与吾国吾民的微妙同频，后者是我们念兹在兹的自我期许。

我们诞生于改革开放初启鹏程的春天里，现实百废初兴、百舸争流，未来充满未知、诸多困惑。也正因如此，穿越惑与不惑的边界，求索东方古国现代文明进步的答案，内蕴于我们的基因与使命。

四十年来，我们寻刻着一个民族走向复兴的经纬坐标，记录着无数个体命运的跌宕起伏；我们追求真、歌颂善、呈现美，我们抗拒假、斗争恶、暴露丑；我们持续见证、诉说并努力参与那场壮丽的春天的故事，又从那个故事中汲取无穷力量，让我们在面对未知与困惑时，绝不背离自我的基因与使命：在这里，读懂中国。

读懂永无止境，不惑则是一种状态。本应不惑的年岁，依然会强烈感受到各种困惑的推背感。

百年变局仍在高速演变，一个2023年就足以令人头晕目眩：

暴雨一路向北，杜苏芮狂卷乱奔，气象气候变幻莫测；支原体肺炎上热搜，流感成热词，南北儿科问者如云；网约车多地饱和，全职儿女等待"上岸"；谁记得住3000点保卫多少回？谁忘得了朱令与琴相伴又与病魔抗争的故事？摘下口罩的那一刻，你是否感到寒气？

中美元首在大国关系的十字路口晤谈"正确相处之道"，俄乌冲突未了，巴以厮杀又起，中东局中局风云变幻，福岛核污水每一秒钟都在随洋流扩散，这个地球，能否和合与共？

ChatGPT取代的是马还是马车夫？算法会控制你还是解放你？人类的未来是不是马斯克的星辰大海？新技术带来的是元宇宙的美梦还是潘多拉的魔咒？

惑与不惑永远在刷新边界，行动是穿越的唯一途径。越是目眩神迷，越要抱朴守一，在沧海桑田中守护方寸安宁殊为珍贵。

同在2023年，人们走向烧烤摊，走进演唱会，来一场"特种兵"式的旅行，在City Walk中与远方破镜重圆；与逝者道别，向生者微笑，为村超欢呼，为电竞喝彩，自己出演短剧的主角,让曾长出荒草的街道变成 Cos① 的魔法舞台。

这是变局中人的日常,毕竟唯一不变的只有变化本身。而在其中,守住自己的内心,守住自己的生活,就是在守住不惑的底线,守护人生的大盘。

这也是似曾相识的过往。四十年来,我们看到无数这样的你,我们不停为你加油,因为我们就是你们的一部分。

我们感受着你的困惑,更感佩于你的行动;我们知道你生于平凡,也明白你心有不甘;我们看到你徘徊踯躅,也欣赏你迈开脚步;我们明白你犹豫不决,也理解你做出抉择;我们目睹你只有单枪匹马,也见证你汇成千军万马。

每一次何去何从的困惑,都可能通向一场毅然决然的醒悟。即使不知道答案,即使不清楚前路,仍可选择做最值得的自己:去思考、去行动,去迎接、去探索。无论游刃有余还是头破血流,每一次闪展腾挪都是一次饱含希望的奋起,仿佛每一团在冬夜升起的篝火,都在为迎接春日而燃烧。

不惑是有进无退的前行,是心怀牵挂的闯荡,是背着大山的跳舞,也是上有老下有小,肩上扛着整个世界却无可依靠的"必须坚强"。那就为自己点个赞吧,然后咬着牙继续走。

不惑是不确定中的结构涌现,是危机中萌发的生机,是在陷入迷茫时坚信自己的珍贵,是在遭受厄运时坚持自己的志趣。经过光阴淘洗的种子,破土就是风华。

不惑是从心底生出光与热。即便历经创伤,也以明媚暖意,驱散焦灼与阴翳,随身携带一个宇宙,把爱的能量场安放在自我和他人之间。

不惑是既直击本质,又不失本真。是看清真相后的依然热爱,是洞穿世事后的心怀慈悲,是人生智慧的集中绽放,是"勿意、勿必、勿固、勿我"的笑对。

不惑是哪怕见惯山川湖海,仍能在意一粒沙、一滴水。是千疮百孔里依然藏着的倔强与柔软,是星夜兼程时对一轮朗月不知所起但一往情深的眷念。

不惑是时刻关照弱者的声音。我们每个人都可能是弱者,而社会的安全感与幸福感,来源于让每个自强的人能有示弱的机会。不惑的灵魂是夜空中最亮的星,既

---

① Cos 为 Cosplay 的简称,一般指代通过改服装、加道具、做造型等方式,借助摄影、舞台剧、摄像等形式,对出现在动画、漫画、游戏作品中某位角色或者某段剧情进行现实还原的活动。Cosplay 暂无通行中文译名,中文翻译一般沿用中国台湾地区的"角色扮演"。

照亮自己的前路，也成为别人的明灯。

不惑是坚定那些被历史验证的共识。直面复杂与跌宕，始终执手相行，始终心怀敬畏，始终敢于创造。

不惑是坚守"正义、良知、爱心、理性"，是"让无力者有力，让悲观者前行"，是"没有一个冬天不可逾越"，是"总有一种力量让我们泪流满面"，是"每一个这样的你都是英雄"。

而不惑的本源，终将回到真实。每一道困惑的目光里，都闪烁着一个真实的梦想，那可能是大城市里的一张床，是地震后的一碗牛肉面，是父母的养老钱，是孩子的课间十分钟，是一则没有"仅限35岁以下"的招聘启事。每一次踏实的求解，都源自一个不被遮蔽的问题，敲开真相上的坚壳，方能触摸答案。

亲爱的读者，新年的第一束阳光正待升起。这缕晨曦将无远弗届，驱走长夜阴冷，照进大地每一个角落，照进过去、现在与未来。在南方周末将满四十周岁之际，我们期待能与你共同做到不困、不惑、不忧、不惧。

祝你新年快乐！

7.2.7 "推销"文稿

信息稿件写出来后，要"推销"出去，如果能获得领导批示或者被上级信息载体采纳，自然更好。一般来说，审稿人员收到的稿件非常多，因此，大家"推销"稿件要讲究技巧。写信息稿件，要写与众不同的稀缺型信息稿件，哪些信息稿件是绝对不会稀缺的呢？"八股稿"。

比如，对某项工作提出要求，绝大部分文秘人员写的是有"套路"的信息稿件："其一，从思想上提高认识，深刻领会××工作的重要性和必要性；其二，对于××工作要加强落实，层层分解，把工作落到实处；其三，要加强协调工作，使之有条不紊；其四，要在实践中探索××工作与××工作有机结合的新路子。总之，要突出一个'早'字、强调一个'好'字、贯彻一个'实'字，把工作往'细'里做、往'深'里做、往'实'里做。最后，希望大家振奋精神、多干实事、少说空话、开拓进取，努力开创××工作的新局面，使××工作再上一个新台阶。"

审稿人员那里最不缺的就是这种"八股稿"，这种"八股稿"写出来，大概率是要石沉大海的。

> 反例 7-1

××企业全力以赴开展党建工作（节选）

同志们，××企业接下来将积极开展党建工作，具体措施如下。

（一）统一思想，高度重视。

党建工作对××企业全年工作目标的实现有着非常重要的意义。各相关职能部门、各基层业务单位要有紧迫感，高度重视本次工作，从上到下统一思想、精心组织、紧密追踪，保证党建工作的全面推进。

（二）精心策划，加强宣传。

要结合上级机关的宣传策略，结合自身实际，做好宣传发动工作。同时，要注重树立典范、推广经验、激励士气，全力营造党建氛围。

（三）重视培训，加强考核。

要高度重视对党员的培训教育，及时将党建任务落实到部门、落实到个人。各业务单位要进一步明确目标，做到"人人有目标，个个有压力"，并强化考核、突出奖惩，凸显考核的激励效果。

……

解析：反例稿件就是一篇"八股稿"，全文"水话"，没有一句"干货"。把党建主题换成风险防控主题、企业文化建设主题、业务发展主题，这些"水话"似乎可以再用一遍。写信息稿件，若是没有细化的、可行的、可操作的措施，写出来毫无价值，不太可能被采用。

那么，非"八股稿"的信息稿件写出来后，应该如何做呢？以下5个建议供大家参考。

1. 有诚意，尽量不要一稿多投

投送稿件的时候，一稿多投是不可取的。无论是内部信息平台，还是外部媒体，对来稿大多有特殊的要求，文秘人员最好不要一稿多投。实际工作中，文秘人员应该好好研究不同信息载体的特色，关注目标信息载体刊发的信息，及时总结经验教训，甚至可以直接与目标信息载体的编辑联系，了解选稿标准和侧重点，看酒下菜、看菜下碟。

2. 不写"腊肉稿",保证时效性

写信息稿件,要关注时效性。很多文秘人员写完信息稿件传给审稿人员的时候常晚"半拍",导致信息稿件写得再好,也因为过了时效而无法采用、刊发,很可惜。因此,大家在写信息稿件时,一定要注意随采即写,今天发生的情况必须今天写,在情况发生后的第一时间为相关平台、媒体供稿。很多审稿人员经常收到"腊肉稿",比如,以台风过境后各单位如何自救、如何抗灾复产为主题,但在台风过境后一两个月才提交,时效性和宣传效果均大打折扣,稿件写得再好也不可能被采用、刊发。

写人物通讯时,也要尽快动笔。这样做的好处是刚结束采访,有写作激情,对相关素材的记忆也较深。

此外,还可以提前写"节点"文章。比如,针对春节、妇女节、劳动节、国庆节等节日,以及每年集中组织主题活动的、有重要意义的日子,及早收集素材,做好写稿准备。

3. 认真对待约稿

新闻界有这样一句话:救版如救火。当有新的主题需要反映或宣传时,审稿人员往往会发布征稿启事或通知,告知大家需要征稿的文章主题、题材、内容、字数要求等。大家收到通知后,要立刻动笔。如果遇到自己没有掌握的情况,要立刻搜索资料,或者进行实地采访,尽快完成稿件写作并经领导审核后提交。

4. 增强稿件的话题性和趣味性

现在,大家的工作压力都很大,不喜欢读枯燥无味的文章,因此,文秘人员写信息稿件时要注意增强信息稿件的趣味性、可读性,尽量少写看起来就很老套的内容,多写听起来新鲜、读起来令人觉得出彩的题材。

审稿人员每天面对海量的信息稿件,如果所提交的信息稿件索然无味、错误百出,怎么追求上稿率呢?

5. 配上图表

互联网时代,信息丰富,人们的阅读习惯发生了很多变化。比如,现在人们更喜欢"读图",那些新奇、精美、有视觉冲击力的图片,堪称"一图胜千言"。有些文秘人员在写信息稿件的时候，会主动附上一些能够表达主题的图表，这样的信息稿件更容易被采用。如果能用图表展示数据、趋势、各类情况的异同，让人读时一目了然，就更好了。

注意"低级红"和"高级黑"问题

写信息稿件其实是一门艺术。要坚持把信息稿件写得实事求是、有理有据、合情合理，既要讲政治、讲方向、讲立场，又要讲方法、讲艺术、讲效果，避免"低级红"和"高级黑"。

比如，有的文秘人员为了突出某个典型人物工作认真、负责，居然把"××同志连续加班28天，没换过衣服、没洗过头""为了加班加点地完成工作，××同志把生病住院的家人拉黑"等事情当成正面典型去宣传。这种舆论倡导非常惹人反感，明明想夸人，看起来却像是在贬损。

又如，有的文秘人员写某领导廉洁奉公，居然写该领导"连端午节吃个粽子都是自己掏钱买的"。这看起来是在吹捧领导廉洁，但很容易引发负面联想。

再如，某地一名警察为参加比武大赛，执意将婚礼改期，后被评为"模范警员"。这个信息稿件发出来后，不仅没有收到预期的正面宣传效果，反而被网友视作反人性、反常理。

还有一些信息稿件"用力过猛"。比如，一对夫妻在新婚之夜抄写党章、瘫痪几年的人听到革命歌曲就站起来跳舞等，一听就是胡编乱造的，严重影响发文单位的公信力。

现在还有一些单位，以"三代人都在某系统工作"为宣传点，本想讲述祖孙三代薪火相传，都在某系统工作的光荣事迹，但很容易被人质疑该系统内有未严格执行亲属回避制度的行为，甚至涉及裙带勾结、家族腐败。

写信息稿件，要求"讲政治"，请大家记住，民心才是最大的政治。

信息稿件写出来会不会冒犯群众，是需要文秘人员认真考虑、严肃探讨的问题。

第 8 章
公文写作的实战心法和实用金句

- **8.1** 公文写作的实战心法 / 246
- **8.2** 公文写作的实用金句 / 248

事情是做出来的，不是问出来的。每天问"如何获得成功"却从不行动、每天花时间研究别人的成功过程却从不埋头努力的人，都是希望自己能在不接受"毒打"的情况下取得成功的人。

学会借力，没有问题，但借力后，更重要的是真正努力。本章介绍本书作者之一晏凌羊多年来总结的公文写作实战心法和公文写作实用金句，供大家参考。记住，真正用在实际工作中了，才是真正掌握了。

公文写作的实战心法

我时常被问到这样的问题：我应该怎么做，才能像你一样把文章写好？你能不能告诉我一个速成秘诀？

每次被问这种问题，我都想翻白眼——我要是知道这样的捷径，还需要天天辛辛苦苦地码字，码到过劳肥，码到颈椎、肩周都有严重的疾病，码到没空陪孩子，码到眼睛疲惫不堪吗？

问这种问题的人，大多"只看见贼吃肉，没看见贼挨打"。恕我直言，眼里只有别人的"收获"，没有别人的"付出"是一种认知缺陷，会严重影响自己的行动力。因为这样的人大多拒绝承认"想要收获，必先付出"这一客观规律，沉迷于寻找并不存在的捷径，只想不做、行动力有限。

比如，有个网友说自己也想出一本书，我说："那你就去写吧。"结果，她兴冲冲地写了几天，写到第三章就再也不写了。又如，有朋友见我出版了《有你的江湖不寂寞：金庸武侠小说的另类解读》一书，问我写了多久，我说："断断续续地写了小半年。"对方竟立刻感叹："原来写一本书只需要用这么一点时间啊！"对方不知道的是，在写这本书之前，我把金庸写的小说细细看了不止3遍（看书的时间跨度为十几年），看书时，我一边看，一边思考，一边记录，与其说是"速成"，不如说是"厚积薄发"。

很多人认为，世界上有很多捷径，别人走得远，靠的是找到了捷径。

某种意义上，我承认世界上有捷径——有的捷径是人际交往能力带来的，有的捷径是运气带来的。有捷径，不值得炫耀；寻找捷径，也不值得提倡。大多数人没有捷径，那么，怎么办？埋头努力。埋头努力不丢人，通过埋头努力获得的成绩，实在、踏实!

对绝大多数人来说,没有出生在名门望族,没有有权有势的父母,甚至连"再来一瓶"这样的奖都没有中过,凭什么奢求人生路上有捷径呢?

就算真的有捷径,捷径上也早已人满为患,挤都挤不上去了。

对绝大多数人来说,人生唯一的"捷径",是把别人认为没用的事多做几遍。

做什么事情不需要投入时间成本、不需要久久为功呢?

也许,有一些小技巧可以使用,但决定你能否长久走下去的,不是这些技巧,而是从0到1的积淀过程。这个过程,极其辛苦。

李安在当上大导演之前,也曾经历一段非常阴暗的日子。每年,他都会推进一些项目,但折腾来折腾去,总是因资金问题而半途搁浅。有一段时间,他赋闲在家,心情越来越沉闷。然而,在他心情沉闷地赋闲在家写剧本的日子里,他跟别人合作写出了《喜宴》。

后来的事情大家都知道了,《喜宴》大获成功。

在一场庆功宴上,李安突然大哭,有人问他怎么了,他回答:"在美国那么多年,每天都吃简单的食物,今天突然喝到鱼翅汤,想起在美国的妻子、孩子,想起过往,就忍不住哭了。"

我时常想,如果《喜宴》没有获奖,会怎样?也许李安会一蹶不振,因为当时他在心理上陷入绝境,已经有点撑不下去了。

热爱和坚持成就了他。

"草根"逆袭靠的是什么?是热爱、坚持,以及一点运气。

我觉得,人生进阶的关键点主要集中在从0到1的"挨打"阶段,很多人撑不过这个阶段——能撑过去的,都在行动;撑不过去的,大多在四处请教、寻找捷径。

就拿公文写作来说,只要愿意去学、去琢磨、去下苦功夫,总能找到解决问题、提升写作能力的方法,这些方法和付出努力后得到的进步,为大家提供着撑过"挨打"阶段的力量。

这,就是我能跟大家分享的唯一的"公文写作的实战心法"。

8.2 公文写作的实用金句

我承认,文学创作需要天赋,形成语感也需要天赋,但如果有人说公文写作完全靠天赋,我是不同意的。公文写作是一项工作,不是去角逐诺贝尔文学奖,达不到"拼天赋"的程度,绝大多数人"拼努力"就可以了。

那么,针对公文写作,大家是不是只有"埋头苦干"这一条路可走呢?当然不是,大家是可以使"巧劲"的。

公文看得多了、写得多了,大家会发现,写公文并不难,掌握了核心要义后,万变不离其宗。对绝大多数人而言,写公文只是一种谋生手段,如果能通过使一些"巧劲"提升写作效率,把省下来的时间用于休息、陪伴家人、锻炼身体或提升自我,何乐而不为?

通过多年的工作实践,我发现,工整对仗、言简意赅、特色鲜明、朗朗上口的"实用金词""实用金句"对启发写作灵感、提升写作效率很有帮助。因此,我收集、整理了一些"实用金词""实用金句",供大家模仿使用。如果大家在写公文的过程中出现卡顿,可以翻翻这本书,从这些"实用金词""实用金句"中找找灵感。

注意,虽然这些"实用金词""实用金句"的使用可以强化公文的形式美、气势美,但是写公文时不要强行使用、为了使用而使用。公文写作,最重要的是逻辑严密、用词准确、是非分明、不存歧义,而不是为了追求形式美而滥用金句,不然就是舍本逐末。

8.2.1 套话模式

1. 以……为××点

以……为立足点,以……为出发点,以……为切入点,以……为突破点,以……为落脚点,以……为闪光点,以……为结合点,以……为根本点,以……为增长点,以……为着力点,以……为动力点,以……为关键点等。

2. 其他

以……为基础(基点),以……为核心(中心),以……为根本,以……为重

第 8 章 公文写作的实战心法和实用金句

点,以……为举措(手段),以……为载体(平台),以……为保障(保证、后盾),以……为契机,以……为总揽,以……为抓手,以……为目标,以……为动力,以……为依托,以……为突破,以……为目的,以……为关键,以……为先导,以……为宗旨,以……为支撑,以……为指导,以……为导向,以……为方向,以……为驱动,以……为主体,以……为补充,以……为标准,以……为主线,以……为主题等。

8.2.2 五个字的常用词组

打好大局牌、打好感情牌、打好优势牌、打好机制牌、打好服务牌、打好公益牌、打好精准牌、打好组合拳、打好主动仗、打好铁算盘、下好先手棋、练好基本功、立好军令状、弹好多重奏、管好责任田、签好责任书、唱好主角戏、唱好重头戏、画好同心圆、当好笔杆子、当好小郎中、当好领头雁、用好指挥棒、用好传家宝、答好考试卷、建好大格局、奏好主题曲、当好监察官、打造好作品、传播好声音、展示好形象、念好日常经、画好工笔画、用好救命钱、当好情报兵、当好侦察兵、当好尖刀兵、当好勤务兵、发出动员令、给出任务书、挂出作战图、定出时间表、打出组合拳、画出硬杠杠、做出新亮点、拿出硬作风、管好关键人、管到关键处、管住关键事、管在关键时、办事零跑动、服务零距离、群众零顾虑、发展不停步、服务不打烊、练就宽肩膀、提升真本领、争当主攻手、细耕责任田、搭建产业链、牵住牛鼻子、汇聚正能量、成为活档案、铸成多面手、常怀赶考心、讲清大道理、凝聚正能量、用足工具箱、出准撒手锏、丰富菜盘子、建成小乐园、立下愚公志、形成合围势、打赢终极战、擦亮精准牌、构建滴灌网、引入动力源、提升精气神、增强精气神、争当领头雁、明确风向标、弘扬主旋律、传播正能量、守住警戒线、提升组织力、打造软环境、释放软优势、串起旅游线、共织小网络、推动大治理、评议成绩单、防止软落实、礼让斑马线、搭建大平台、筑牢安全线、唱响共赢曲、锻造硬作风、守住保障线、话履职感悟、谋务实之策、参在点子上、谋在关键处、贡献金点子、找准切入点、紧扣关键点、抓住着力点、跳动中国心、共筑中国梦、用好印把子、管住钱袋子、摆正官位子、慎碰酒杯子、念好紧箍咒、用好处方权、把好方向盘、把好廉洁关、念好当家经、当好护林员、补精神之"钙"、铸思想之魂、强信仰之基、言行有界限、交往有分寸、工作有规矩、稳得住心神、管得住行动、守得住清白、谋划新格局、引领新潮流、铺展新画卷、勾勒新路径、绘就新蓝图、迈向新时代、适应新时代、建功新时代、赋予新内涵、注入新动力、树立新理念、形成新机制、抢抓新机遇、耕耘新动能、构建新格局、创造新作为、开启新征程、踏上新征程、开启新纪元、续写新篇章、成为新引擎、引来新投资、换上新马甲、占领新阵地、使用新形式、聚焦新目标、落实新部署、瞄准新表现、激荡新气象、成就新作为、开辟新路径、培育新动能、创造新生活、跑出新速度、推动新跨越、开创新未来、贯彻新思想、掌握新知识、熟悉新领域、开拓新视野、适应新常态、研究新问题、破解新难题、活跃新生活、利用新技术、发展新业态、激发新动能、找准新需求、做好新供给等。

8.2.3 四个字的常用词语

花拳绣腿、铲除病灶、打准靶子、点准穴位、抓住要害、表面文章、加减乘除、撸起袖子、埋头拉车、抬头看路、靶向意识、扎紧篱笆、筑牢堤坝、重要战略、重要源泉、重要支撑、重要前提、重要因素、重要阶段、重要力量、重点途径、重要保障、突出地位、指导思想、基本方略、基本理论、基本路线、基本纲领、基本经验、根本方向、根本出路、添砖加瓦、保驾护航、主攻方向、重要手段、现实之需、根本之策、应有之义、必由之路、治本之道、本质属性、战略任务、内在要求、积极因素、长效机制、制度保障、形势逼人、挑战逼人、使命逼人、因势而谋、因势而动、因势而进、分析形势、沟通思想、凝聚共识、谋划未来、登高望远、居安思危、拓宽视野、放眼世界、找到坐标、找到定位、紧跟时代、把握潮流、胸怀全局、统筹全局、胸怀大局、把握大势、着眼大事、厚植优势、瞄准靶向、赓续过往、立足当前、着眼长远、具有优势、占据先机、得之如宝、任务艰巨、道阻且长、有待提高、任重道远、以史为鉴、事业所需、人心所向、众望所归、必然要求、迫切需要、滚石上山、爬坡过坎、逆水行舟、标兵渐远、追兵渐近、了解民情、反映民意、集中民智、维护民利、凝聚民心、问政于民、问需于民、问计于民、融入群众、融化冷漠、为民履职、为民担责、为民服务、尽锐出战、真践实履、不弃微末、不舍寸功、不受虚言、不听浮术、不慕虚荣、不务虚功、不图虚名、务实重干、落在细上、落在小上、落在实上、撸起袖

第 8 章 公文写作的实战心法和实用金句

子、扑下身子、不采华名、不兴伪事、强化落地、吹糠见米、盯住主业、务实笃行、闻令而行、听令即行、立说立行、少说多干、真抓实干、实干兴省、实绩惠民、埋头苦干、求真务实、常抓不懈、持之以恒、一抓到底、抢先抓早、抓在日常、严在经常、横向到边、纵向到底、不留死角、绵绵用力、久久为功、一以贯之、善作善成、推动落实、重点落实、精准落实、深化落实、埋头真抓、撸袖实干、严字当头、实字托底、细上着力、往严里抓、往实里干、往细里做、蓬勃朝气、盎然锐气、浩然正气、夙夜在公、不舍昼夜、心无旁骛、静谧自怡、一门心思、一鼓作气、敢为人先、披荆斩棘、抖擞精神、奋发有为、步步深入、口令不换、方向不变、力度不减、对标对表、咬紧牙关、开拓进取、一心一意、兢兢业业、精益求精、爱岗敬业、干在实处、走在前列、勇立潮头、成为表率、豁得出去、顶得上去、提起气来、沉下心去、上热下冷、上急下缓、上动下看、深思熟虑、源于精神、始于信心、奋楫争先、日拱一卒、脚踏春冰、头顶悬石、急起直追、乘风破浪、扬帆远航、梦在前方、路在脚下、插柳成荫、育种蹲苗、事在人为、争先进位、后发崛起、敢于担当、甘于担当、乐于担当、勤于担当、严于担当、善于担当、精于担当、敢破敢立、敢闯敢试、担责不误、临难不却、履险不惧、受屈不计、负重前行、担责不推、担事不躲、担学不辍、担难不怯、担忧不惧、拧拧螺丝、敲敲脑壳、再理一理、再促一促、再抓一抓、再推一推、上级推动、周边促动、先行带动、激发动力、激发动能、增强后劲、聚集合力、迸发合力、增添动力、汇聚合力、握指成拳、同频共振、合力合拍、合力攻坚、统一思想、提高认识、认清形势、明确任务、加大领导、精心组织、完善机制、密切配合、凝聚共识、形成合力、双手联弹、双色并重、双管齐下、高位推动、部门联动、放在心上、抓在手上、扛在肩上、倒逼时限、倒排工期、倒查责任、攻城拔寨、责任压实、要求提实、考核抓实、层层分解、落实责任、责任重大、各司其职、各负其责、守土有责、守土负责、守土尽责、重点突破、落在实处、围绕节点、突出重点、打造亮点、破解难点、直击痛点、紧盯热点、疏通堵点、消除痛点、焦点不散、靶心不变、夯基垒台、选材备料、立柱架梁、抓纲举目、纲举目张、统筹兼顾、整体推进、有序推进、持续推进、兜牢底线、蹄疾步稳、策马扬鞭、积极审慎、集中精力、聚精会神、积厚成势、凝聚荟萃、辐射带动、创新引领、釜底抽薪、源头防控、多管齐下、标本兼治、完善程序、释放效力、及时回应、突破创新、统筹发展、补齐短板、加固底板、补短扬长、延长长板、啃硬骨头、接烫山芋、蹚地雷阵、攻坚拔寨、穿越荆棘、突出藩篱、破解难题、内忧外患、风雨如磐、跋山涉水、爬冰卧雪、草根果腹、闯关夺隘、决战决胜、抓住要害、找准原因、果断决策、找准路子、开对方子、打响牌子、靶向施策、区分情况、对准问题、抓住要害、找准穴位、对准焦距、对症下药、精准滴灌、靶向治疗、精准发现、精准发力、精准突破、精准配对、无缝对接、有的放矢、摸到窍门、找到钥匙、开足火力、盯紧进度、敲钟问响、回归初心、回归传统、回归本色、不忘初心、擦亮初心、践行初心、重塑思想、重塑作风、重塑生态、头脑清醒、态度鲜明、行动坚决、心中有魂、铁心向党、目光明澈、心中笃定、立心铸魂、成风化人、凝心聚气、强根固本、补钙壮骨、固根铸魂、不务虚名、绽放清芬、不求清誉、不尚清谈、心存敬畏、手持戒尺、廉洁从政、廉洁用权、廉洁修身、廉洁齐家、激浊扬清、抓早抓小、看准红线、守住底线、激荡清风、塑造新风、以戒为固、以怠为败、守之以理、守之以法、守之以谦、正心明道、大公无私、公私分明、先公后私、公而忘私、戒贪止欲、克己奉公、严以修身、俭以养德、刀刃向内、真刀真枪、紧盯不放、寸步不让、发力加压、正风肃纪、刷新吏治、刮骨疗毒、淬火打磨、打虎生威、拍蝇显力、触及灵魂、反腐惩恶、猛药去疴、重典治乱、河清海晏、祛病疗伤、干干净净、清清爽爽、硬硬朗朗、培育党心、以小带大、以小见大、日积月累、风化俗成、标本兼治、立规明矩、力度不减、尺度不松、节奏不变、全程跟踪、动态销账、精密调度、精确推进、精准督察、精细管理、督在实处、察在要害、扩点拓面、究根探底、层层剥笋、深入挖掘、解剖麻雀、举一反三、找出病灶、分析原因、勇往直前、舍生忘死、勇于攻坚、善于克难、执法如山、刚正不阿、以法为据、以理服人、以情感人、扎根基层、科学立法、严格执法、公正司法、全民守法、奉法固基、爱国守法、崇德守信、文明和善、热情厚道、开明包容、大气豁达、务实敬业、勤勉吃苦、坚韧自强、敢为人先、崇尚一流、追求卓越、坚韧前行、务实奋斗、从不屈服、永不言败、朝气蓬勃、好学上进、视野宽广、开放自信、自我修炼、正心明道、广接地气、历练成熟、摔打磨砺、态度坚决、信心坚定、情绪饱满、决心很大、系统领会、深刻理解、准确把握、衷心拥护、全心支持、积极参与、秉承初心、承梦前行、赤诚不改、高举旗帜、维护核心、摆脱困境、撕掉标签、贴上名片、鼎力支

第8章 公文写作的实战心法和实用金句

持、责任重大、使命光荣、恪尽职守、勤勉工作、不辱使命、不负重托、人民公仆、时代先锋、民族脊梁、摆在首位、作为关键、努力方向、基本遵循、方法路径、春风拂面、暖意融融、暑威尽退、金风送爽、硕果压枝、瑞雪初霁、艳阳高照、天高云淡、天阔云舒、秋意渐浓、海风渐冷、阳春白雪、冬日暖阳、银装素裹、春寒料峭、粉妆玉砌、橙黄橘绿、玉树琼浆、寒意正浓、风和日丽、海碧山青、青山葱翠、碧海流云、红瓦绿树、碧海青山、上下求索、锐意改革、无暇歇脚、不进则退、现实痛点、发展难点、民生热点、舆论焦点、思想不乱、队伍不散、工作不断、革故鼎新、推陈出新、闯出新路、不走弯路、掌握主动、先行探索、变中求新、创新竞进、筚路蓝缕、手胼足胝、老树新枝、凤凰涅槃、勇于变革、勇于创新、勇立潮头、守正开新、永不僵化、永不停滞、澎湃动力、彰显实力、激发活力、独领世界、翱翔苍穹、因事而化、因时而进、因势而新、质量变革、效率变革、动力变革、团结协作、同心同德、海纳百川、兼容并蓄、同频共振、齐抓共管、群策群力、齐头并进、抓点扩面、固巢留凤、筑巢引凤、公正用人、依事择人、人岗相适、善则赏之、过则匡之、患则救之、失则革之、凝聚共识、凝聚智慧、凝聚力量、言之有据、言之有理、言之有度、言之有物、真诚协商、务实协商、前瞻务实、咨政建言、增信释疑、协调关系、解疑释惑、宣传政策、理顺情绪、化解矛盾、增进共识、精简事项、简化流程、降低费用、聚焦主业、坚守实业、依法合规、审慎经营、审慎稳健、交流经验、研究问题、全面覆盖、腾笼换鸟、反复酝酿、逐级遴选、不忘本来、吸收外来、面向未来、大国泱泱、大潮滂滂、斟酌损益、调和鼎鼐、新老接力、梯次接续、政策沟通、设施联通、贸易顺通、资金融通、民心相通、一村一品、一村一景、一村一韵、一键直达、无处不在、无所不及、无人不用等。

8.2.4 三个字的常用词语

规范化、制度化、程序化、集约化、正常化、有序化、智能化、优质化、常态化、科学化、年轻化、知识化、专业化、活动力、控制力、影响力、创造力、凝聚力、战斗力、感染力、感召力、向心力、亲和力、多层次、多方面、多途径、多渠道、多措施、多力量、多元素、责任感、紧迫感、危机感、认同感、荣誉感、成就感、不动摇、不放弃、不改变、不妥协、不懈怠、不含糊、不折腾、重要性、紧迫性、自觉性、主动性、坚定性、民族性、时代性、实践性、针对性、全局性、前瞻性、战略性、积极性、创造性、长期性、复杂性、艰巨性、可讲性、鼓动性、计划性、敏锐性、有效性、新水平、新境界、新举措、新发展、新突破、新成绩、新成效、新方法、新成果、新形势、新要求、新期待、新关系、新体制、新机制、新知识、新本领、新进展、新实践、新风貌、新事物、新高度、畅起来、忙起来、动起来、热起来、旺起来、拉上来、突出来、强起来、立起来、拿出来、疏功能、转方向、治环境、补短板、促协同、惠民生、拆藩篱、破壁垒、提品质、创品牌、优服务、讲仁爱、重民本、守诚信、崇正义、尚和合、求大同、听得懂、记得牢、传得开、观其德、视其能、看其行、评其绩、察其廉、挑大梁、唱主角、扛重担、打硬仗、站队首、立潮头、当先锋、树标杆、站排头、做示范、先行者、排头兵、挺在先、冲在前、敢发声、敢拍板、坐不住、等不起、睡不着、拖不得、能推功、敢揽过、善纠错、定准位、换好位、补对位、大胆试、大胆闯、自主改、放手干、树雄心、立壮志、敢担当、勇拼搏、展拳脚、重实际、察实情、讲实话、出实策、鼓实劲、办实事、求实效、出实绩、做实事、亮实招、下实功、施实策、见实效、抱实心、练实功、行实政、兴实业、一对一、点对点、面对面、心贴心、硬碰硬、实打实、背靠背、手拉手、动真情、动真格、动真章、做到底、做到位、做到家、下功夫、求突破、搞空谈、放哑炮、动真的、来实的、碰硬的、干在先、干得准、干得对、干得成、干得好、强监督、下基层、接地气、摸实情、定思路、眼睛亮、见事早、行动快、打七寸、抓重点、克难点、造洼点、建高点、破难题、涉险滩、克险关、克难关、破坚冰、攻城堡、通阻滞、敢开放、真开放、先开放、全开放、不走样、不跑偏、登甲板、进舱室、冒严寒、迎朔风、着迷彩、蹬战靴、能打仗、打胜仗、谋打赢、懂打仗、善谋略、会指挥、登战车、入战位、督任务、督进度、督成效、察认识、察责任、察作风、听其言、观其行、察果、明大德、守公德、严私德、正歪树、治病树、拔烂树、护森林、织铁网、挥利剑、出重拳、敲警钟、不放纵、不越轨、不逾矩、照镜子、正衣冠、洗洗澡、治治病、无禁区、零容忍、清存量、阻增量、量自身、正己身、打招呼、发信号、提要求、浚其源、涵其林、养正气、固根本、知边界、有约束、守纪律、讲规矩、重品行、挖根源、祛病灶、真整改、结对子、理路子、想法子、甩膀子、强班子、造册子、摘穷帽、保家园、挪穷窝、除病魔、绝穷根、全保障、帮扶谁、谁帮扶、把准脉、点准穴、下准药、治准病、填洼地、铺好路、加满油、保安全、护稳定、经风雨、见世面、长才干、壮筋骨、递梯子、给位子、压担子、铺路子、搭台子、有信仰、有信念、有信心、增本领、强素质、作奉献、起好步、筑好基、墩墩苗、接地气、勇担当、思进取、善作为、好参谋、好帮手、好同事、道实情、建良言、会协商、善议政、聚合力、凝众智、展宏图、添动力、增助力、建真言、谋良策、新引擎、主打歌、总开关、领头雁、下山虎、千里马、孺子牛、拓荒牛、领头羊、及时雨、同心圆、硬骨头、绊脚石、主旋律、平衡点、节奏点、堵塞点、定心丸、试金石、必修课、教科书、营养剂、正能量、风向标、主心骨、手术刀、组合拳、基本功、多面手、笔杆子、好参谋、活档案、运算符、指南针、定盘星、压舱石、路线图、任务书、直通车、预警器、显示屏、千斤顶、顶梁柱、大熔炉、练兵场、实践课、锦囊计、助推器、孵化器、检测仪、高压线、导航仪、催化剂、先手棋、指挥棒、启明星、保护伞、护旗手、守门员、安全网、牛鼻子、金钥匙、责任田、晴雨表、突破战、阵地战、升级战、攻坚战、持久战、紧箍咒、组合拳、防火墙、排头兵、枢纽港、加油站、大舞台、一盘棋、一张网、一碗水、一条心、一股劲、一本账、一张图、一条路、一池水、一条线、扣扣子、担担子、钉钉子、转盘子等。

8.2.5 两个字的常用词语

热心、耐心、诚心、决心、红心、真心、公心、柔心、铁心、上心、用心、痛心、同心、好心、专心、坏心、爱心、良心、关心、核心、内心、外心、中心、忠心、衷心、甘心、攻心、引擎、阳光、果实、钥匙、摇篮、特色、差距、渠道、纽带、格局、准则、阵地、要点、重点、焦点、难点、热点、亮点、利剑、探头、触角、位子、路子、乱子、面子、准绳、尺子、密网、打虎、拍蝇、猎狐、弘扬、借鉴、倡导、培育、打牢、加固、量尺、沃土、磁场、闭门、开门、出门、上门、大山、峡谷、枷锁、激流、险滩、瓶颈、短板、干将、闯将、猛将、绅士、鸵鸟、逃兵、勇气、韧劲、胆识、忠诚、作风、找准、学会、打好、引导、着眼、吸引、塑造、摘掉、捧上、栽下、检验、保护、鼓励、完善、增强、凝聚、汇集、筑牢、提升、增强、淬炼、积累、规划、整合、理顺、推行、纠正、遏制、保护、健全、丰富、夯实、树立、适应、发扬、拓宽、拓展、规范、改进、贯彻、实施、深化、保证、鼓励、引导、坚持、强化、监督、管理、开展等。

8.2.6 对仗金句

把住"路线关"，堵住"歪门邪道"的人；
把住"话筒关"，堵住"好念歪经"的人；
把住"网络关"，堵住"造谣生事"的人；
把住"理论关"，堵住"精神恍惚"的人。

拧紧思想认识的"螺丝"；
练好××人的"心力"；
筑牢拒腐防变的"堤坝"。

切忌"一曝十寒"，要稳扎稳打；
拒绝"一成不变"，要锐意创新；
不能"一知半解"，要深入实践。
做好"老树新枝"的文章，加快提升××；
做好"插柳成荫"的文章，积极培育××；
做好"育种墩苗"的文章，大力推进××。

上下齐心，用好××的"指挥棒"；
突出重点，用对××的"运算符"；
融合优化，用足××的"工具箱"；
精确谋划，用准××的"撒手锏"。

聚焦主业，细耕"责任田"；
提升能力，牵住"牛鼻子"；
把握规律，把好"方向盘"；

明确责任,激活"一池水"。

从主要指标来看,"稳"的态势在持续;
从经济结构来看,"进"的力度在加大;
从发展动能来看,"新"的动能在成长;
从发展质量来看,"好"的因素在累积。

依托自然美,让乡村"靓"起来;
打造现代美,让群众"富"起来;
注重个性美,让特色"显"出来;
构筑整体美,让活力"迸"出来。

秉持"赶考"心态,在不断对标中锚定干事创业的"坐标系";
永葆"迎考"状态,在学思践悟中掌握攻坚克难的"真本领";
做足"应考"准备,在知行合一中交出真绩实效的"好答卷"。

在"××"字上下功夫;
在"××"字上做文章;
在"××"字上求突破;
在"××"字上见实效。
壮大产业"摘穷帽",生态建设"保家园";
产业扶贫"拔穷根",村企联姻"造新血";
易地搬迁"挪穷窝",医疗救助"除病魔";
教育就业"绝穷思",政策兜底"全保障"。

下好规划"指导棋",打造"××格局";
下好责任"先手棋",作出"××贡献";
下好转型"动力棋",提升"××实力";
下好绿色"导向棋",增进"××福祉"。

开展××的"大升级"活动，增长××的"强能级"；
开展××的"大培育"活动，激发××的"竞争力"；
开展××的"大突破"活动，增强××的"新动力"；
开展××的"大攻坚"活动，打造××的"集聚地"；
开展××的"大提升"活动，升级××的"新品质"；
开展××的"大振兴"活动，展示××的"新面貌"；
开展××的"大创建"活动，改善××的"优环境"；
开展××的"大改善"活动，提升××的"幸福感"；
开展××的"大护航"活动，提高××的"安全感"。

"严"字当头，作风建设是永恒课题；
"实"字为要，取得实效是衡量标准；
"学"字为先，持续学习是成事之基；
"廉"字为荣，清正为官是基本操守；
"贤"字为尺，用人唯贤是重要职责；
"干"字为重，干事创业是人生追求。

夯实"根子"，举旗铸魂不迷航；
建强"班子"，坚强有力站排头；
搭好"台子"，勇立潮头显身手；
盘活"棋子"，持续借力放光彩。

聚力××，要筑牢用活"主战场"；
聚力××，要培育建强"主力军"；
聚力××，要坚定把握"主旋律"。

明确标准，让好书记"当家带路"；
强化指导，让好制度"落地生根"；
大抓基层，让好资源"倾斜下沉"。

绘就"稻粱丰硕,猪肥鸡壮"的富足图——产业振兴是基础;
绘就"少长咸集,群贤毕至"的人才图——人才振兴是关键;
绘就"箫鼓春社,古风依存"的祥和图——文化振兴是动力;
绘就"绿树村边,青山郭外"的山水图——生态振兴是支撑;
绘就"村美民富,美丽和谐"的新蓝图——组织振兴是保障。

坚持"主动体检",瞄准问题症结放权,促进××的蓬勃发展;
拒当"甩手掌柜",加强事中事后监管,促进××的健康发展;
补齐"服务短板",优化配套服务供给,促进××的安全发展。

打好改革这块"铁";
走好发展这步"棋";
算好经济这笔"账"。

熔铸"铁笼子";
架起"高压线";
勤于"照镜子";
随时"正衣冠";
拧紧"螺丝扣";
压实"责任链"。
一份掷地有声的"宣言书";
一个引领航向的"指南针";
一把启迪智慧的"金钥匙";
一篇不断续写的"大文章"。

初生牛犊不怕虎的"傻劲儿";
俯首甘为孺子牛的"奉献劲儿";
勇立潮头奋力闯的"拓荒劲儿";
老骥伏枥志在千里的"韧劲儿"。

"铺石以开大道"的气度；
"筚路以启山林"的责任；
"功成不必在我"的境界；
"功成必定有我"的精神。

加强导向引领，充分激发干部"内驱力"；
注重依事择人，着力提升选任"匹配度"；
突出严管厚爱，大力提振干部"精气神"。

夯实担当作风，打造一副"宽肩膀"；
增强实干本领，锤炼一双"硬拳头"。

正向激励，用好"助推器"；
反向约束，挥好"铁鞭子"；
教育提质，装好"蓄能机"。

拿出敢想敢干、真抓实干的劲头，确保"零推诿"；
保持马上就办、立即就干的速度，讲求"零延误"；
追求全面细致、准确无误的质量，确保"零差错"。

坚持精学，开展"微学习"；
坚持精讲，开设"微课堂"；
坚持精研，开辟"微论坛"。

聚焦"培养好"；
推动"引进来"；
紧扣"留得住"。

精心"选种"，活源头；

悉心"育秧",知全面;
苦心"墩苗",强本领;
用心"打药",治未病;
及时"施肥",保成长。

加强科学统筹,解决"难"的问题;
盘活身边资源,消除"怕"的问题;
创新方式方法,回应"盼"的问题。

增强使命感,铸牢担当之"魂";
善于把方向,把稳担当之"舵";
善于抓学习,提高担当之"能";
深入搞调研,夯实担当之"基";
严格守规矩,把住担当之"尺";
争当实干家,追求担当之"效"。

对分内之事,尽职尽责;
对困难之事,攻坚克难;
对棘手之事,善于解决;
对突发之事,挺身而出;
对失误之事,勇于面对。
靠得住的"明白人";
扛得起的"实干家";
抓得实的"左右手";
打得硬的"作战部"。

具备忠于事业的"精诚";
保持攻坚克难的"气势";
展现追求卓越的"神采"。

拧紧"总开关",筑牢思想教育之基;
铺设"高压线",严明党的纪律规矩;
树立"风向标",摆正选人用人导向。

以规矩为"薪柴",烧旺××的熔炉;
以制度为"针线",织密××的天网;
以问题为"靶心",优化××的蓝图。

勤上"德育课",端正价值追求,纯洁思想;
常亮"身份证",强化主体地位,明确责任;
设好"监督岗",借力群众监督,敦促进步。

坚持教育培养"主旋律";
提高察人识人"精准度";
把准选人用人"风向标";
念好从严管理"紧箍咒";
提振干事创业"精气神"。

培育领军型大企业家,做高"塔尖";
培育创新型技术人才,筑牢"塔身";
培育技能型乡土人才,夯实"塔基"。

……

8.2.7 其他金句

勇做××上的"攀登者",不做××上的"糊涂人"。

"等"的实质就是不担当,"靠"的根源就是要滑头,"要"的表现就是不作为。

第8章 公文写作的实战心法和实用金句

在待遇上"有盼头",在生活上"有想头",在精神上"有劲头"。

为有为者创造条件,为想为者提供指南,为慢为者注入动力,为敢为者提供保障。

每一次挑战,都是一次创新摸高;每一次考验,都是一次能力淬炼。
每一次重温,都是精神的再升华;每一次对标,都是梦想的再起航。

一头挑起"绿水青山",一头挑起"金山银山";
一头挑起农民的"粮袋子",一头挑起农民的"钱袋子"。

不做"守摊子"的"庸官",不做"混日子"的"懒官",不做"捅娄子"的"劣官"。

清理一切不利于招商引资、招才引智的思想观念,废除一切不利于招商引资、招才引智的制度规章,破除一切不利于招商引资、招才引智的陈规陋习。

多指导,不干扰;多服务,不设卡;多支持,不指责;多协调,不扯皮。

血性是要磨砺的,所以需要培育,需要养护;血性是会沉睡的,所以需要唤醒,需要点燃。

立足最不利的情况,着眼最恶劣的天气,防范最极端的事件,做好最充分的准备。

农业的问题要在工业中找答案,农村的问题要在城市中找答案,农民的问题要在土地中找答案。

权力是一种责任,而不是组织对个人的"补偿";权力是一种义务,而不是捞取个人好处的"资本";权力是一副重担,而不是提供安乐的"温床"。

时间紧不能头脑发热,急躁蛮干;任务重不能乱了手脚,降低标准;难度大不能避重就轻,消极拖延;要求高不能超越实际,高吊胃口。

"等不起"的紧迫感、"慢不得"的危机感、"坐不住"的责任感。

××是大学校,可以增强本领;××是大舞台,可以施展才干;××是大熔炉,可以锤炼意志。

停"空转"、压"虚耗",挤"水分"、去"累赘",甩"包袱"、强"筋骨"。

有的人思虑重重,坐立不安;有的人左顾右盼,瞻前顾后;有的人工于算计,患得患失;有的人追名逐利,得陇望蜀。

理论上有"认同度",感情上有"淳朴度",信念上有"坚定度"。

理想信念是"原生动力",职责使命是"意志盔甲"。

有思想上的"破冰",才有行动上的"突围"。

感到"本领恐慌",出现"知识枯竭",发生"岗位倦怠"。

守土尽责的"卫士",改革创新的"干将",真抓实干的"能手"。
传统战争是"大吃小",现代战争是"快吃慢",未来战争是"新吃旧"。

这个招,那个招,不落实都是虚招;这本事,那本事,落实好才是真本事。

既是检验品质的"试金石",又是锻造人才的"炼钢炉"。

正所谓"衙斋卧听萧萧竹，疑是民间疾苦声"，问题是时代的声音，民心是最大的政治。

"抽脂强肌"的转型压力尤为突出，"通经活血"的自我革命极具挑战，"水土不服"的思维定式亟待突破。

既要来一场"思维里的革命"，又要来一场"体系性的重塑"。

不唯身份论人才、不唯学历评人才、不唯职称用人才，让技能人才无"身份"之忧、无学历之"绊"、无"草根"之虑。

让技能人才端着"技能碗"，不但成为"香饽饽"，还能分到"收益羹"。

发现问题是水平，解决问题是政绩，揭露问题是本分，掩盖问题是失职。

在一个民族的精神谱系中，英雄是醒目的标识；在一个国家的道德天空上，英雄是璀璨的星辰。

基层是一个调色板，最能描绘新气象的风采；基层是一块军容镜，最能折射新气质的内涵。

千忙万忙，不抓落实就是瞎忙；千条万条，不抓落实就是"白条"。

机关压基层，层层加码，看似"码"到成功；基层哄机关，层层加水，结果"水"到渠成。

把好思想的"方向盘"，打开党纪国法的"行车灯"，踩准对照整改的"油门"。

船的力量在帆上，人的力量在心上。

金贵的资金趴在账上"睡大觉",珍稀的资源躺在空地"晒太阳"。

用政治的"望远镜"登高望远,用政治的"显微镜"见微知著。

俯下去,做群众的牛;站起来,做群众的伞。

公私是一把尺,丈量境界高下;公私是一杆秤,称出格局大小。

不吃苦中苦,难得甜上甜。

话赶话、硬碰硬,不讲方法蛮干不行;怕揽事、不作为,绕着矛盾游走不行。

用纪律建设校准思想之标、调整行为之舵、绷紧作风之弦。

时间紧、责任重、压力大,"五加二""白加黑""连轴转"已成常态。

找不到痛点、啃不动难点,就只能任凭老问题"涛声依旧",最终熬成"老大难"。

只有当几回"热锅上的蚂蚁",才有日后的"举重若轻""闲庭信步"。倘若只想着越过年头"门槛"、镀完金后走人,就失去了"补课"的价值。

改革,是一场继往开来的深刻革命,是一条永不停歇的"赶考"之路,是一个锤炼信仰、考验能力、磨练意志、检验作风的"赛马场"。

结得千层茧,练就冲天翅。

保持"眼明心亮",善于"釜底抽薪",精于"破旧立新",注重"建章立制",坚持"抓早抓小"……

精神永远不会断流，只要赓续传承；精神永远不会干枯，只要万流入海。

带头破译"战争密码"、掌握"克敌密钥"、引导"制胜洪流"。

像燕子垒窝那样持之以恒，如蜜蜂酿蜜那样日积月累，似滴水穿石那样锲而不舍。

鸣镝声声催征，风展军旗如画。

愿为"渡人梯"、乐做"嫁衣裳"、甘当"铺路石"。

下功夫纠治忘战懈怠的"和平病"、华而不实的"虚假病"、怯战畏战的"软骨病"。

在生活中管好自己的腿，不该去的地方不去；管好自己的嘴，不该吃的食物不吃；管好自己的手，不该拿的东西不拿。

山再高，往上攀，总能登顶；路再长，走下去，定能到达。

抓落实，既靠领导抓，又靠领导干。为领导，既要挂帅，又要出征；既要表态，又要表率。

不驰于空想，不骛于虚声，以实干为舟，以奋斗为桨。

"一幅图"规划，"一平台"指挥，"一个库"保障，"一道令"决胜。

聚浩荡而击中流，集百川而惠苍生，兴甘霖而润万物，固堤坝而安黎民。
不能"一阵风"，不摆"烂摊子"，不搞"一刀切"。

为敢闯敢试的人"开绿灯",为埋头苦干的人"兜住底"。

涉浅滩者见鱼虾,入深水者得蛟龙。

既为一域争光,又为全局添彩。

胸中装着"全景图",眼睛盯着"大棋盘"。

打下去的板子"软绵绵",提出来的对策"轻飘飘"。

可以高人一筹,不可高人一等。

刀在石上磨,人在事上练。

获得领兵打仗的"资格证",拿到制胜未来的"通行证"。

扭扭捏捏挥拍子,蜻蜓点水打板子。

思想的锈蚀比枪炮的锈蚀更致命,观念的偏差比准星的偏差更可怕。

"无病"常谈敲警钟、"初病"早谈亮黄牌、"有病"快谈明红灯。

办公室的空调吹多了,田间地头的自然风吹少了;软沙发靠多了,硬板凳坐少了;高脚杯端多了,大碗茶喝少了;走过场的事干多了,深入群众的事干少了。

形势若船至中流,一篙松劲就会前功尽弃;任务如离弦之箭,飞向靶心是唯一的选择。

砌起来的是墙,立起来的是规矩。

第8章 公文写作的实战心法和实用金句

要拎着乌纱帽干事,不要捂着乌纱帽做官。

弃"副业"、钻"主业",丢"花枪"、练"真枪",除"娇气"、增"虎气"。

涵养"心中有党"的"浩然之气",擦亮"心中有民"的"党员本色",强健"心中有责"的"担当臂膀",锻造"心中有戒"的"坚盔利甲"。

例行性工作往前赶,临时性工作马上办;问题不解决不撒手,落实不到位不松手。

入火海而不退缩、遇烟雾而不迷失、出淤泥而不沾染、临诱惑而不动摇。

不忘初心,别让信仰"降温";实干担当,别让履责"滑坡";修身律己,别被欲望"绑架"。

讲党性,不讲私情;讲真理,不讲面子。

用"显微镜"查问题,用"放大镜"看危害,用"多棱镜"找根源。

原地徘徊一千步,抵不上向前迈出第一步;心中想过无数次,不如挽起袖子干一次。

在"学"上向深向实,在"悟"上入脑入心,在"干"上出新出彩。

抓住重点事,紧盯今年事,干成既定事。

过去先进不代表永远先进,先发优势不等于领先优势。

干不好,别人要来"踢馆",上级要来"摘匾",想要"接盘"的大有人在。

根扎得更深、花开得更盛、果结得更多。

闯关夺隘，在既有事业创新中大胆突破，于未有事业创新中奋力开拓，善聚四海之气、善借八方之力，拓出改革发展新天地。

"众口难调"的情境多了，要动"奶酪"的硬仗多了，"取舍两难"的矛盾多了。

从逢山开路到构筑四通八达的"高速路"，从遇水架桥到建造畅行无阻的"高架桥"。

尖兵率先破题、探索新路，破"路障"、立"路标"。

做群众诉求"信息员"、政策制度"宣传员"、矛盾纠纷"调解员"、法律法规"咨询员"、为民办事"服务员"。

一旦深入群众、武装头脑，就有强大的穿透力；一旦同频共振、同向发力，就有雷霆万钧之伟力。

到实际中去"摸活鱼"，到群众中去"拜老师"，到清新的生活中去"深呼吸"，到广阔天地中去"找答案"。

不讲实话，再漂亮的言辞也是哗众取宠；不干实事，再美好的蓝图也是画饼充饥。

没有一种根基，比扎根于群众更坚实；没有一种力量，比从群众中汲取更持久。

干部的"辛苦指数"，群众的"幸福指数"，地方的"发展指数"。

基层是最好的课堂，实践是最好的教材，群众是最好的老师。

把群众冷暖作为工作的"温度计",把百姓期盼作为事业的"信号灯"。

敞开大门"迎谏",伏下身子"求谏",鼓励群众"进谏"。

架起联系群众的"连心桥",画好履职尽责的"工笔画"。

掏出自己的"心窝子",打开群众的"话匣子"。

不让群众"雾里看花",不给群众开"空头支票"。

多一些"高速路""直通车",少一些"二传手""中转站";多一些面对面、手拉手、肩并肩,少一些"键对键""筒对筒""文对文"。

于高山之巅,方见大河奔涌;于群峰之上,更觉长风浩荡。

最大的危机是素质的危机,最大的挑战是能力的挑战,最大的恐慌是本领的恐慌。

在"滚石上山"的实践中强化斗争意识,在"逆水行舟"的逆境中激发斗争意志。

建功不贪功,有功不居功;跑好"第一棒",干好"第一任",担好"第一责",站好"第一哨"。

敢于动自己的"奶酪",冲破心理的"大山",突破思维的"峡谷",打破行动的"枷锁"。

以"蝼蚁之穴,溃堤千里"之念,以"如履薄冰,如临深渊"之行,以"夙夜在公,寝食不安"之心对待自己的职责。

坚持问题导向、目标导向、结果导向，不轻易说"不行"、多研究"怎么才行"，坚决做破解难题的"主攻手"、辖区内矛盾的"终结者"。

克服"项目冲动"，才能有好项目；克服"政绩热情"，才能出真政绩。

干出热火朝天的"春忙图"，跑出项目建设的"加速度"。

能在现场就别在会场，能看直播就别看转播。

哪里突破，哪里就是主战场；谁能突破，谁就是主攻手。

没有"看热闹"的旁观者，都是"上一线"的战斗员。

多一些"热锅上蚂蚁"的深刻体验，多一些"接烫手山芋"的亲身经历。

把好苗子"选"出来，把千里马"练"出来。

苍茫林海，扎根大地才能根深叶茂；大江大河，不忘源头才能奔腾不息。

挺立潮头，才知浪高风急；登高望远，才见云阔天高。

既防止"无知胆大"胡乱干，又防止"无知胆小"不会干。

只有比追兵跑得快，才能不被超越；只有比标兵跑得快，才能超越标兵。

少些"概略瞄准"，多积"尺寸之功"。

坚决顶起我们这代人该顶的天，坚决扛起我们这代人该扛的责。

冲破固有能力的"天花板",不做孤陋寡闻的"井底蛙"。

一次"加油充电"的机会,一次"淬火锻造"的过程。

用信仰为血性"固根",用任务为血性"淬火"。

坐稳群众家里的"小板凳",常走服务群众的"泥泞路"。

把问题"挖出来",把意见"捞上来"。

总得有人去扛"炸药包",总得有人勇接"烫山芋"。

沉着冷静地应对"黑天鹅",未雨绸缪地化解"灰犀牛"。

变"政府端菜"为"企业点菜",变"政府思维"为"企业视角"。

打不断的"补给线",摧不垮的"根据地"。

多做"穿针引线"工作,多搞"铺路架桥"服务。

练就管党治党"铁肩膀",拿出务实管用"硬招数"。

用好"关键一招",激活"一池春水"。

吹响干事创业的"冲锋号",按下攻坚克难的"快进键";扛起事业发展的"千钧担",当好解决问题的"主攻手"。

只要有权力,就会出现"围猎"者;只要有诱惑,就会出现"咬钩"者。

人情既是冬日里的"围巾",又是高墙里的"枷锁"。

把最优秀的干部放在最重要的岗位上,把最能拼的干部派到最关键的战场上。

一切办法,只有在实干中才能找到;一切问题,只有在实干中才能破解;一切愿景,只有在实干中才能实现。

培养积极健康的生活情趣,筑牢"防火墙"、守住"高压线"、过好"廉洁关",仰不愧于党、俯不愧于民、内不愧于心,始终保持浩然正气、蓬勃朝气、昂扬锐气和厚重底气。

……

后记

生命的质料是时光。

子在川上曰:"逝者如斯夫,不舍昼夜。"我们的所作所为,只不过是在用不停流逝的质料换取理想的实现和欲望的满足。流金岁月冲洗,月白光华凝练,生命旅途的郁郁葱葱、落叶飘舞,有些是时光的精华,有些是时光的渣滓。无论怎样,于今想来,都是珍贵的记忆。天空曾有飞鸟划过,过往岁月中,唯一留痕的是文字。

名校出身、王牌专业,曾经的飞扬青春、激扬文字让我从来没想过,自己会长期在体制内钻研公文写作等文秘工作。对这份工作,我谈不上"一见钟情"和"一往情深",但并不缺乏"认真"和"较真"。面对冷讥热嘲,我从不轻言放弃,慢慢地沉淀,自己便琢磨出了一些"门道"。现在回想,无论从事什么工作,"认真"和"较真"或许是穷孩子直面现实和面向未来的最好方法。

针对公文写作,半为工作半自觉,我保持着反省习惯,每隔一段时间就进行一次总结、反思,慢慢地积累了一些经验文稿。不过,这些都是"著文章以自娱"的文稿,除了在内部小范围交流,从未示之以众,也从未觉得有发表的必要。偶然机会,再次碰到已离职的前同事晏凌羊,聊起公文写作,我拿出了多年来整理的文稿,她看完之后表示很感兴趣,认为这些文稿贴近实践,不应该被埋没,如果我没时间,她可以帮忙整理,合作出版。我犹豫了很久,被她说服了。我手写我心,这些文稿虽不是稀世珍宝,但都从实践和思考中来,有着足够的"认真"和"较真",想来会对读者有所启发和裨益,不至于误人子弟。文稿被晏凌羊整理之后,增加了不少案例和演绎,包括实战心法、写作金句等,与此同时,晏凌羊在文稿中融入了她的写作经验和思考,费了不少心血和精力,使文稿更加通俗易懂、生动有趣了。晏凌羊整理完成后,我又结合最近的思考,为文稿增加了全新的章节。

这些文字,是多年来我在政府机关、事业单位、省属国企从事公文写作工作的思考和总结,成文过程中得到过不少名师俊才的点拨、指导。迄今我都感到很荣幸,曾有机会与这么多名师俊才共事、同行。在公文写作这条道路上,他们的风采风格、学识智慧和文字艺术,潜移默化地影响了我,陪伴我一路前行。记得《西游记》第二回中,菩提祖师曾询问孙悟空的学道时间,孙悟空回答:"只记得在山后吃了七次饱桃矣。"公门易修行,我也曾在某大院"深造"了7年。印象最深刻的,除了堆积如山的公文案牍,就是凌晨3点为存放文稿敲开总值班室的小窗口时,突然冒出来的同事那张疲惫的脸,以及秋冬周末无风自落、满地堆损的花瓣,那是另类的风景——"人面不知何处去,桃花依旧笑春风"。

文字是有记忆的,也是有乐趣的。个中滋味,每一回想便会心一笑。我总感觉,舞文弄墨的人生,应当以快乐为本——工作苦中作乐,生活知足常乐,交往助人为乐,读书自得其乐,修行不改其乐,作文知音可乐。

最后说明一点,由于我学识不深、见识不广,只会结合自身写作体会稍加演绎,书中文字主要为了抛砖引玉、应时之用。虽勤思笃行、奋力补拙,但在本书中探讨的内容难免挂一漏万,甚至某些说法失之偏颇,欢迎读者批评指正。

郑文德